汽车类专业人才培养系列教材

汽车维护

◆微课版◆

郭大民 黄艳玲 王立刚◎主编

宋孟辉 金艳秋 修玲玲◎副主编

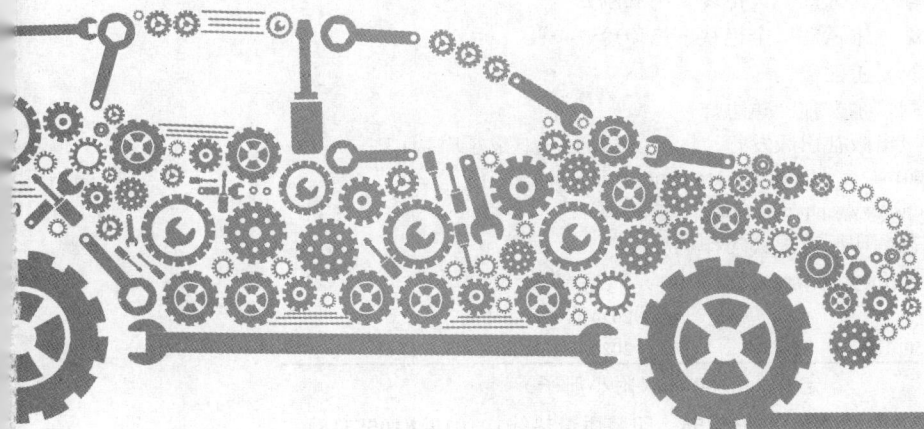

人民邮电出版社

北 京

图书在版编目（CIP）数据

汽车维护：微课版 / 郭大民，黄艳玲，王立刚主编
. -- 北京：人民邮电出版社，2024.6
汽车类专业人才培养系列教材
ISBN 978-7-115-62556-4

Ⅰ. ①汽… Ⅱ. ①郭… ②黄… ③王… Ⅲ. ①汽车－
车辆修理－教材 Ⅳ. ①U472

中国国家版本馆CIP数据核字(2023)第162193号

内 容 提 要

本书以汽车维护实际操作为主要内容，详细介绍汽车维护操作内容和操作方法。全书共有 6 个
项目，主要包括汽车维护基础知识、举升前维护、举升至高位维护、举升降至中位维护、举升降至
低位维护以及汽车外部美容维护等。本书将知识目标、能力目标以及素质目标融入每个任务，在技
能提升的同时进行职业素养、安全生产、爱岗敬业、工匠精神等多方面素质教育。任务中有典型实
际案例引入，使学习者有明确的学习目标。本书可满足工学结合、项目引领、任务导入、理实一体
化的教学需求。

本书可作为职业院校汽车技术相关专业学生的教材，也可用作汽车售后服务行业新员工入职的
技术培训学习参考书。

◆ 主　　编　郭大民　黄艳玲　王立刚
　　副主编　宋孟辉　金艳秋　修玲玲
　　责任编辑　王丽美
　　责任印制　王　郁　焦志炜
◆ 人民邮电出版社出版发行　　北京市丰台区成寿寺路 11 号
　　邮编　100164　电子邮件　315@ptpress.com.cn
　　网址　https://www.ptpress.com.cn
　　北京市艺辉印刷有限公司印刷
◆ 开本：787×1092　1/16
　　印张：11.5　　　　　　　　　　2024 年 6 月第 1 版
　　字数：350 千字　　　　　　　　2024 年 6 月北京第 1 次印刷

定价：56.00 元（附小册子）

读者服务热线：(010)81055256　印装质量热线：(010)81055316
反盗版热线：(010)81055315
广告经营许可证：京东市监广登字 20170147 号

编写背景

汽车维护是现阶段汽车维修企业的主要操作项目，是要求职业教育学校汽车技术相关专业学生掌握的专业核心技能。根据维修企业实际调研发现，随着汽车制造工艺水平的提升，整车故障率明显下降，以前的操作模式已经不能满足当代的工作需求。现阶段汽车维修与维护作业的占比已经发生了颠覆性变化，如何快速、准确地进行维护作业，是现阶段汽车技术职业教育的重点。

本书特色

编者在编写本书的过程中贯彻党的二十大精神，以项目引领、任务驱动的形式组织内容，明确了知识目标和能力目标，注重职业素养的养成，突出技能重点。以企业实际维修案例作为任务导入，激发学生的学习兴趣，注重技能训练，帮助学生学习后能够胜任汽车维护工作。项目操作技能点详尽，能满足企业实际生产的需求。对于相应的工作任务，配备工作页，便于学生记录工作过程，增加自我评估过程，有效提升教学效果。为推进教育数字化发展，本书同步出版数字版教材。

为了能够满足新的就业需求，本书配合新的职业教育模式，使学生能够系统、快速、准确地掌握汽车维护操作技能，充分调动学生学习积极性，实现师生"做中教、做中学"，使学生达到"乐学、会学、学会"。

本书编者包括汽车相关专业的一线教师和在汽车维修企业工作多年的实际操作技师。编写本书前，编者对企业实际维修作业内容进行了细致的调研，对职业院校学生的学习情况进行了客观分析，还对学校教学设备进行了统计，经过多方面考虑、总结归纳，并根据汽车技术相关专业实际教学需求，以及考虑到学生通过学习本课程应达到的知识目标、能力目标和素质目标，明确了编写方案。

本书共设置 6 个项目，项目下设任务，每个任务均包含明确的知识目标、能力目标和素质目标。大部分项目的任务包含任务导入、知识学习或技能操作、知识链接、工作页和习题。

- 任务导入：以与本任务对应的实际案例来告知初学者本任务在实际维修作业中的应用。
- 知识学习或技能操作：以企业实际生产的标准化操作步骤为依据，明确在实验、实训教学中的操作标准，形成规范化的操作，提升学生的实际动手操作能力。
- 知识链接：本书以实际操作为重点，但是考虑到开课年级以及大部分学生的知识基础，对于对应实际操作理解的广度和深度不足，在必要的操作后增加了相应的理论知识，便于初学者能更深入地理解，能更好地掌握实际操作方法。
- 工作页：对应任务，制定了标准化操作工作页，便于初学者记录和学习，能更好地按照标准流程实施实际操作。
- 练习题：为了了解学生对任务理解和掌握的程度，设置了练习题。

教学建议

在编写本书的过程中，我们力求做到深入浅出、层次分明、详略得当、通俗易懂，在理论教学上降低深度、增加广度，在实践教学中加大力度、突出动手操作，以彰显应用型课程的特色。为此，我们提出了指导性的教学学时安排建议：完成本书全部内容的讲解，理论学时为 20 学时，实践学时为 24 学时，具体见下表。

项目	任务	任务内容	理论学时	实践学时
项目 1　汽车维护基础知识	任务 1.1	汽车维护制度	0.5	
	任务 1.2	汽车维护操作安全	1	
	任务 1.3	汽车维修工具、测量仪器和常用设备的使用	1	2
	任务 1.4	汽车维修企业生产业务流程及新车检验	0.5	
项目 2　举升前维护	任务 2.1	举升前安全防护	0.5	0.5
	任务 2.2	发动机舱维护	0.5	0.5
	任务 2.3	驾驶舱维护	1	2
	任务 2.4	车辆外部检查、维护	1	1
项目 3　举升至高位维护	任务 3.1	下臂球节检查	0.5	0.5
	任务 3.2	机油及机油滤清器更换	0.5	1
	任务 3.3	传动桥油液检查与更换	1	1
	任务 3.4	转向系统检查	1	1
	任务 3.5	底盘其他部件检查操作	1	1
项目 4　举升降至中位维护	任务 4.1	车轮轴承检查及车轮拆装	1	1
	任务 4.2	车轮及轮胎检查	0.5	1
	任务 4.3	盘式制动器检查、维护	1	2
	任务 4.4	鼓式制动器检查	1	2
	任务 4.5	制动拖滞检查与制动液更换	0.5	1
项目 5　举升降至低位维护	任务 5.1	起动前检查、维护	2	
	任务 5.2	起动发动机和发动机暖机期间检查	1	1
	任务 5.3	发动机停机后检查、维护	0.5	1
	任务 5.4	维护操作后确认与恢复/清洁	0.5	0.5
项目 6　汽车外部美容维护	任务	汽车外部美容维护	2	2
合计			20	24

配套资源及获取方式

为了更好地服务教学，本书提供 PPT 课件、教学大纲、教学计划、教案、习题答案、微课视频链接等教学资源，读者可登录人邮教育社区（www.ryjiaoyu.com）下载。

本书由辽宁省交通高等专科学校的郭大民、黄艳玲和王立刚担任主编，宋孟辉、金艳秋和修玲玲担任副主编。参加本书编写的还有辽宁省交通高等专科学校的郝宏海、杨智勇、周正、刘杨、翟静、张义、张丽丽、黄宜坤、孙涛、李泰然、卢中德等。同时鸣谢沈阳铁西华通丰田汽车服务有限公司、辽宁众志诚汽车销售服务有限公司、辽宁和兴大众汽车销售服务有限公司、沈阳华宝汽车销售服务有限公司、沈阳广通行汽车服务有限公司等企业参与编审。

编者在编写本书的过程中，或许会出现一些疏漏和不当之处，敬请使用本书的读者提出宝贵意见和指正，以利本书修订时改进。

编 者
2023 年 8 月

目 录

项目 1
汽车维护基础知识

| 任务 1.1　汽车维护制度 |

学习目标

【知识目标】

1. 掌握现代汽车维护的意义和目的。
2. 了解汽车维护的原则和分类。
3. 掌握汽车维护作业规范和作业范围。
4. 掌握汽车维护周期相关知识。

【能力目标】

1. 能制订汽车维护计划。
2. 能制定汽车维护作业项目。

【素质目标】

1. 全面详细掌握维护作业范围，细心对待每一个车主，诚信、周到服务。
2. 细致、耐心检查车辆，合理规划服务范围。

任务导入

　　有一辆行驶了约 40000 km 的轿车，车主发现车辆加速缓慢、油耗增加、仪表上有些警告灯闪烁，到维修企业询问故障原因。服务顾问与车主进行初步交流，得知车辆运行了 3 年多，就换过两次机油，未做过其他维护。服务顾问解释了车辆可能由于维护不当而引发性能下降，需要对车辆进行详细评估，才能给出最终的维修和维护意见。车主很不解，车辆使用中不就是换换机油就可以，还需要做其他的维护吗？那么，车辆维护都包含哪些内容？这些你都清楚吗？

知识学习

1.1.1　现代汽车维护意义及目的

随着现代汽车制造业的不断进步，新技术、新工艺、新材料得到广泛应用，使汽车的技术性能有了很大提高，使用寿命也得到延长。但是作为机电产品的汽车，即使性能极其卓越，随着行驶里程的增加，其零部件也会逐渐发生磨损，技术状况会不断变差，这是不可避免的。图 1-1 所示为汽车零件磨损的 3 个阶段。由此看出，其磨损量在其他条件（如材料、路况等）相同的情况下，会因行驶里程的不同而有很大的差异。

图 1-2 中，1 是使用方法得当、保养适时的汽车零件磨损曲线，2 是使用方法不当、保养不及时的汽车零件磨损曲线。由图 1-2 中曲线可知，在相同的行驶里程内，情况 1 的磨损量比情况 2 的小，其使用寿命就比情况 2 的长。由此可见，只有根据零部件的磨损规律制定切实可行的维护、保养措施，才能使其保持完好的技术状态，这便是汽车维护的意义所在。

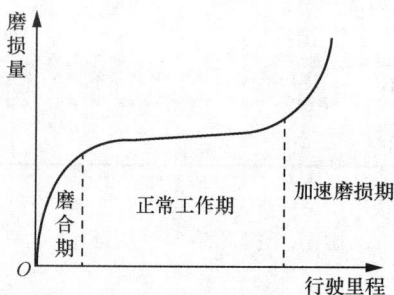

图 1-1　汽车零件磨损的 3 个阶段

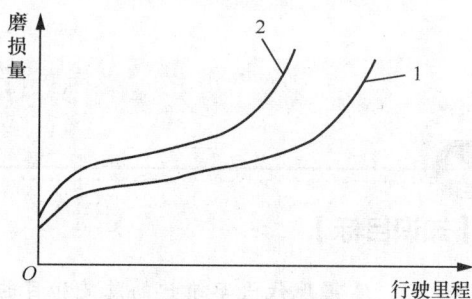

图 1-2　汽车零件磨损曲线

汽车行驶一定的里程和时间间隔后，根据汽车维护技术标准，按规定的工艺流程、作业范围、作业项目和技术要求所进行的预防性作业即汽车维护。其目的就是保持车辆技术状况良好，确保行车安全，充分发挥汽车的使用效能并降低运行消耗，以取得良好的经济效益、社会效益和环境效益。

1.1.2　汽车维护原则

汽车维护应贯彻"安全第一、预防为主"的方针，即汽车维护必须遵照交通运输管理部门和汽车生产厂家规定的行驶里程或时间间隔，按期强制执行，不得拖延，并在维护作业中遵循汽车维护分级和作业范围的有关规定，以保证维护质量。

汽车维护是预防性的，保持车容整洁、车况良好，及时消除发现的故障和隐患，防止汽车早期损坏是汽车维护的基本要求。汽车维护的各项作业是有计划的、定期执行的，其内容是依照汽车技术状况变化的规律来安排的，并赶在汽车技术状况变坏之前进行，以符合预防为主的原则。

定期检测是指在汽车二级维护前必须用检测仪器或设备对汽车的主要性能和技术状况进行检测、诊断，以了解和掌握汽车的技术状况和磨损程度，并做出技术评定，根据检测结果确定该车的附加作业或小修项目，从而结合二级维护一并进行附加作业或小修。

强制维护是在计划预防维护的前提下所执行的维护制度，是指汽车维护工作必须遵照交通运输管理部门或汽车使用说明书规定的行驶里程或时间间隔，按期进行，不得任意拖延，以体现强制性的维护原则。

1.1.3　现代汽车维护与保养的分类及作业内容

汽车在使用过程中，由于汽车的新旧程度、使用地区等条件的不同，在各个时期对汽车进行的维护、保养的作业项目也不同。根据《汽车维护、检测、诊断技术规范》（GB/T 18344—2016）的规定，汽车维护分为日常维护、一级维护和二级维护（在汽车的实际使用过程中，日常维护、一级维护和二级维护通常称为常规维护，而季节性维护和免拆维护通常称为按需维护）。维护工作以清洁、检查、补给、润滑、紧固和调整六大作业为主，维护范围随着行驶里程的增加逐步扩大，内容逐步加深。各项作业内容如下。

1．清洁作业

清洁作业是提高汽车维护质量，防止机件腐蚀，减轻零部件磨损和降低燃油消耗的基础，并为检查、补给、润滑、紧固和调整作业做好准备。其工作内容主要包括对燃油、机油、空气滤清器滤芯的清洁，对汽车外表的养护，以及对有关总成、零部件内外部的清洁作业。

2．检查作业

检查作业是汽车维护的重要工作之一，通过对汽车各部位的检查，确定零部件的变异和损坏情况。其工作内容主要是检查汽车各总成和机件是否齐全，连接是否紧固；是否存在漏水、漏油、漏气和漏电等现象；利用汽车上的指示仪表、报警装置等随车诊断装置，检查各总成、机构和仪表的技术状况；对影响汽车安全行驶的转向、制动、灯光等工作情况加强检查；进行汽车拆检或装配、调整时应检查各主要部件的配合间隙。

3．补给作业

补给作业是指在汽车维护中，对汽车的燃料、润滑材料及特殊工作液进行加注补充；对蓄电池进行补充充电、对轮胎进行补气等作业。注意，必须选用合适的运行材料，并及时、正确地添加或更换燃料、润滑材料和冷却液等。

4．润滑作业

润滑作业是为了减小各摩擦副的摩擦力，减轻机件的磨损所进行的作业。其工作内容包括按照汽车的润滑图表和规定的周期，用规定牌号的润滑油或润滑脂进行润滑；各油嘴、油杯和通气塞必须配齐，并保持畅通；对发动机、变速器、转向器、驱动桥等，应按规定补充、更换润滑油。

5．紧固作业

紧固作业是为了使各机件连接可靠，防止机件松动。汽车在运行中，由于振动、颠簸、热胀冷缩等原因，会改变零部件的紧固程度，以致零部件失去连接的可靠性。紧固作业的重点应放在负荷重且经常变化的各机件的连接部位上。应及时对各连接螺栓进行必要的紧固和配换。

6．调整作业

调整作业是保证各总成和机件长期正常工作的重要环节，调整工作做得好与减少机件磨损、保持汽车使用的经济性和可靠性有直接的关系。其作业内容主要是按技术要求，恢复总成、机件的正常配合间隙及工作性能等。

1.1.4　现代汽车维护与保养的作业规范及作业范围

1．作业规范

维护作业包括上面所讲的清洁、检查、补给、润滑、紧固、调整等内容。一般除主要总成发生故障必须解体外，不得对车辆总成进行解体，这就明确了维护和修理的界限。对车辆进行维护时，不能对其主要总成大拆大卸，只有在发生故障需要解体时方可进行解体。很显然，与过去的维护制度相比，现行的维护制度制定了以下规范。

（1）取消了整车解体式的三级维护。生产实践证明，对主要总成大拆大卸的工艺方法是不科学的，也是不符合技术经济原则的。同时，"三级维护"作业内容既有维护作业又有修理作业，不便于维护和修理的区分。

（2）没有对各级维护周期做统一规定，由省、自治区、直辖市按车型，结合本地区具体情况提出统一的维护周期，但制定了车辆维护技术规范以保证车辆的维护质量。

（3）对季节性维护做了规范。当车辆进入冬、夏两季运行时，一般结合二级维护对车辆进行季节性维护。

2．作业范围

现代汽车各类维护的作业范围见表1-1。

表 1-1 现代汽车各类维护的作业范围

维护种类	作业范围
日常维护	日常维护作业以清洁、补给和安全性能检视为核心内容。其主要包括： ①坚持"三检"，即在出车前、行车中、收车后检视车辆的安全机构及各机件连接的紧固情况； ②保持"四清"，即保持润滑油、空气、燃油滤清器和蓄电池的清洁； ③防止"四漏"，即防止漏水、漏油、漏气和漏电
一级维护	一级维护作业中心内容除日常维护作业外，以润滑、紧固为作业中心内容，并检查有关制动、操纵等系统中的安全部件
二级维护	二级维护作业中心内容除一级维护作业外，以检查、调整制动系统、转向操纵系统、悬架等安全部件为作业中心内容，并拆检轮胎，进行轮胎换位，检查、调整发动机工作状况和汽车排放相关系统等
季节性维护	出于冬、夏两季的温差大，为使车辆在冬、夏两季可以被合理使用，在换季之前应结合定期维护，并附加一些相应的项目，使汽车适应气候变化的运行条件，这种附加性的维护称为季节性维护
免拆维护	免拆维护是指在突出"不解体"的前提下，用专用设备及保护用品对汽车燃油系统、冷却系统、润滑系统、制动系统、空调系统以及自动变速器等进行清洁和补给的维护

1.1.5 汽车维护周期

道路运输经营者和私家车主应当依据国家有关标准和车辆维修手册、使用说明书等，结合车辆类别、车辆运行状况、行驶里程、道路条件、使用年限等因素，自行确定车辆维护周期，确保车辆正常维护。

日常维护周期分为出车前、行车中和收车后。汽车一级维护、二级维护周期的确定应以行驶里程间隔为基本依据，行驶里程间隔执行车辆维修资料等有关技术文件的规定；对于不便用行驶里程间隔统计、考核的汽车，可根据行驶时间间隔确定一级维护、二级维护的周期。

当前数量庞大的进口、合资及自主品牌私家车各车型的维护、保养规定与我国道路运输车辆的强制维护规定的内容有所不同，为保证这些汽车的合理使用和行车安全，在汽车实际维护、保养工作中应以厂家规定内容为准。

|任务 1.2　汽车维护操作安全|

学习目标

【知识目标】

1. 明确车间安全的重要性。
2. 掌握保障车间人身安全的基本原则，包括各个部位的防护方法。

【能力目标】

1. 能够根据作业任务制订防护安全计划。
2. 能够完成对工作场地的安全检查。

【素质目标】

汽车维护作业实施是必要的技术能力。但维护操作安全是一切工作实施的重要前提，实施汽车维护作业前，必须熟练掌握安全防护知识，切不可粗心大意，本着生命至上、安全第一的原则实施汽车维护作业。

任务导入

一家维修企业的生产效益一直不是很理想。企业负责人很苦恼，决定新聘任一位车间主任，对企业的内部生产进行管理。新的车间主任上任后，发现维修车间管理不规范，维修技师对车间内的安全防护、环境卫生等方面不重视，导致客户认为企业业务能力不足。你对维修企业的维修安全常识了解吗？

知识学习

在所有的汽车维修车间内，都需要重视安全和事故的防范。汽车维修车间里常常存在严重的事故隐患，因此，汽车维修行业被认为是最需要安全防护的行业之一。

车辆、设备和许多零部件都很重，而且零部件之间安装得非常紧固。许多零部件在运转过程中会发热，另外在冷却系统、燃料系统或蓄电池中会形成很大的液体压力。蓄电池中的酸性物质具有强烈的腐蚀性和潜在的爆炸危险。燃料和清洁剂都是易燃的，而且发动机排放的废气有很强的毒性。进行某些维修时，修理工完全暴露在有害的尘粒和烟雾中。

良好的安全实践会减少或消除这些潜在的危险。粗心的工作态度和不良的工作习惯会增大事故发生的概率。车间事故造成严重的伤害、暂时或永久的残疾甚至死亡。安全是一个需要重视的问题。车间内的每个人都对车间安全负有责任，必须共同努力，保障安全。

1.2.1　6S 管理理念

提起 6S 管理，首先要从 5S 管理谈起。5S 管理起源于日本，指的是在生产现场中对人员、机器、材料、方法等生产要素进行有效管理，它针对企业中每位员工的日常行为方面提出要求，倡导从小事做起，力求使每位员工都养成事事"讲究"的习惯，从而达到提高整体工作质量的目的。

车间 6S 管理

我国企业在 5S 管理的基础上，结合国家的安全生产活动，增加了安全（Safety）要素，形成 6S 管理。

6S 管理是保持车间环境，实现轻松、快捷和可靠（安全）工作的关键点，可保持工作场地整洁、有序。

1．整理

整理（Seiri）是指确定某种项目是否需要，不需要的项目应立即丢弃以便有效利用空间。

①按照必要性，组织和利用所有的资源，不管它们是工具、零件还是信息。

②在工作场地指定一处地方来放置所有不必要的物品。收集工作场地中不必要的东西，然后丢弃。

③小心存放物品很重要，同样，丢弃不必要的物品也很重要。

2．整顿

整顿（Seiton）是整顿工具和零件的过程，目的是方便使用。

①将很少使用的物品放在单独的地方。

②将偶尔使用的物品放在工作场地。

③将常用的物品放在身边。

3．清扫

清扫（Seiso）是使工作场地内所有物品保持干净的过程。清扫使设备处于完全正常的状态，以便随时可以使用。

一个肮脏的工作环境是缺少职业素养的表现。要养成保持工作场地清洁的好习惯。

4．清洁

清洁（Seiketsu）是努力保持整理、整顿和清扫状态的过程，目的是防止任何可能问题的发生。

清洁也是一个通过对各种物品进行分类，清除不必要的物品使工作场地保持干净的过程。

①有助于使工作环境保持清洁的因素有：颜色、形状、各种物品的布局、照明、通风、陈列以及个人卫生。

②如果工作环境变得清新、明亮，则能够给客户带来良好的感受。

5．素养

素养（Shitsuke）是一个包括广泛培训，使员工成为自豪的企业员工的过程。

①素养形成文化基础，这是确保与社会协调一致的基本要求。

②素养是指规章制度方面的培训。这个培训可以帮助员工更好地适应企业。能成为企业员工的人应学会尊重他人、使他人感到舒心。

6．安全

安全（Safety）是指重视员工的安全教育，员工每时每刻都需保持安全第一的观念，防患于未然。建立及维护安全生产的环境，所有的工作应建立在安全的前提下。

1.2.2 汽车维修个人安全知识

简单来说，个人安全就是保护好自己免受伤害，包括使用防护装置、穿戴安全用品、正确使用工具和设备。

1．眼睛的防护

长期在维修车间工作易使工作人员的眼睛发生感染或永久损伤。有些作业（如磨削）会散发出高速运动的细小金属颗粒和粉尘。这些金属颗粒和粉尘很容易进入工作人员的眼睛中，使眼球擦伤或割伤。从有裂纹的管子或管接头中泄漏出的压力气体和液体可以喷射很远的距离，这些化学品进入眼睛可能会导致失明。在汽车底下进行作业时，从腐蚀的金属上脱落下来的碎屑很容易落入眼睛中。

当工作环境存在损伤眼睛的风险时，就要戴上安全眼镜，对眼睛进行保护。可供使用的眼睛防护用具有多种，例如图 1-3（a）所示的安全眼镜。为了对眼睛进行足够的保护，安全眼镜的镜片要用安全玻璃制成，还要对眼部侧面进行防护。普通眼镜不能给眼睛提供足够的防护，因此，普通眼镜不能作为安全眼镜使用。在车间里戴普通眼镜时，应该配上侧面护罩。

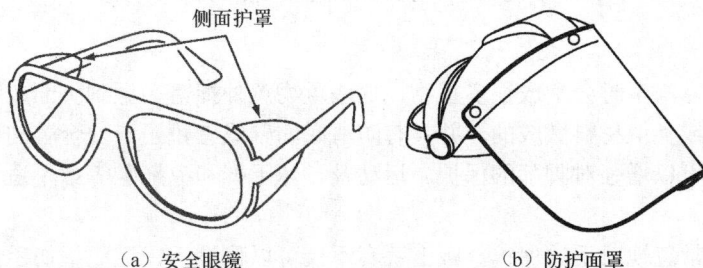

侧面护罩

（a）安全眼镜　　　　　　　　　（b）防护面罩

图 1-3　常见的眼睛防护用具

戴着安全眼镜工作是个良好的习惯，为了养成这样的习惯，应该选择佩戴感舒适的安全眼镜。

进行某些作业时，应该佩戴其他的防护用具，而不是安全眼镜。例如维修汽车制冷系统时，就应当戴着防溅护目镜，用压力喷射清理零部件时就要戴上防护面罩，防护面罩不仅能对眼部进行保护，还能对面部进行保护，如图 1-3（b）所示。

在蓄电池酸液、燃油、溶剂等化学品进入眼睛时，要用清水长时间冲洗眼睛，还要及时让医生进行药物处理。

许多维修车间都设有洗眼池和安全淋浴，当有化学品溅入眼睛时，可以及时进行清洗。

2．服装及装束要求

（1）服装。

工作时穿着的服装不但要合体舒适，还要结实。图 1-4 所示为汽车维修技师工作着装比较。宽松的服装很容易被运动的零部件和机器挂住，领带亦然；某些维修技师喜欢将工作服套在自己的衣服外面，这样也不规范，因为穿工作服是为了保护自己，而不能妨碍自己的活动。

（2）头发。

和宽松的衣服一样，蓬松的长发和悬挂的饰物也很容易引发事故，在靠近运动零部件和机器时头发很可能被挂住。如果头发很长，工作时就应将其扎在脑后，或者塞到帽子里。

良好职业行为规范

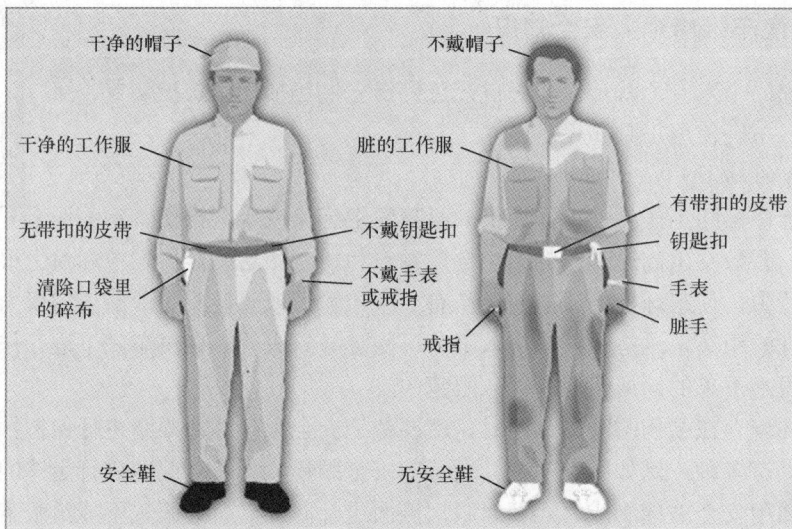

干净的帽子　　　　　　　　不戴帽子

干净的工作服　　　　　　　脏的工作服

无带扣的皮带　　　　　　　有带扣的皮带

不戴钥匙扣　　　　　　　　钥匙扣

清除口袋里的碎布　　　　　不戴手表或戒指　　　　　　手表

戒指　　　　　　　　　　　脏手

安全鞋　　　　　　　　　　无安全鞋

（a）合格的工作着装　　　　　　（b）不合格的工作着装

图 1-4　汽车维修技师工作着装比较

（3）安全鞋。

维修人员维修汽车时会拿放很多重物，这些重物意外掉落会砸到脚面或脚趾上，所以，一定要穿用皮革或类似材料做成的，并具有防滑底的鞋或者靴子。安全鞋的类型如图 1-5 所示，铁头安全鞋可以增强对脚部的保护。运动鞋、休闲鞋和凉拖鞋等都不适合在车间穿。

（4）手套。

维修人员常常忽视对手的保护。戴上手套不仅可以保护手，避免损伤手；还可以防止通过手染上疾病，也能使手保持干净。有多种不同的手套可供选戴。进行磨削、焊接作业或拿高温物件时，应该戴上厚手套。在处理具有强腐蚀性或危险性的化学品时，应该戴上聚亚氨酯或维尼纶手套，如图 1-6 所示，以免皮肤被这些化学品烧伤。戴上乳胶手套和橡胶手套可以防止油污沾到指甲上，以预防疾病。乳胶手套戴起来很舒服，但在接触汽油、机油和溶剂时很容易损坏。丁腈橡胶手套戴起来不如乳胶手套舒服，但与汽油、机油和溶剂等接触时不易损坏。在进行不同的作业时，要选戴不同类型的手套，对手进行保护。

图 1-5　安全鞋的类型

图 1-6　维尼纶手套

3．呼吸系统防护

汽车维修人员经常在有毒化学气体环境中工作。不论是暴露在有毒气体中还是过量尘埃中，都要戴上呼吸器或呼吸面罩，如图 1-7 所示。用清洗剂清洗零部件和喷漆是常见的需要戴上呼吸面罩进行的作业。处理吸附了灰尘的部件或有害物质时，也一定要戴高效呼吸面罩。

4．耳朵保护

人在噪声级很高的环境里待的时间过长，会导致听力下降甚至丧失。使用气动扳手、发动机带负荷运转、汽车在封闭空间里运转等，都会产生恼人并有害的噪声。维修人员经常在有噪声的环境里，应该戴上耳罩或耳塞。常见的耳罩或耳塞如图 1-8 所示。

 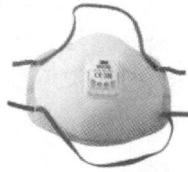  

（a）可重复使用的全面罩 （b）一次性的半面罩　　　（a）带架耳塞　（b）耳罩　（c）普通耳塞

图 1-7　呼吸面罩　　　　　　　　　　图 1-8　常见的耳罩或耳塞

5. 举升和搬运

掌握举升和搬运物品的正确方法非常重要，维修人员在举升和搬运物品时，也要采取保护措施。只能举升和搬运那些在个人能力范围内的物品，对搬运物品的尺寸和质量没有把握时，应该找人帮忙。体积很小、很紧凑的零部件有时也会很重，或者在搬运时不好掌握平衡。在举升和搬运物品前要考虑如何进行举升和搬运。搬运任何物体时都应遵循以下方法。

（1）双脚要靠近待搬运的物体，这样有利于在搬起物体时保持身体平衡。

（2）尽量使背部和肘部保持伸直，弯曲双膝，将双手放到能够牢牢抓住物品的合适位置，如图 1-9 所示。

图 1-9　搬运物品的姿势对比

（3）如果物品装在纸箱内，一定要确认箱子是结实的。旧的、潮湿的和封闭不良的纸箱很容易被撕烂，其中的物品就会掉落。

（4）双手要抓牢物品或容器，在抬起物品移动时，不要再改变手的位置。

（5）将物品靠近身体，通过伸直双腿举起物品，要利用双腿的力量，而不要用背部的力量。

（6）不要通过扭转腰部来改变移动方向，一定要转动包括双脚在内的整个身体。

（7）将物品放到货架或柜台上时，不要向前弯曲身体，应将物品的边缘先放在货架上，然后向前推物品，注意不要将手指夹住。

（8）在放下物品时，弯曲膝盖，但要挺直背部，不要向前弯曲身体，否则会拉伤背部肌肉。

（9）将物品放到地面上时，应将物品放在木头垫块上，以保护手指免受损伤。

1.2.3　工具、设备的使用安全

手动工具

汽车维修人员经常与工具、设备打交道，许多工伤事故是对工具、设备使用不善和使用时粗心大意引起的。维修汽车时需注意以下安全规则。

1．手动工具的使用安全

（1）选择大小和类型都合适的手动工具来做一项工作，而且只选择指定用来做该项工作的手动工具。

（2）保持手动工具处于良好状态，不用时应将其存放在安全处。保持切削工具的锋利。

（3）切勿把尖的工具放在衣袋里。

（4）加工小零件时，应把它们夹在台虎钳或夹紧装置上。

（5）对手柄活动或断裂的工具应修理或更换。

（6）选用的凿刀刀口至少要同待加工的凿口一样大。不要用凿子或冲子去冲坚硬部件，如固定销。切勿用錾子、冲子或刮刀当撬棍，过大的力会损坏或折断工具。

（7）多次敲击后，锐边可能折断或形成圆形头，应对其进行修整，保持全部冲子和凿刀的头部平滑。

（8）当使用切削工具时，一定要使金属屑飞离身体，使双手以及手指处在刀口的后面。手柄应清洁、干燥，并确保其被牢固地握住。

（9）切勿用锤敲击锉刀或把锉刀当作撬棍用。使用锉刀时，锉削行程总是朝向远离自己的方向，用完后应用锉刷刷净锉刀。

（10）一字或十字螺钉旋具只能用来拧螺栓，切勿将其当作冲子或撬棍用。确保螺钉旋具的刃口完全固定到螺栓槽中，不正确的配合可能损坏螺栓槽和螺钉旋具刃口。保持螺钉旋具刃口垂直于螺栓槽，使滑移量减至最少。

（11）使用敲击工具时，要佩戴合适的眼睛防护用具。对坚硬表面应用软锤。切勿用一手锤敲打另一手锤，否则手锤将会损坏或被敲碎，且飞出碎片伤人。

（12）作业中应使用大小合适的扳手。打滑的扳手会损坏螺栓头和螺母，且引起人身伤害。使用扳手时，应对扳手施加垂直的、均匀的拉力。若必须推扳手，则用手掌根部，不要用手指抓住扳手，扳手不得翘起来，否则会使接触点受力增大，导致扳手损坏。

（13）不要用管子来加长扳手（图 1-10），在过大的作用力下，扳手或螺栓会打滑或断裂。也不要把扳手当锤子用，除非该扳手有此特定用途。

（14）更换有裂纹或已磨损的扳手，不要试图把弯曲的扳手矫直，这样只会进一步降低它的强度。

（15）鲤鱼钳有固定、夹紧、挤压和剪切作用，但不能用于转动。不要用鲤鱼钳代替扳手，因鲤鱼钳会打滑而损坏螺栓头和螺母。

图 1-10　工具的错误使用

（16）动力工具、手动工具或冲击工具的套筒不应互换使用，否则会导致损坏或伤害。

（17）扭力扳手只用于拧紧螺栓或螺母，不应把它当一般扳手来使用。

2．动力工具、设备的使用安全

以电力和压缩空气为动力的工具、设备称为动力工具、设备。使用时需要注意以下事项。

（1）对动力工具、设备的操作不了解或未经过正确使用培训时，切勿操作动力工具、设备。

（2）开动动力工具、设备前，应确定没有别的物件会碰到设备的运转部件。

（3）全部电动工具，除非是双绝缘式的，都必须搭铁。不要使用两脚插头插入三脚插座（第三脚是设备地线）。切勿使用卸下第三地线插头的设备。

（4）动力工具、设备正在运转或接通电源时，切勿试图调整、上油或清洁等。将全部防护装置按照顺序保存在适当位置。

（5）确保气动工具和管路正确连接。

（6）当不用动力工具、设备时，关闭电源并拔出全部插头，并把所有设备放回到适当位置。

（7）操作某些电动设备时，应按规定戴安全眼镜、面罩等保护用品。如在操作砂轮机修磨机件时需戴安全眼镜；而手套是否佩戴应视情况而定，如图 1-11 所示。

（a）未戴安全眼镜　　　　　　　　　　　　（b）已佩戴安全眼镜

（c）不应戴手套　　　　　　　　　　　　（d）戴手套进行安全确认

图 1-11　使用电动设备时的安全规范

（8）在没有得到正确操作程序说明书时，不要开动任何机器。开动机器前应阅读使用说明书，学会正确使用设备并了解它的局限性。确保全部保护装置就位。

（9）操作设备要全神贯注，不要环顾其他或与别人交谈。工作场地应清洁、明亮，切勿在潮湿的地方工作。

（10）如图 1-12 所示，不要从插座上猛拉电线或将电线置于有安全隐患的环境中。

（11）使用前，检查设备是否有故障。接通动力源之前应做好所有调整工作。每当去掉安全设施进行调整、更换刀具或进行修理时，都要关掉设备电源，拔出插头。在检查期间，应锁上主开关并加上标记，或使断开的动力线位于显眼的位置。

（12）操作时要等待机器全速稳定运转后才能开始工作。

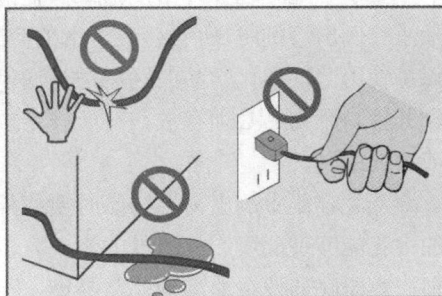

图 1-12　关于电器电线的错误操作

（13）在机器完全停转后方可离开现场。手与任何刀具或运转零件要保持安全距离。手不要伸得太长，要保持身体平衡。

1.2.4 环境安全

1．工作场地

工作场地要保持干净和安全，地面和工作台面要保持清洁、干燥和有序。地面有了机油、冷却液或润滑脂后会变得很滑，人员滑倒容易造成严重损伤，如图 1-13 所示，可以用吸油剂清除油污。要保持地面干燥，地面有水后也会变得很滑，而且很容易导电。走廊和过道应该保持通畅和干净，并留出足够的宽度，能够方便人员通过。机器周围的作业区域要足够大，保证能够安全地操作机器。

所有水池都要用平的盖板盖好，否则很容易造成脚趾、脚踝和腿部受伤。

在电话附近要张贴包括医生、医院、消防部门和公安部门联系电话号码在内的紧急电话号码，工作场地还要备有急救箱，如图 1-14 所示，以便对一些轻伤进行处理，还要有眼睛冲洗包随时备用，要知道这些应急用品的存放地点。

图 1-13 湿滑的地面会造成伤害

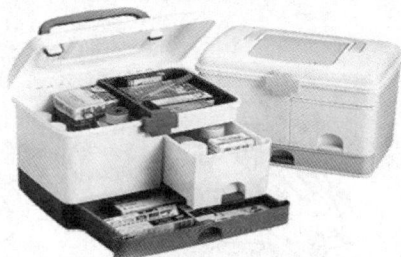

图 1-14 典型的急救箱

2．汽油及其他易燃物品

汽油是一种易燃的挥发性液体，易燃物品遇火后很容易燃烧，挥发性液体可以很快蒸发，易燃的挥发性液体就是潜在的燃烧弹。一定要将汽油和柴油装在安全油箱中，如图 1-15 所示，不要用汽油擦洗手和工具。

要小心地处理各种溶剂（或其他液体），以防泄漏。除了在倒出溶剂时，所有盛装溶剂的容器都应保持密封，保持使用溶剂和化学品的区域适当通风非常重要。溶剂和其他易燃物品必须存放在符合安全要求的专用存储柜或房间中。

从大容器中倒出易燃物品时要格外小心，静电产生的火花能够引起爆炸。用过的溶剂容器要及时丢弃或清理，容器底部残余的溶剂非常易燃。不要在易燃溶剂和化学品（包括蓄电池电解液）附近点火或吸烟。

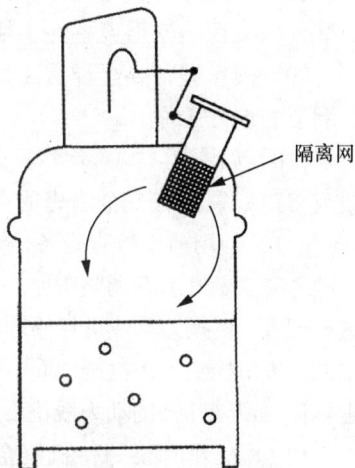

隔离网

图 1-15 安全油箱

沾油抹布也要存放在符合标准的金属容器中，如果将沾有机油、润滑脂或油漆的抹布随意丢弃或不当存放，很容易产生自燃。自燃是由物品自身状态而不是由其他火源点燃引起的着火现象。

3．蓄电池

维修汽车电气系统或进行焊接作业之前，要断开汽车蓄电池，以防由电气系统引起的着火和伤害。断开汽车蓄电池就是将负极电缆从蓄电池上拆下，并将其放置在远离蓄电池的地方。

4．防火安全

要了解车间里所有灭火器的放置地点及适用的火险类别，在灭火器标签上都清楚地标明了灭火器的类型及适用的火险类别。灭火时，一定要使用适合火险类别的灭火器，通用干粉灭火器适用于扑灭一般易燃物、易燃液体和电气着火。汽油着火时，切不可向火中浇水，水会使火焰进一步蔓延，适当类型的灭火器能够使火焰熄灭。

灭火时，要站在距离火焰 2～3 m 以外，将灭火器牢牢地向上拿住，对准火焰根部来回摆动喷嘴，扫过整个火焰区，低下身子以免吸入烟气，如果温度太高或烟气太大，就要撤离。记住，无论如何不要返回着火的建筑物内。

汽车维修常用灭火器有手提泡沫灭火筒、鸭嘴式开关灭火器、干粉灭火器等，使用方法如下。

（1）使用手提泡沫灭火筒救火时，应用一只手握着灭火筒上端的提环，另一只手握着灭火筒的底边，把灭火筒倒转过来并摇动几下，灭火泡沫就会从喷嘴喷出。

（2）使用鸭嘴式开关灭火器时，先将灭火器提到着火处，握紧喇叭柄，将喷嘴对准火焰，拔出开关的保险销，将上面的鸭嘴向下压，二氧化碳气体即从喷嘴喷出。

（3）使用干粉灭火器时，先将干粉灭火器送到着火处，需要上下颠倒几次，在离着火点 3～4 m 远处撕去灭火器上的封记，拔出保险销，一只手握紧喷嘴对准火源，另一只手的拇指将压把按下，干粉即可喷出。迅速摇摆喷嘴使干粉横扫整个火区，由近而远向前推移可很快灭火。

5．危险废弃物

汽车维修企业可以说是一个极易产生危险废弃物的地方，但是维修企业所维修的汽车才是真正产生危险废弃物的机器。新机油不是有害废弃物，废机油才是。一旦将机油从发动机里放出来，便产生了一种废弃物。这时，一定要有责任心地合理处置这种危险废弃物。还有很多从车上卸下来的其他废弃物需要进行正确的处理，如蓄电池、制动液和自动变速器油等。

不允许将发动机冷却液倒入下水道，所有从车上排放出来的液体都不允许。可以将冷却液回收并再利用或对其进行正确处理。

对于汽车上的各种油液滤清器（自动变速器油滤清器、燃油滤清器和机油滤清器），也需要按照既定的方法进行处理。对于旧滤清器，应当将液体排空并将其压碎或用特殊的转运桶盛放。多数国家规定要求在处理或压碎机油滤清器之前至少要排油 24 h。

（1）汽车维修产生的废弃物主要有以下几种。

①喷漆和车身修理产生的废弃物。

②清洗零件和设备的溶剂。

③蓄电池和蓄电池酸性溶液。

④用于清洗金属和预备喷涂表面的弱酸。

⑤废机油、发动机冷却液等。

⑥空调制冷剂。

⑦机油和滤清器。

（2）任何情况下，都不要使用下列方法来处理危险废弃物。

①将危险废弃物倒到杂草上。

②将危险废弃物倒在铺满砂砾的街道上。

③将危险废弃物扔到普通垃圾桶里。

④在许可的处理厂以外的地方处理危险废弃物。

⑤将危险废弃物倒入下水道、洗手间、水池或地面排水管里。

⑥将危险废弃物埋入地下。

（3）处理废弃物（应尽量避免产生废弃物）和带有污物的废油应遵守以下原则。

①回收利用废弃物。

②在无法避免产生废弃物和回收利用废弃物的情况下，对废弃物进行分离、分类和废弃处理，如图1-16所示。

回收利用的意义在于，将诸如已知来源的废油、有色金属废料、纸张等有价值物质作为原料再次投入经济循环中。除回收利用外也可以通过回收循环将其转化为能量。转化为能量是指在不污染环境的情况下燃烧这些废弃物并利用其产生的热能。

图1-16 分类回收废弃物

一些废弃物无法被回收利用。其中包括来自沉积物收集装置的物质、带有污物的废油、清洗零件后产生的油水混合物等，这些废弃物必须按环保法规要求清除。

1.2.5 日常安全守则

（1）工具不使用时应保持干净并将其放到正确的位置。

（2）对于各种设备和工具要及时检查和保养。

（3）手上应避免存在油污，以免工具滑脱。

（4）起动发动机的车辆应保证驻车制动正常。

（5）不要在车间内乱转。

（6）在车间内起动发动机要保持通风良好。

（7）在车间内穿戴、着装要合适，并佩戴必要的装备，如手套、安全眼镜、耳塞等。

（8）不要将压缩空气对着人或设备吹。

（9）不要将尖锐的工具放到口袋里，以免扎伤自己或划伤车辆。

（10）常用通道上不要放工具、设备、车辆等。

（11）用正确的方法使用正确的工具。

（12）手、衣服、工具应远离旋转设备或部件。

（13）开车进出车间时要格外小心。

（14）在极疲劳或消沉时不要工作，这种情况会降低注意力，有可能导致自身或他人受伤害。

（15）如果不知道车间设备如何使用，应先向知道的人请教，以得到正确、安全的使用方法。

（16）用举升机或千斤顶升起车辆时一定要按正确的规程操作。

（17）应知道车间灭火器、医疗急救包、洗眼处等的位置。

| 任务 1.3　汽车维修工具、测量仪器和常用设备的使用 |

学习目标

【知识目标】

1. 熟悉各种常见通用维修工具的使用及注意事项。
2. 掌握正确选用各种常见通用维修工具的方法。
3. 了解汽车维修中常见测量仪器的名称、规格和工作原理。
4. 熟悉汽车维修过程中常用测量仪器的正确使用方法和读数方法。
5. 正确掌握汽车维修中常用测量仪器的维护和存放方法。
6. 掌握车间内各种工具和设备的使用安全注意事项。
7. 明确生产车间的各种危险物品保存方法。

【能力目标】

1. 能够正确使用日常维修作业中的常用工具。
2. 能够正确使用常用的检测工具和设备。
3. 能够对日常使用的工具和设备实施必要的维护操作。

【素质目标】

1. 使用工具、测量仪器和设备前，认真检查其状况，严肃、认真地实施作业前检查。
2. 使用过程中，注意工具、测量仪器和设备正确使用，防止其因为疏忽大意损坏。
3. 完成作业任务后，将工具、测量仪器和设备放回指定位置，6S 管理意识贯彻始终。

任务导入

汽车维修企业最近新招聘了一批实习维修技师，可是在最近班组长安排的工作作业中经常出现客户车辆的维修部件损坏的现象，而且还有个别人受伤的情况发生。

内训师（维修企业负责技术培训的讲师）通过观察实习维修技师的作业方法，发现许多实习维修技师对工具和设备使用不当，导致零件损坏和人员受伤。你知道常见维修工具有哪些吗？都如何正确使用？

知识学习

常言道"工欲善其事，必先利其器"，对汽车维修工作来讲，也有"三分技术，七分工具"的说法，由此可见，正确地选用工具对汽车维修来说非常重要。但很多维修技术人员不太重视工具和测量仪器的使用方法，导致不能顺利完成维修工作。使用工具和测量仪器的基本要求如下。

（1）了解正确的用法和功能。学习每件工具和测量仪器的功能和正确用法。如果将其用于规定之外的用途，工具或测量仪器可能会损坏，而且零件也可能会损坏或者导致工作质量降低。

（2）了解使用工具和测量仪器的正确方法。每件工具和测量仪器都有规定的操作程序。要确保在工作部件上正确使用工具，用在工具上的力要恰当，工作姿势也要正确。

（3）正确选择。根据尺寸、位置和其他条件的不同，有不同的工具可用。要根据零件形状和工作场地选择合适的工具。

（4）力争保持安排有序。工具和测量仪器要放在容易拿到的位置，使用后要将其放回原来的正确位置。

（5）严格坚持工具的维护和管理。要在使用工具后立即清洗并在需要的位置涂油。如需要修理就要立即进行，确保工具可以一直处于完好状态。

常用的维修工具、测量仪器及设备是每一家维修企业开业的必备条件，认识和掌握其用法对规范维修操作、保证维修质量、提高工作效率至关重要。

1.3.1 常用维修工具的使用

汽车维修常用工具包括扳手、钳子、螺钉旋具、电动工具（如举升机）及气动工具（如风动扳手）等。

1. 扳手

扳手是汽车修理中常用的一种工具，主要用于扭转螺栓、螺母或带有螺纹的零件。如果扳手选用不当或使用不当，不但会造成工件和扳手损坏，还可能引发危及人身安全方面的事故。因此，正确地选用和使用扳手显得尤为重要。

扳手种类繁多，常见的有开口扳手、梅花扳手、套筒扳手、扭力扳手、活动扳手等。在拆卸螺栓时，应按照"先套筒扳手，后梅花扳手，再开口扳手，最后活动扳手"的选用原则进行选取。

在选用扳手时，要注意扳手的尺寸，尺寸是指它所能拧动的螺栓或螺母两对向面间的距离。例如扳手上印有 22 mm，即此扳手所能拧动螺栓或螺母两对向面间的距离为 22 mm。

现在常见的工具都有公制、英制两种尺寸单位。公制和英制之间的换算关系为 1 mm≈0.03937 in。

⚡ **注 意**

禁止使用一种单位系统的扳手旋动另外一种单位系统的螺栓或螺母。

（1）开口扳手。

①开口扳手结构特点。开口扳手两头均为 U 形的钳口，可套住螺栓或六角螺母的两个对向面。开口扳手主要适用于无法使用套筒扳手和梅花扳手操作的位置。因为有些螺栓或螺母

必须从横侧插入，此时开口扳手可以做到，而其他扳手则不行，如图 1-17 所示。

开口扳手的钳口与手柄存在一定的角度，这样可以通过反转开口扳手来增大适用空间，如图 1-18 所示。

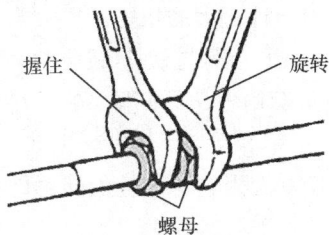

图 1-17　开口扳手的使用方法（一）

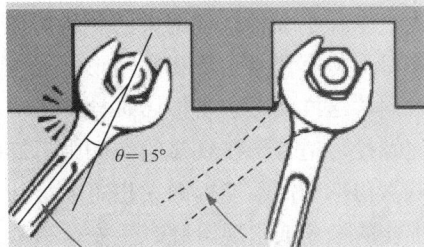

图 1-18　开口扳手的使用方法（二）

②开口扳手的选用。选择开口扳手时，要根据螺栓头部的尺寸来确定合适的型号，并确保钳口的尺寸与螺栓头部尺寸相符，配合无间隙，然后才能进行操作。

> ⚠ **注　意**
>
> 　　不能在扳手手柄上加接套筒使用，否则会损坏扳手。扳手不能提供较大扭矩，因此不能用于最终拧紧。禁止将开口扳手当撬棍使用，否则会损坏工具。

（2）梅花扳手。

①梅花扳手的结构特点。梅花扳手两端呈花环状，其内孔是由 2 个正六边形同心错开 30°而成的。很多梅花扳手都有弯头，常见的弯头角度为 10°～45°，从侧面看旋转螺栓的部分和手柄部分是错开的。这种结构便于拆卸装配在凹陷空间的螺栓、螺母，并可以为手指提供操作间隙，以防止擦伤。

②梅花扳手的使用方法。在使用梅花扳手时，左手握住梅花扳手与螺栓连接处，保持梅花扳手与螺栓完全配合，防止滑脱，右手握住梅花扳手另一端并使力。扳手转动 30°后，就可更换位置，特别适用于拆装处于空间狭小位置的螺栓、螺母。

梅花扳手可将螺栓、螺母的头部全部围住，因此不会损坏螺栓角，可以施加大扭矩，如图 1-19 所示。

由于梅花扳手是有角度的，因此可用于在凹进空间里或在平面上旋转螺栓/螺母，如图 1-20 所示。

图 1-19　梅花扳手的使用方法（一）

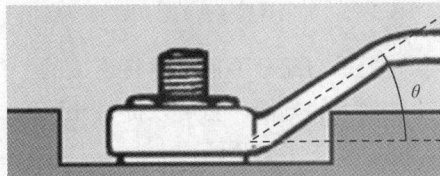

图 1-20　梅花扳手的使用方法（二）

> ⚠ **注　意**
>
> 　　严禁锤击扳手以增加扭矩，否则会造成工具损坏。严禁使用带有裂纹和内孔已经严重磨损的梅花扳手。严禁将加长的管子套在扳手上以延伸扳手长度来增加扭矩。

（3）套筒扳手。

套筒扳手是拆卸螺栓方便、灵活而且安全的工具。使用套筒扳手不易损坏螺母的棱角。根据工作空间大小、扭矩要求和螺栓或螺母的尺寸选用合适的套筒头。根据尺寸大小，套筒头有大、中、小3种。使用大的一种可以获得比使用小的一种更大的扭矩。

钳口形状有双六角形和六角形，如图 1-21 所示。六角形套筒与螺栓/螺母的表面有很大的接触面，这样就不容易损坏螺栓/螺母的表面；双六角形套筒各角只间隔30°，可以很方便地套住螺栓，适合于在狭窄的空间中拆卸螺栓。

双六角形套筒不能拆卸大扭矩或棱边已经磨损的螺栓，因为它与螺栓的接触面小，容易损坏螺栓的棱角或出现滑脱产生安全事故。

套筒接合器也叫套筒转换接头，是指将现有的不同尺寸规格的手柄和套筒配合使用时所用的一种工具，例如 10 mm 系列的手柄接 12.5 mm 系列的套筒或者 12.5 mm 系列手柄接 10 mm 系列套筒等都需要转换接头。转换接头有两种，一种是"大"变"小"转换接头，另外一种是"小"变"大"转换接头，如图 1-22 所示。

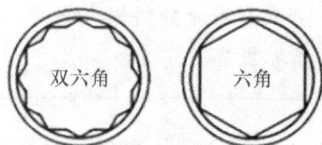

图 1-21　套筒头钳口的两种形状

图 1-22　套筒转换接头的使用方法

在使用套筒转换接头的过程中，必须控制扭矩的大小。因为套筒和手柄经过转换后，不是同一尺寸范围的，如果按照原来的尺寸施加扭矩，就可能会损坏套筒或手柄，如图 1-23 所示。

万向节的方形套头部分可以前后或左右移动，配套手柄和套筒的角度可以自由变化，如图 1-24 所示。其工作原理与前置后驱汽车传动轴使用的万向节工作原理基本相同。

图 1-23　套筒转换接头的使用注意事项

图 1-24　万向节结构

套筒扳手与配套手柄是垂直连接的，但车辆上很多地方套筒是无法伸入的，这时候万向节将提供极大的方便，它可以提供比可弯式接头更大的变向空间，如图 1-25 所示。

使用万向节时，不要使手柄倾斜较大角度来施加扭矩，如图 1-26（a）所示。应尽可能使手柄接近垂直状态，因为偏角过大会使扭矩的传递效率降低。使用气动工具时严禁使用万向节，如图 1-26（b）所示，因为球节由于不能吸收旋转摆动会发生脱开情况，造成工具、零件或车辆损坏，甚至造成人身伤害。

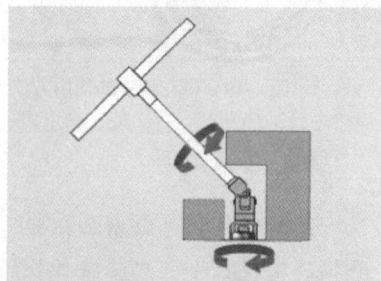

图 1-25　万向节使用方法

接杆也称延长杆或加长杆，是套筒类成套工具不可缺少的一部分。日常汽车维修工作中，有 75 mm、125 mm、150 mm 和 250 mm 等不同长度的接杆供选用，即我们常说的长接杆和短接杆。

接杆的主要作用是加装在套筒和配套手柄之间，用于拆卸和更换装得很深且仅凭套筒和手柄无法接触的螺栓、螺母，如图 1-27 所示。

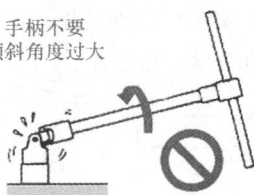

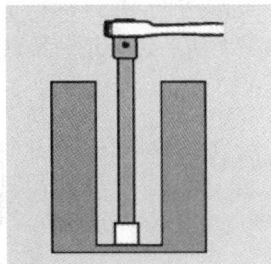

图 1-26　使用万向节时的注意事项　　　　图 1-27　接杆的使用方法（一）

另外，在拆卸平面上的螺栓、螺母时，工具会紧贴在操作面上，妨碍正常拆卸，甚至会产生安全事故。接杆可将工具抬离平面一定高度，便于操作，如图 1-28 所示。

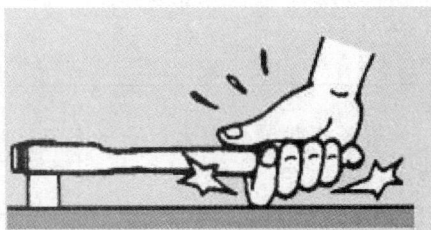
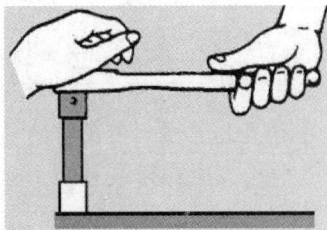

（a）不合理的操作　　　　　　　（b）接杆的作用

图 1-28　接杆的使用方法（二）

有很多接杆经过改进后具有特殊功能，如转向接杆和锁定接杆等。所谓转向接杆，是指普通接杆与套筒连接的方榫部，经过改进再装上套筒后，会产生 10° 左右的偏角，因而使用非常方便。锁定接杆是指接杆具有套筒锁止功能，避免了在使用过程中套筒或万向节的掉落。

⚡ 注　意

禁止把接杆当冲子使用。

（4）手柄。

①滑杆也称滑动 T 形杆，是套筒专用配套手柄，横杆部可以滑动调节。通过滑动方榫部分，手柄有 2 种使用方法，如图 1-29 所示。方榫位置在一端，形成 L 形结构，从而增加扭矩，达到拆卸或紧固螺栓的目的，与 L 形扳手类似。方榫部分在中部位置，形成 T 形结构，两只手同时用力，可以增加拆卸速度，但要求的工作空间很大。

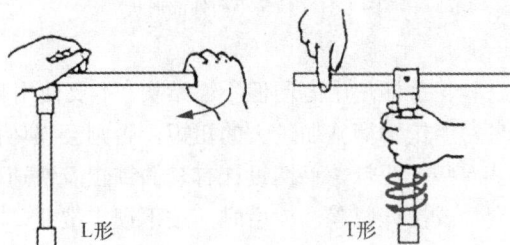

图 1-29　手柄的使用方法

⚠ **注 意**

当拆卸扭矩过大时，禁止在滑杆的手柄上再加装套筒或用锤子锤击，否则会造成工具或螺栓损坏。

②旋转手柄也称摇头手柄或扳杆，可用于拆下或更换要求大扭矩的螺栓或螺母，也可在调整好手柄后进行迅速旋转，如图1-30所示。但手柄很长，很难在狭窄空间内使用。旋转手柄头部可以做铰式移动，这样可以根据作业空间要求调整手柄的角度以方便使用。

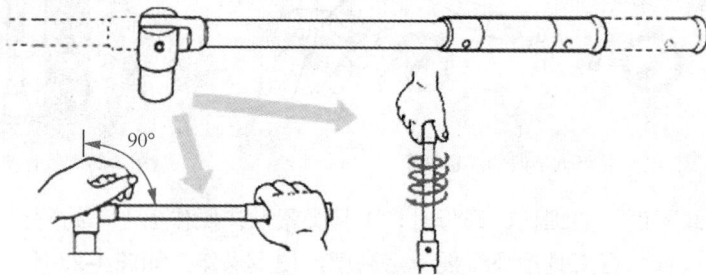

图1-30　旋转手柄的使用方法

⚠ **注 意**

滑移手柄直到其碰到使用前的锁紧位置。如果不在锁紧位置上，手柄在工作时可以滑进滑出。这样会改变维修技师的工作姿势并造成人身伤害。

③棘轮手柄是常见的套筒手柄，如图1-31所示。套筒手柄是装在套筒上用于扳动套筒的配套手柄，如果没有配套手柄，套筒将无法工作。

棘轮手柄头部设计有棘轮装置，在不脱离套筒和螺栓的情况下，可实现快速单方向的转动。通过调整锁紧机构可改变其旋转方向：将锁紧机构手柄调到左边，可以单向顺时针拧紧螺栓或螺母；将锁紧机构手柄调到右边，可以单向逆时针松开螺栓或螺母，如图1-32所示。

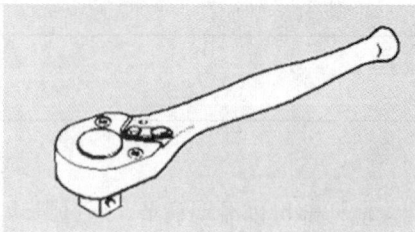

图1-31　棘轮手柄外部形状

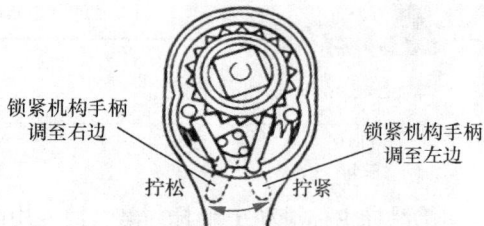

锁紧机构手柄调至右边　　锁紧机构手柄调至左边

拧松　　拧紧

图1-32　棘轮的换向功能

注：因锁紧机构手柄在图示方向的背面，因此左右两边是反的。

棘轮手柄使用方便但不够结实。不要使用棘轮手柄对螺栓或螺母进行最后的拧紧，另外，严禁对棘轮手柄施加过大的扭矩，否则会损坏内部的棘爪结构。

有些专业棘轮手柄设计有套筒锁止及快速脱落功能，只需单手操作，可防止在使用过程中套筒或接杆脱落。使用时，按下锁定按钮，将套筒头套入棘轮手柄的方榫中，松开锁定按钮，套筒即被锁止，如再次按下锁定按钮，即可解除套筒锁定。

（5）扭力扳手。

扭力扳手主要用于有规定扭矩值的螺栓和螺母的装配，如气缸盖、连杆、曲轴主轴承等处的螺栓。常用扭力扳手如图 1-33 所示。

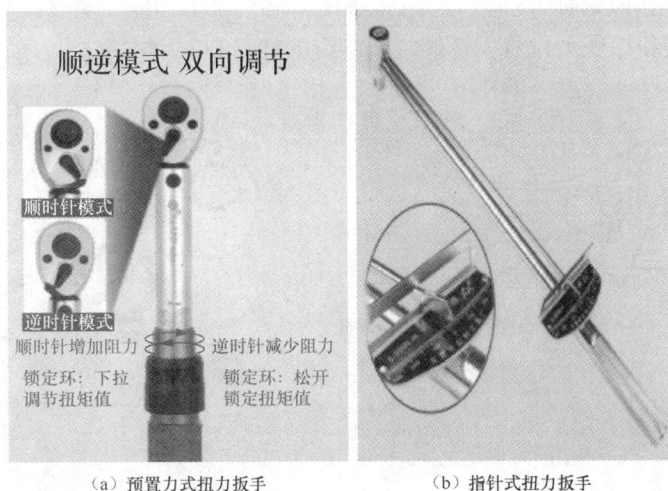

（a）预置力式扭力扳手   （b）指针式扭力扳手

图 1-33　常用扭力扳手

预置力式扭力扳手可通过旋转手柄，预先调整设定扭矩，达到设定扭矩时，该扳手会发出警告声以提示用户。当听到"咔嗒"声响后，立即停止旋转以保证扭矩正确，当扳手设在较低扭矩值时，警告声可能很小，所以应特别注意。

指针式扭力扳手结构相对比较简单，其数值可通过刻度盘读出。汽车维修中常用扭力扳手的规格为 300 N·m。使用指针式扭力扳手时，应注意左手在握住扳手与套筒连接处时，不要碰到指针，否则会造成读数不准。

⚡ **注　意**

拧紧螺栓、螺母时，不能用力过猛，不可施加冲击扭力。当旋紧阻力不断增加时，旋转的速度应相应放缓，以免损坏螺纹。当扭力过大时，禁止在扭力扳手的手柄上再加装套筒或用锤子锤击。切勿在达到设定扭矩后继续旋转，如继续旋转，会使扭矩大大超出预设值，除对扳手造成严重损害外，还会损坏螺栓、螺母。

（6）活动扳手。

①活动扳手结构特点。活动扳手也叫可调扳手，适用于尺寸不规则的螺栓、螺母，它能在一定范围内任意调节开口尺寸，如图 1-34 所示。一个活动扳手可用来代替多个开口扳手。活动扳手由固定钳口和可调钳口两部分组成，扳手的开度通过调节螺杆进行调整。

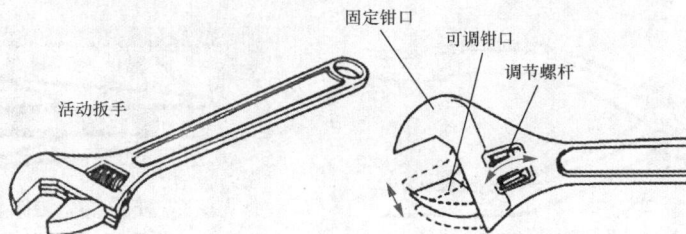

图 1-34　活动扳手及调节机构

②活动扳手的使用方法。使用活动扳手前应先将活动扳手调整合适，使活动扳手钳口与螺栓、螺母两对边完全贴紧，不应存在间隙，如图 1-35（a）所示。使用时，要使活动扳手的可调钳口部分受推力，固定钳口受拉力，只有这样施力，才能保证螺栓、螺母及扳手本身不被损坏。如果不按照这种方法转动扳手，如图 1-35（b）所示，会使压力作用在调节螺杆上，在施力时促使钳口变大，将损坏螺栓、螺母的棱角和扳手本身。

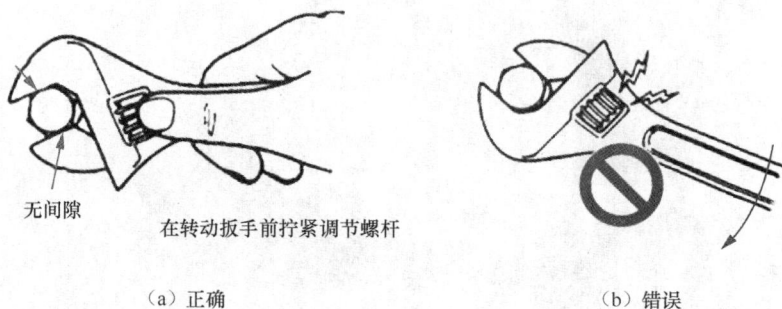

无间隙
在转动扳手前拧紧调节螺杆

（a）正确 （b）错误

图 1-35　活动扳手的使用方法

⚡ **注　意**

使用时，严禁在活动扳手上随意加装套筒或锤击活动扳手。严禁将活动扳手当作锤子来使用，否则会使活动扳手损坏。

2．钳子

钳子用于弯曲小的金属材料，夹持扁形或圆形零件，切断软的金属丝等。

在汽车维修中，常用的钳子类型有钢丝钳、尖嘴钳、鲤鱼钳、斜口钳、水泵钳、卡簧钳、大力钳、管钳等。

应根据在汽车维修中所要达到的不同目的来选用不同种类的钳子，并且还要考虑工作空间的大小等因素。

（1）钢丝钳。

钢丝钳是非常常见的一种钳子，它可以用来切断金属丝或夹持零件。

使用钢丝钳时，用手握住钳柄后端，使钳口开闭，钳口前端主要用于夹持各种零件，根部的刃口可用来切割细导线。当用钢丝钳切断较硬的钢丝等物体时，禁止使用锤子击打钳子来增加切削力，否则会损坏钢丝钳。

（2）尖嘴钳。

尖嘴钳的结构如图 1-36 所示，钳口长而细，特别适合在狭窄空间里使用。在狭窄的空间中，钢丝钳无法满足工作条件时，可用尖嘴钳代替，如图 1-37 所示。

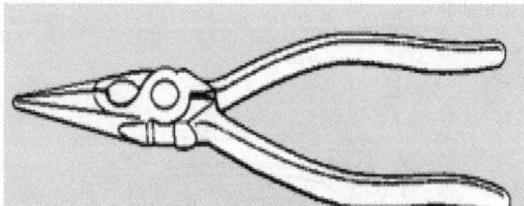

图 1-36　尖嘴钳的结构

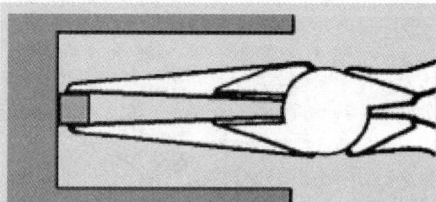

图 1-37　尖嘴钳的作用

严禁对尖嘴钳的钳头部施加过大的压力，否则会使尖嘴钳的钳口尖部扩张成 U 形。

（3）鲤鱼钳。

鲤鱼钳也称鱼嘴钳，主要用于夹持、弯曲和扭转工件。鲤鱼钳的手柄一般较长，可通过改变支点上槽孔的位置来调节钳口张开的程度。在用钳子夹持零件前，必须用防护布等织物或其他防护罩遮盖易损坏件，如图 1-38 所示，防止锯齿状钳口对易损坏件造成伤害。

（4）斜口钳

斜口钳也叫作剪钳，主要用于切割金属丝或导线。斜口钳的钳口有刃口，而且尖部为圆形，不适合用于夹持零件，只能用于切割金属丝或导线。

斜口钳可以剪切钢丝钳和尖嘴钳不能剪切的细导线或线束中的导线。但是严禁用来切割硬的或粗的金属丝，否则会损坏刃口。

3．螺钉旋具

螺钉旋具俗称螺丝刀、改锥或起子，主要用于旋拧小扭矩、头部开有凹槽的螺栓和螺钉。

螺钉旋具的类型取决于本身的结构及尖部的形状，常用的有一字螺钉旋具、十字螺钉旋具，如图 1-39 所示。一字螺钉旋具用于单个槽头的螺栓/螺钉，十字螺钉旋具用于带十字槽头的螺栓/螺钉。

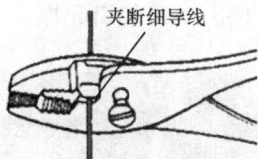

图 1-38　使用鲤鱼钳的注意事项　　　　图 1-39　螺钉旋具的外形结构

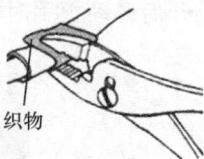

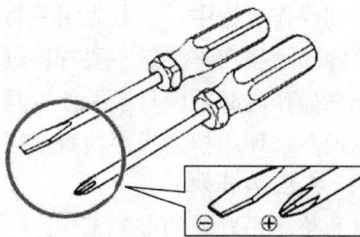

尖部形状相同的螺钉旋具，尺寸也不完全一样，如梅花螺钉旋具，在汽车维修中经常用到头部尺寸规格是 2 号的螺钉旋具，但也有更大一点的 3 号和更小一点的 1 号，甚至还有更小的微型螺钉旋具。

选用螺钉旋具时，应先保证螺钉旋具头部的尺寸与螺栓/螺钉的槽部形状完全配合，选用不当会严重损坏螺钉旋具。选用时应先大后小，即先选择 3 号，如 3 号不合适，再依次选择 2 号、1 号。

如果螺钉旋具的头部太厚，则不能落入螺栓/螺钉槽内，易损坏螺栓/螺钉槽；如果螺钉旋具的头部太薄，使用时头部容易扭曲。

使用螺钉旋具时，应右手握住螺钉旋具，手心抵住柄端，螺钉旋具与螺栓/螺钉必须保持同轴（见图 1-40），压紧后用手腕扭转，拆卸时螺栓/螺钉松动后用手心轻压螺钉旋具，并用拇指、食指、中指快速旋转手柄。

另外，在使用过程中，要尽量避免将螺钉旋具当撬棒，否则会造成螺钉旋具弯曲甚至断裂。禁止将普通螺钉旋具当作錾子使用（通心式螺钉旋具除外），否则会造成头部缩进手柄内或产生断裂和缺口。

4．风动扳手

风动扳手的外形如图 1-41 所示，风动扳手使用压缩空气，并用于拆卸和更换螺栓、螺母，可以提高工作效率。

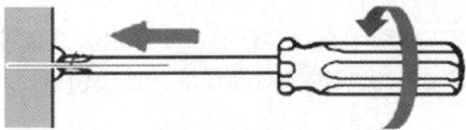

图1-40 螺钉旋具的正确使用方法

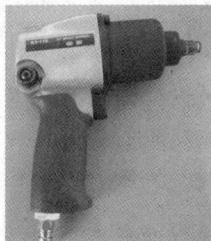

图1-41 风动扳手的外形

（1）风动扳手用于旋扭要求较大扭矩的螺栓、螺母。

①扭矩可调到4～6级。

②旋转方向可以改变。

③风动扳手可以与专用的套筒结合使用。专用的套筒扳手经过专门加工，其特点是能防止零件从传动装置上飞出。切勿使用专用套筒扳手以外的套筒扳手。

（2）操作注意事项。

①要在正确的气压下使用（正确值：686 kPa）。

②要定期检查风动扳手并对风动扳手进行维护。

③在操作过程中，一般先用手将螺母对准螺栓旋进一些。如果一开始就使用风动扳手，则螺纹容易被损坏。注意不要拧得过紧，使用较小的力拧紧。

④在操作时必须两只手握住工具。因为开启风动扳手时将释放大的扭矩，可能引起振动。

⑤最后，使用扭力扳手检查紧固扭矩。

5．双柱举升机

（1）整车举升前的准备工作。

①排除举升平台周围和提升臂下面的障碍物。

②保持举升机和工位地面清洁。

③检查举升机立柱的地脚螺栓是否有松动或丢失的现象。

图1-42 将锁止齿卡在挡块上

④如图1-42所示，用手握住操纵手柄，将其竖直向上拉起，待调整齿和锁止齿分离且锁止齿的下端面高于挡块时，转动手柄90°，使锁止齿卡在挡块上。

⑤检查4个抽拉臂的托垫橡胶是否老化、断裂；连接托垫与座的固定螺栓是否松动；轴承与座孔是否有较大的旷量。

⑥检查油缸和高压油管接头处是否有漏油现象。

（2）举升机操作步骤。

①将汽车驶到举升机上，要注意车头方向，保持车头和举升机的短提升臂方向一致。并且车辆停驻在主、副立柱和提升钢索、高压油管保护罩的中间位置，即将车辆停驻于举升平台的中央位置。

②拉紧驻车制动器或将变速器置于空挡，若为自动变速器车辆，则把挡位置于P挡位。

③找到车辆地板上的支撑点，如图1-43所示。调

图1-43 车辆地板上的支撑点

整提升臂的角度和抽拉臂的长度，将托垫对准支撑点，必要时使用重量延伸器。

⚠ **注　意**

　　车辆的支撑点，通常位于地板两侧，前后车轮之间，每侧两个。常见的支撑点有两种形式：圆盘突起式和卷边加强式。

　　④在举升机与汽车定位检查稳妥后，如图1-44所示，按压电动机开关，将汽车举离地面。在汽车离地面5 cm左右时，摇晃车辆，如图1-45所示，查看是否有窜动迹象。如汽车在举升机上定位不牢固或有不正常声音，应把汽车降落，重新调整。

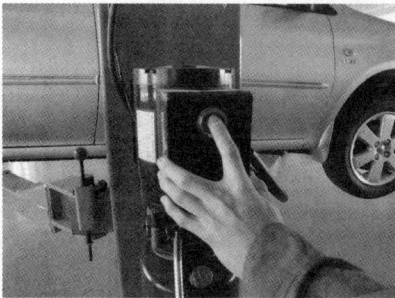

图1-44　按压电动机开关　　　　　　　图1-45　检查车辆是否有窜动

　　⑤操纵举升机举升汽车至所需高度。在汽车举升到所需高度后，如图1-46所示，压下手动卸荷阀，车辆下降少许后处于锁止状态。只有确认举升机处于锁止状态后，才可到汽车下工作。

　　⑥完成工作后，按下电动机开关，使车辆上升少许，松开电动机开关。

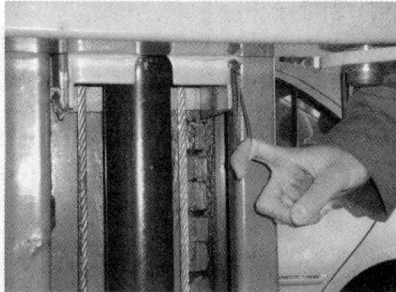

　　⑦如图1-47所示，用力拉下机械保险的拉线，解除滑车的锁止。

图1-46　压下手动卸荷阀　　　　　　图1-47　用力拉下机械保险的拉线

　　⑧压下手动卸荷阀手柄，将车辆慢慢降下。

　　⑨待车辆平稳降到地面且托垫与支撑点分离后，推回抽拉臂，将短提升臂回转至立柱内侧并锁止，将长提升臂回转至立柱外侧并锁止，然后把车辆驶出举升作业区。

　　⑩操作完毕，关闭电动机电源，清扫举升机和工位地面。

6. 四柱举升机

（1）使用方法。

①按照说明书对有关部位进行日常检查。

②检查液压油油箱的液位是否正常。

③进行举升机空载作业。

a. 接通电源，按压电动机上升按钮，工作平台应能正常上升。松开按钮，工作平台应能可靠停止。

b. 上升到一定高度后停止，将工作平台挂钩挂上，此时4个挂钩必须能可靠地挂在立柱内的挂板上。

c. 转动换向阀供气时，4个挂钩应能完全脱离挂板。

d. 按下降按钮，工作平台应以正常速度下降，松开下降按钮，工作平台应能可靠停驻。

> ⚡ **注　意**
>
> 在上述过程中，举升机应无异常噪声及其他不正常现象。

④进行举升机负载作业。

a. 将汽车驶到工作平台上，拉紧驻车制动器，驾驶员离开工作平台。

b. 将防滑支座可靠地垫在汽车轮胎的前后方。

c. 不供气状态下，按上升按钮，将工作平台升至所需的高度。

d. 点动下降按钮，使4个挂钩均可靠地支撑在挂板上，此时方可进入工作区进行维修或调整作业。

e. 修理或调整工作完毕后，按上升按钮，将换向阀转至供气位置，使4个挂钩脱离挂板，按下降按钮，工作平台下降。

f. 工作平台降至下极限位置，挪开防滑支座，将汽车驶离工作平台。

g. 清扫工位。

（2）使用注意事项。

①平时应设专人操作、保养、维修举升机设备，禁止未阅读过说明书及无操作资格的人员擅自操作举升机。

②对于汽车停放的位置，应使其重心接近工作平台的重心。

③工作平台升降过程中，任何人员不得滞留于工作平台上或工作平台下面。

④禁止举升机在有故障的情况下运行。

⑤只有在确定4个安全挂钩挂上后，操作人员才可进入工作区。

7．剪式举升机

（1）使用方法及注意事项。

①操作前，应先排除举升机周围和下方的障碍物。

②升降时，举升机规定区域以及平台上的车辆内不能有人。

③不能举升超过举升机举升能力范围的车辆。

④举升时，应在车辆底盘下方垫上胶垫。

⑤升降过程中随时观察举升平台是否同步，发现异常，及时停止，检查并排除故障后方能投入使用。

⑥下降操作时，先将举升平台上升一点，注意观察两保险爪与保险齿间是否完全脱开，否则停止下降。

⑦举升机长期不用或过夜时，应将平台降到最低位置，并开走车辆，切断电源。

（2）维护与保养。

①应由经培训的操作人员作业。

②对于举升机所有支铰轴处，每周用机油壶加机油一次。

③对于保险齿条及上下滑块等移动部位，每月加一次润滑脂。

④每年更换一次液压油，液位应长期保持上限。

1.3.2 常用测量仪器的使用

在进行测定作业时，应尽可能采用精密的测量仪器，但不论何种测量仪器在测量过程中总是会存在测定误差的。而误差包括测量仪器造成的误差（制造和磨损产生的误差）以及测量者本身造成的误差（因测量者习惯以及视觉因素产生的误差）。因此，测定时应该注意以下事项，方能保持测量仪器的精度。

（1）进行测量时，应使测量仪器温度和握持的方法保持在良好的测定状态。

（2）保持固定的测定动作。

（3）使用后应注意仪器的清理和维护，并将其存放在不受灰尘和气体污染的场所。

（4）要定期地检查仪器精度。

1. 游标卡尺

（1）概述。

游标卡尺又称四用游标卡尺，简称卡尺，是由主尺和游标尺等制造而成的精密测量仪器，如图 1-48 所示，能够正确且简单地进行长度、外径、内径及深度的测量。在汽车维修工作中，0.02 mm 精度的游标卡尺使用频繁。

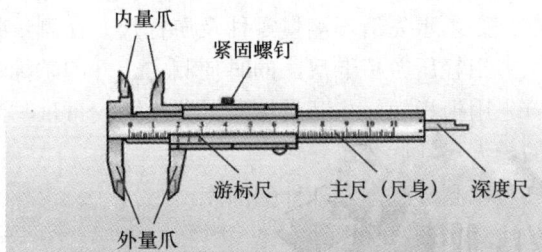

图 1-48 游标卡尺的结构

游标卡尺根据最小刻度的不同分为 0.02 mm 和 0.05 mm 两种规格。若游标卡尺上有 50 个刻度，每刻度表示 0.02 mm；若游标卡尺上有 20 个刻度，每刻度表示 0.05 mm。

有些游标卡尺使用电子读数显示小数部分，这种游标卡尺的测量精度可达到 0.005 mm 或 0.001 mm。

常用的游标卡尺的测量范围是 0～150 mm，应根据所测零部件的精度要求选用合适规格的游标卡尺。

游标尺（也称副尺）刻度是将 49mm 平均分为 50 等份。主尺是以毫米来划分刻度的，将 1 cm 平均分为 10 个刻度，在厘米刻度线上标有数字 1、2、3 等，表示为 1 cm、2 cm、3 cm 等。

（2）游标卡尺的读数。

如图 1-49 所示，读数时，先读出游标尺零线左边与主尺相邻的第一条刻度线所表示的整数，即测得尺寸的整数部分，主尺上的读数为 22.00 mm。再读出与主尺刻度线对齐的游标尺上刻度线所表示的数值，即测量值的小数部分，图 1-49 中游标尺上的读数为 0.06 mm。

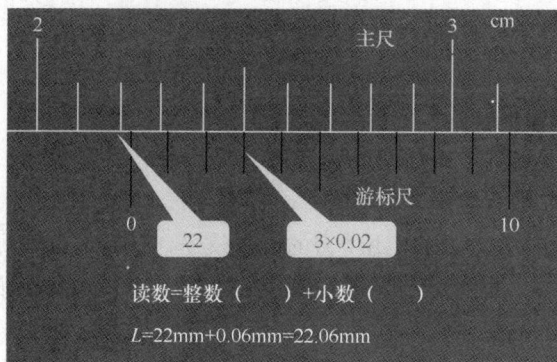

图 1-49　游标卡尺的读数

把从主尺上读得的整数部分和从游标尺上读得的小数部分加起来即测得的实际尺寸，即 22 mm+0.06 mm=22.06 mm。

（3）游标卡尺的使用。

使用游标卡尺时先应依照下列事项逐一进行检查。

①测定量爪的密合状态：主尺和游标尺的量爪必须完全密合。对于内径测定用量爪，在密合状态下，能够看到少许光线表示密合良好；反之，如果穿透光线很多，则表示量爪密合不佳。

②零线校正：当量爪密切结合后，主尺和游标尺零线必须一致。

③游标尺的移动状况：游标尺必须能够在主尺上轻轻地移动而不会发出声音才行。

在进行测量作业之前，必须事先清理测量零件及游标尺。在测量外径时，需要将零件深夹在量爪中，然后用右手拇指轻压游标卡尺，同时使测定工件和游标卡尺保持垂直状态。

内径尺寸的测量，首先用拇指轻轻拉开游标尺，并使主尺量爪与测定物件保持正确的接触，上下晃动，由指示的最大尺寸读数。

此外，用游标卡尺还可以测量汽车零部件的深度。

（4）游标卡尺的维护注意事项。

游标卡尺是一种精密的测量仪器，要获得很好的精度应小心轻放和妥善保存。

测量前，应将游标卡尺清理干净，并将两量爪合并，检查游标卡尺的精度情况。在使用之后，应清除灰尘和杂物。读数时，要正对游标刻度，看准对齐的刻度线，不能斜视，以减小读数误差。

用完游标卡尺后，应清除污垢并涂上防锈油，将其放回盒子里并放在不受冲击及不易掉下的地方保存。

2．外径千分尺

（1）概述。

千分尺也称为螺旋测微器，它是利用螺纹节距来测量长度的精密测量仪器，用于测量加工精度要求较高的零部件，汽车维修工作中一般使用可以测至 0.01 mm 的千分尺，即其测量精度可达到 0.01 mm。

外径千分尺是用于外径宽度测量的千分尺，测量范围一般为 0～25 mm。根据所测零部件外径大小不同，可选用测量范围为 0～25 mm、50～75 mm、75～100 mm 等多种规格的千分尺。

外径千分尺的构造如图 1-50 所示，主要由测砧、测微螺杆、尺架、止动旋钮、固定套筒、活动套筒、粗调旋钮、微调旋钮及锁紧装置等部件组成。

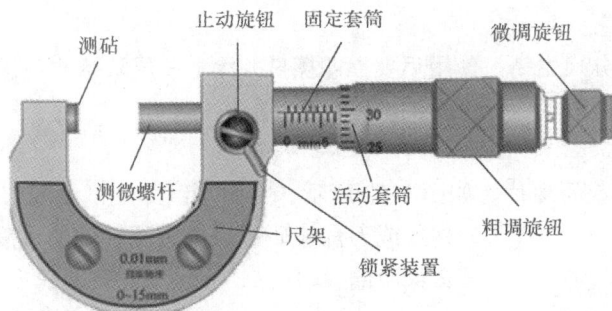

图1-50 外径千分尺的构造

固定套筒上刻有刻度（称为固定刻度），测微螺杆每转动一周即可沿轴向前进或后退0.5 mm。活动套筒的外圆上刻有50等份的刻度(称为可动刻度)，在读数时每等份表示0.01 mm。

微调旋钮的作用是保证测微螺杆的测定压力，当测定压力达到一定值时，限荷棘轮即会空转。如果测定压力不固定则无法测得正确尺寸。

（2）外径千分尺的读数。

固定刻度可以精确到0.5 mm（可以读至0.5 mm），由此以下的刻度则要根据套筒基准线和套筒刻度的对齐线来读取读数。

如图1-51所示，固定刻度的读数为18.50 mm，可动刻度上的0.16 mm的刻度线靠近基准线，固定刻度与可动刻度之间的估值为0.002 mm，因此读数是18.50 mm+0.16 mm+0.002 mm=18.662 mm。

为便于读取套筒上的读数，基准线的上下两方各刻有刻度。

外径千分尺属于精密的测量仪器，在测量时应注意以下事项。

①使用前确保零线校正，若有误差请用调整扳手调整或用测定值减去误差。

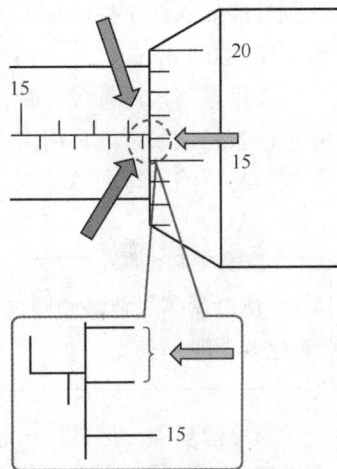

图1-51 外径千分尺的读数

②被测部位及外径千分尺必须保持清洁，若有油污或灰尘需立即擦拭干净。

③测量时请将被测面轻轻顶住测砧，转动粗调旋钮使测微螺杆前进。

④测定时尽可能握住外径千分尺的尺架部分，同时要注意不可碰及测砧。

⑤旋转后端微调旋钮，使两个砧端夹住被测部件，然后旋转微调旋钮一圈左右，当听到两三下"咔咔"声后，就会产生适当的测定压力。

⑥为防止因视差而产生误读，最好让眼睛视线与基准线成直角后再读数。

⑦当测量活塞、曲轴轴径之类的圆周直径时，必须保证测微螺杆轴线与最大轴径的轴线保持一致（即测试处为轴径最大处）。若从横向来看，测微螺杆应与检测部件中心线垂直，只有这样才能保证测试数据正确无误。

（3）外径千分尺的使用及维护注意事项。

①使用时应避免外径千分尺掉落地面或遭受撞击，如果不小心落地，应立刻检查并做适当处理。

②严禁将外径千分尺放置在污垢或灰尘很多的地点，并且要在使用后将测砧和测微螺杆

的测定面分离后再放置。

③为防止外径千分尺生锈，使用后要立即擦拭并涂上一层防锈油。保存时应先将其放置于储存盒内，再置于湿度低、无振动的地方。

3. 厚薄规

厚薄规又称塞尺或间隙片，如图 1-52 所示。它由一组淬硬钢条或刀片组成，这些淬硬钢条或刀片被研磨或滚压至精确的厚度，它们通常都是成套供应的。

图 1-52　厚薄规

每片钢条或刀片标有厚度（单位为 mm），它们可以单独使用，也可以将两片或多片组合在一起使用，以便获得所要求的厚度，最薄的一片的厚度可以达到 0.02 mm。常用厚薄规长度有 50 mm、100 mm、200 mm 等。

在汽车维修工作中，厚薄规主要用于测量气门间隙、触点间隙和一些接触面的平直度等。

使用厚薄规测量时，应根据间隙的大小，先用较薄片试插，逐步加厚，可以将一片或数片重叠在一起插入间隙内，插入深度应为 20 mm 左右。例如，用厚度为 0.2 mm 的钢条或刀片刚好能插入两工件的缝隙中，而厚度为 0.3 mm 的钢条或刀片插不进，则说明两工件的结合间隙为 0.2 mm。

使用厚薄规测量尺寸时，必须平整插入，松紧适度，所插入的钢条或刀片厚度即间隙尺寸。严禁将钢条或刀片用大力强硬插入缝隙测量。插入时应特别注意前端，不要用力过猛，否则容易折损或弯曲厚薄规。

> ⚡ **注　意**
>
> 使用厚薄规前必须将其钢条或刀片擦净，还应尽量减少重叠使用的片数，因为片数重叠过多会增加误差。

当厚薄规同一把直尺一起使用时，厚薄规可用来检查零件的平直度，如气缸盖的平直度。由于厚薄规很薄，容易弯曲或折断，测量时不能用力太大。

测量时应在结合面上多处检查，取其最大值，即两结合面的最大间隙量。测量后及时将测量片合到夹板中去，以免损伤各金属薄片。

厚薄规上不得有污垢、锈蚀及杂物；使用完毕后要将厚薄规测量面擦拭干净，并涂油，如图1-53 所示。对于已发现有折损或标示刻度已经模糊不清的厚薄规应该立即予以更新。

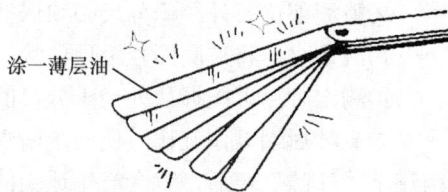
涂一薄层油

图 1-53　厚薄规的存放方法

1.3.3　汽车维修常用设备的使用

下面我们介绍汽车维护中常用的几种设备的使用方法。

1. 数字式万用表

数字式万用表是目前常用的一种数字化仪表。它具有以下特点：数字显示，读取直观、准确，避免指针式万用表的读数误差；分辨率高；测量速度快；输入阻抗和集成度高；测试功能、保护电路齐全；功率损耗小；抗干扰能力强。下面以某型号汽车用数字式万用表为例进行介绍。

图 1-54 所示为该型汽车用数字式万用表及其测量插孔标记，其主要功能和使用方法如下。

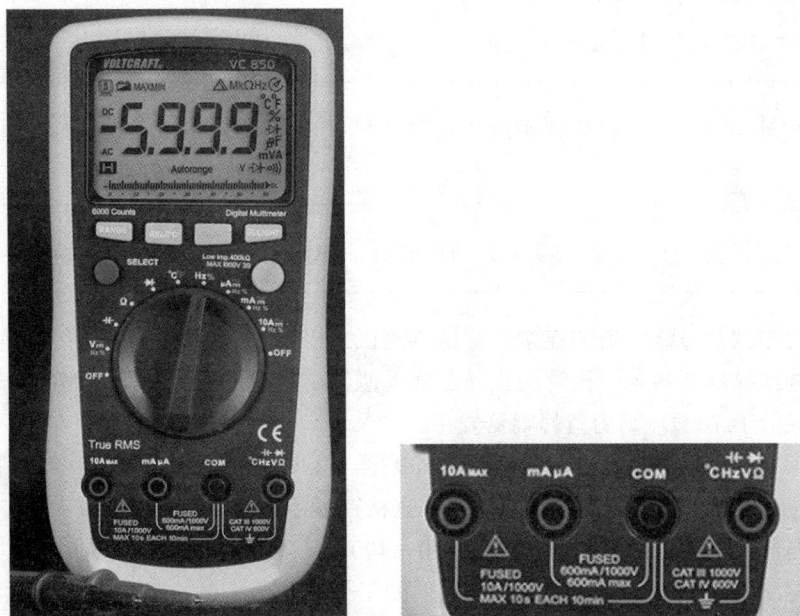

图 1-54　汽车用数字式万用表及其测量插孔标记

（1）使用方法。

操作时首先将 ON/OFF 开关置于 ON 位置。检查电池电压是否为 9 V，如果电压不足，需更换电池。

①直流电压（DCV）测量。将量程转换开关置于 DCV 范围，并选择量程。测量时，将黑表笔插入 COM 插孔，红表笔插入 °CHzVΩ 插孔，测量时若显示器上显示"1"，表示过量程，应重新选择量程。

②交流电压（ACV）测量。将量程转换开关置于 ACV 范围，并选择量程。测量时，将黑表笔插入 COM 插孔，红表笔插入 °CHzVΩ 插孔。测量时不允许电压超过额定值，以免损坏内部电路。显示值为交流电压的有效值。

③直流电流（DCA）测量。将量程转换开关转到 DCA 位置，并选择量程。测量时，将黑表笔插入 COM 插孔，当测量最大值为 200 mA 时，将红表笔插入 mAμA 插孔；当测量最大值为 20 A 时，将红表笔插入 10 A$_{MAX}$ 插孔。

⚡ 注　意

测量电流时，应将万用表串入被测电路。

④交流电流（ACA）测量。将量程转换开关转到 ACA 位置，选择量程。测量时，将测试表笔串入被测电路，黑表笔插入 COM 插孔，当测量最大值为 200 mA 时，将红表笔插入 mAμA 插孔；当测量最大值为 20 A 时，将红表笔插入 10 A$_{MAX}$ 插孔，显示值为交流电压的有效值。

⑤电阻测量。测量时，将量程转换开关置于 Ω 范围，将黑表笔插入 COM 插孔，红表笔插入 °CHzVΩ 插孔。

> **⚠ 注 意**
>
> 在电路中测量电阻时，应切断电源。

⑥电容测量。测量时，将量程转换开关置于 CAP 处，将被测电容插入 ⌗插孔中。

> **⚠ 注 意**
>
> 不能利用表笔测量。测量容量较大的电容时，稳定读数需要一定的时间。

⑦二极管测试及带蜂鸣器的连接性测试。测试二极管时，只需将量程转换开关转换到二极管的测试端，显示器显示二极管的正向压降近似值。将表笔接到待测电路的两端，如果两端之间的阻值低于 70 Ω，则内置蜂鸣器发声。

⑧音频频率测量。测量时，将量程转换开关置于 kHz 处，黑表笔插入 COM 插孔，红表笔插入 ⌗插孔，将测试笔连接到频率源上，直接在显示器上读取频率值。

⑨温度测试。温度测试分为−20～0 ℃、0～400 ℃、400～1000 ℃这 3 挡。测试时，将热电偶传感器的冷端插入温度测试座中，热电偶的工作端置于待测物上面或内部，可直接从显示器上读取温度值。

除了这些基本测量，一些多功能万用表还具备其他功能。

（2）使用注意事项。

①测量电流时应将表笔串联在被测电路中，测量电压时应将表笔并联在被测电路中。

②不能测量高于 1000 V 的直流电压和高于 700 V 的交流电压。

③测量高电压时要注意，避免触电。

④测量电流时，若显示器显示"1"，表示过量程，应及时将量程转换开关置于更高量程。

⑤更换电池或保险管时，应检查确定测试表笔已从电路中断开，以避免电击。

（3）用数字式万用表测量二极管或三极管。

①用数字式万用表测量二极管。选用万用表的二极管挡，将红表笔接二极管一极，黑表笔接另一极，万用表有一定数值显示，则二极管处于正偏，此时，红表笔（表内电池的正极）所接的是正极，黑表笔所接的是负极；颠倒两表笔，二极管处于反偏，万用表高位显示为"1"或很大的数值，此时说明二极管是好的。若测量时两次的数值均很小，则二极管内部短路；若两次测得的数值均很大或高位为"1"，则二极管内部开路。

②判别三极管的好坏，只要查一下三极管各 PN 结是否损坏，通过万用表测量其发射极、集电极的正向电压和反向电压来判定。如果测得的正向电压与反向电压相似且几乎为零，说明三极管已经短路；若正向电压为"0L"，说明三极管已经断路。

2．冷却系统压力检测仪

冷却系统压力检测仪由一个手持泵和一个压力表组成。一根软管将手持泵和安装在散热器加液口处的一个专用接头连接在一起，如图 1-55 所示。冷却系统压力检测仪用来对冷却系统加压，从而检查冷却液是否泄漏。外加的接头能够将此检测仪连接到散热器盖上。将该检测仪连接到散热器盖上，可以检测散热器盖的泄压作用。

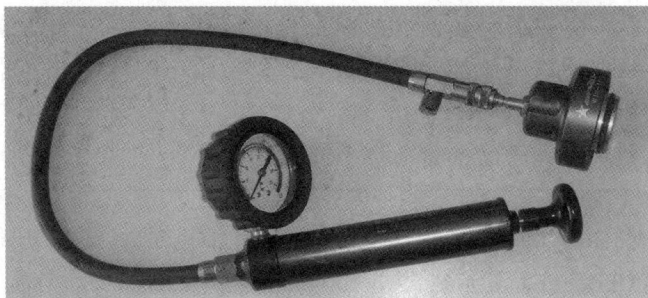

图 1-55 冷却系统压力检测仪

3. 电路测试灯

电路测试灯实际就是带导线的"电笔"，主要是用来检查电控元件电路的通、断。电路测试灯带有显示电路通、断的指示灯，对电路进行检测时，根据指示灯的亮度还可判断被测电路的电压高低。电路测试灯分为不带电源测试灯（12 V 测试灯）和自带电源测试灯两种类型，如图 1-56 所示。

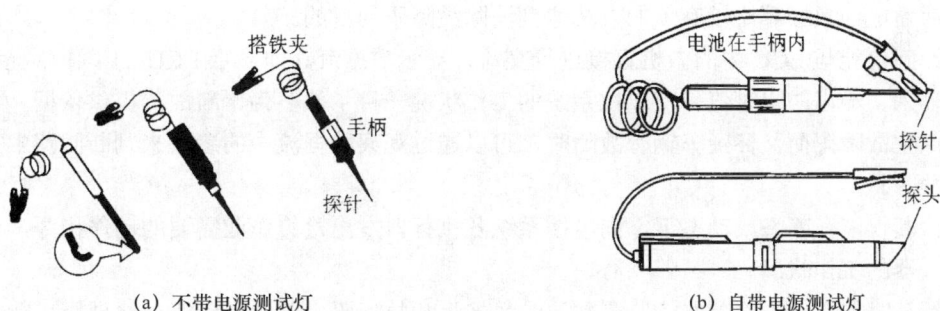

(a) 不带电源测试灯　　　　　　　　　(b) 自带电源测试灯

图 1-56 电路测试灯

（1）不带电源测试灯。

该种电路测试灯以汽车电源作为电源，由 12 V 测试灯、导线和各种不同的端头组成，主要用来检查系统内电源电路是否给电器各部件供电，举例如下。

①将不带电源测试灯一端搭铁，另一端接电气部件电源接头。如灯亮，说明该电气部件电路无故障。

②如果灯不亮，再将不带电源测试灯接电源的一端接电源方向的第二个接点。如果灯亮，说明故障在第一接点和第二接点之间，电路出现断路故障。

③如果灯仍不亮，则去接第三个接点、第四个接点⋯⋯，越来越接近电源，直至灯亮为止，且断路发生在最后被测接头与前一个被测接头之间。

（2）自带电源测试灯。

该种电路测试灯以其手柄内装有的两节干电池作为电源，其余同不带电源测试灯，用于检查线路断路与短路故障。

①检查断路时断开电器的电源电路，将自带电源测试灯的一端连接在电路首端，将另一端一个个地分别连接其他各接点。如果灯亮，说明被测点与电路首端导通；如果灯不亮，则断路发生在被测点与前一接点之间。

②检查短路时断开电器的电源电路，将自带电源测试灯一端搭铁，将另一端连接电气

部件电路。如果灯亮，表示有短路故障。可一步步地采取将电路接头脱开、开关打开或拆除部件等办法，直至使自带电源测试灯熄灭，则短路出现在最后开路与前一开路部件之间。

⚡ **注 意**

如无特殊说明，不可用不带电源测试灯和自带电源测试灯检测电子控制单元（Electronic Control Unit，ECU）系统。

4．汽车诊断仪

汽车诊断仪（简称诊断仪）不仅具有读码、清码功能，而且具有解码功能，使用起来非常方便，是汽车电控系统检测中不可缺少的检测设备之一。

（1）诊断仪功能。

①通过诊断仪可以方便地直接读取故障码，而不必通过发动机故障警告灯的闪烁读取。

②通过诊断仪可以方便地直接清除故障码，使发动机故障警告灯熄灭，而不必通过拆卸熔断丝或蓄电池负极等比较麻烦的方法达到清除故障码的目的。

③诊断仪能与 ECU 中的微机直接进行交流，显示数据流。即显示 ECU 的工作状况和多种数据输入、输出的瞬时值，使电控系统的工作状况一目了然，为诊断故障提供依据。特别是当不产生故障码而又怀疑车辆有故障时，可以通过观察数据流中的参数来判断回路中是否确实有故障。

④诊断仪能在静态或动态下，向电控系统各执行器发出检修作业需要的动作指令，以便检查执行器的工作状况。

⑤行车时或路试中诊断仪能监测并记录数据流和故障码，以便回到汽车修理厂后能够调出，进行分析和判断。

⑥有的诊断仪还具有示波器功能、万用表功能和打印功能。

⑦有的诊断仪还能显示系统控制电路图和维修指导，以供诊断时参考。

⑧诊断仪可以和计算机相连，进行资料的更新与升级。

⑨作为功能强大的专用诊断仪，还能对车上 ECU 进行某些数据的重新输入和更改。

（2）汽车诊断仪的缺点。

①自身不能"思考"，因而也不会分析、判断故障。

②在某些条件下，诊断仪可能会显示错误的信息，而且也不能从所有被检汽车上获取 ECU 中微机的数据信息。

③在诊断电控系统未设故障码的故障时，或诊断的电控系统无法提供数据或数据无法取出时，诊断仪无能为力，特别是对于机械系统、真空系统、排气系统、电气系统和液压系统等，还应采取传统的检测、诊断方法。

（3）诊断仪类型。

一般来讲，带有数据流功能的诊断仪，可分为原厂专用型和通用型两大类型。原厂专用型诊断仪一般是汽车制造厂为检测、诊断本厂生产的汽车而专门设计、制造的诊断仪。国际上一些大的汽车制造商，如通用公司、福特公司、奔驰公司、宝马公司、奥迪公司、日产公司等，都有专用型诊断仪（见表 1-2），只适用于检测、诊断本厂生产的汽车，一般配备在汽车特约维修站，以提供良好的售后服务。

表 1-2　　　　　　　　　　　　汽车生产厂家及专用型诊断仪

汽车生产厂家	专用型诊断仪	汽车生产厂家	专用型诊断仪
宝马	ISID	大众	VAG5052
丰田	GTS	日产	Consult-3
通用	TEC-Ⅱ	奥迪	VAG 5052
奔驰	STAR2000	福特	IDS
中华	元征 X431	雪铁龙	PP-2000

通用型诊断仪一般是检测设备制造厂为适应检测、诊断多车型的需求而设计、制造的。它往往存储有几十种甚至几百种不同厂牌、不同车型汽车电控系统的检测程序、标准数据和故障码等资料，并配备有各种车型的检测接头，可以检测、诊断多种车型，因而适于综合性维修企业使用。目前国内维修企业使用较多的通用型诊断仪有美国生产的 MT2500 红盒子诊断仪（见图 1-57）和 OTC 4000 型诊断仪等，以及国产的 431ME 电眼睛、仪表王、修车王、车博士等。

不管是专用型还是通用型诊断仪，大多都能对全车各部电控系统进行检测、诊断和数据流分析。诊断仪与 ECU 相互交流信息的速度，取决于 ECU 中内置微机的性能，即取决于数据传输的波特率。波特率是每秒通过数据的字节数或高、低电压信号的变化的次数。波特率越高，则信息传输速度越快。它不仅表明了诊断仪与 ECU 相互交流信息的速度，而且决定了诊断仪对 ECU 反应的快慢和显示屏数据读数变化的速率。

（4）诊断仪的基本结构。

以国产 431ME 电眼睛为例介绍诊断仪的基本结构。431ME 电眼睛是汽车电控系统诊断仪，不仅具有读码、解码和清码功能，而且具有读取在线数据流功能、传感器的模拟和测试功能、OBD-Ⅱ接口功能、中文显示功能、提示维修方法功能和打印功能等，能对 2000 余种车型的电控系统［包括发动机系统、自动变速器系统、防抱死制动系统（Antilock Braking System，ABS）、安全气囊系统和定速巡航系统等］进行检测、诊断，其功能已超出诊断仪常规功能。

431ME 电眼睛由主机、测试卡、测试主线、测试辅线和测试接头等组成，并附带一个传感器模拟/测试仪。431ME 电眼睛主机如图 1-58 所示。

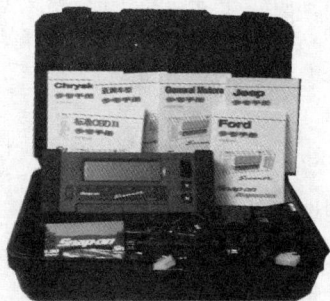

图 1-57　MT2500 红盒子诊断仪　　　　　图 1-58　431ME 电眼睛主机

（5）使用诊断仪需要注意的事项。

①测试前应正确选择测试接头。这是因为各车型的诊断插座提供电源的形式不一，有的可能要接外接电源，有的可能不接外接电源。因此，要避免因选择接头不当而烧坏仪器。

②测试前应先将测试卡插入仪器主机的测试卡接口，然后接通电源。

③仪器的额定电压为 12 V，汽车蓄电池电压应为 11～14 V。

④关闭汽车所有附属电气设备（如空调、前照灯、音响等）。

⑤发动机节气门应处于关闭状态，即怠速结合点闭合。

⑥点火正时和怠速应在规定范围内，发动机冷却液温度和变速器油温应达到正常工作温度（冷却液温度为 90～110 ℃，变速器油温为 50～80 ℃）。

⑦接通电源，诊断仪屏幕闪烁后，若程序未运行或出现乱屏现象，可将诊断仪主机上的 9PIN 插头拔下重插一次，即可继续操作。

⑧测试接头和诊断插座应良好接触，以保证信号传输不会中断。

⑨测试结束后，应先切断电源，再从主机上取出测试卡。

（6）使用步骤如下。

仍以国产 431ME 电眼睛为例，介绍诊断仪的使用方法。

①选择合适的测试卡和合适的连接电缆插接器（专用型诊断仪不需要此项）。

②连接诊断仪。将电源电缆连接到车内点烟器或蓄电池上，测试电缆与汽车的故障诊断插座相连。

③开机后，选择测试地址和功能。选择测试地址是指选择想要测试的电控系统，如发动机控制系统、自动变速器控制系统、ABS、安全气囊系统等；选择功能是指根据测试目的选择具体的测试项目，如读取系统数据流、调取系统数据流、调取故障码、清除故障码的项目。

5．车轮动平衡机

离车式车轮动平衡机如图 1-59 所示。目前应用较多的是硬式二面测定车轮动平衡机。该动平衡机一般由驱动装置、转轴与支承装置、显示与控制装置、制动装置、机箱和车轮防护罩等组成。

驱动装置、支承与转轴装置等均装在机箱内。车轮防护罩，可防止车轮旋转时其上的平衡块或花纹内夹杂物飞出伤人。使用制动装置可使车轮停转。近年来生产的车轮动平衡机多为微机控制式，具有自动判断和自动调校系统，能以传感器送来的电信号通过微机运算、分析、判断后显示出不平衡量及相位。

离车式车轮动平衡机使用方法如下。

（1）清除被测车轮上的泥土、石子和旧平衡块。

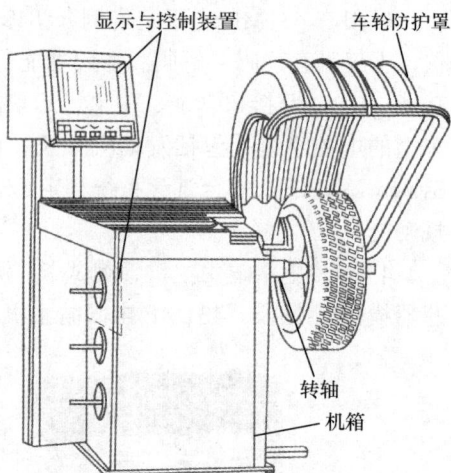

图 1-59　离车式车轮动平衡机

（2）检查轮胎气压，如有必要则将其充至汽车制造厂的规定值。

（3）根据轮辋中心孔的大小选择锥体，仔细地装上车轮，使用大螺距螺母。

（4）打开电源开关，检查指示与控制装置的面板是否指示正确。

（5）用卡尺测量轮辋宽度 b、轮辋直径 d（也可由胎侧读出），用离车式车轮动平衡机上的标尺测量轮辋边缘至机箱的距离 a，再用输入或选择器旋钮对准测量值的方法，将 a、b、d 值输入指示与控制装置。离车式车轮动平衡机的专用卡尺如图 1-60 所示，a、b、d 这 3 个尺寸如图 1-61 所示。为了适应不同计量制式，离车式车轮动平衡机上的所有标尺一般都同时标有英制和米制刻度。

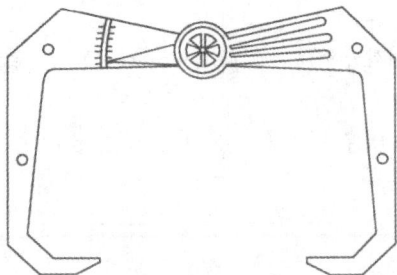

图 1-60　离车式车轮动平衡机的专用卡尺

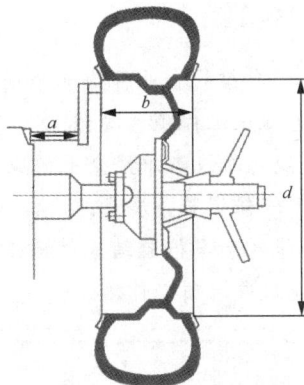

图 1-61　车轮在离车式车轮动平衡机上的安装
a—轮辋边缘至机箱的距离；b—轮辋宽度；d—轮辋直径

（6）放下车轮防护罩，按下启动键，车轮旋转，平衡测试开始，微机自动采集数据。

（7）车轮自动停转或听到"嘀"声按下停止键并操纵制动装置使车轮停转后，从指示装置读取车轮内、外两侧不平衡量和不平衡位置。

（8）抬起车轮防护罩，用手慢慢转动车轮。当指示装置发出指示（发出声响、指示灯亮、制动、显示点阵或显示检测数据等）时停止转动。在轮辋的内侧或外侧的上部（时钟 12 点方向）加装指示装置显示该侧平衡块质量。内、外侧要分别进行，平衡块装卡要牢固。

（9）安装平衡块后有可能产生新的不平衡，应重新进行平衡试验，直至不平衡量小于 5 g，指示装置显示"OO"或"OK"。当不平衡量相差 10 g 左右时，如能沿轮辋边缘左右移动平衡块一定角度，将可获得满意的效果。平衡过程中，实践经验越丰富，平衡速度越快。

（10）测试结束，关闭电源开关。

任务 1.4　汽车维修企业生产业务流程及新车检验

学习目标

【知识目标】

1. 掌握汽车维修企业人员分工相关知识。
2. 掌握汽车维修基本流程。
3. 掌握新车检验操作项目。

【能力目标】

1. 能够掌握维修企业团队成员工作职责。
2. 能够掌握维修流程全部环节。
3. 能够对新车实施检验操作。

【素质目标】

1. 汽车维修企业作为一个团队，实施工作时，大家要相互配合，体现团队意识，共同努力保证工作顺利实施。

2. 能够对汽车维修企业的服务全流程跟踪，相互督促，保证每一个环节工作细致、服务周到，保证服务质量。

3. 能对新车检验结果做出正确的判断，本着对客户负责、为企业发展的心态，认真努力完成每一项工作。

任务导入

一个新车车主，车辆使用了一段时间，突然接到售车服务企业的服务电话。车主很疑惑，自己的车辆在使用时没有任何问题，服务企业打来电话的目的是什么？到店之后都有哪些流程？你对维修企业的工作流程熟悉吗？

知识学习

汽车维修企业服务流程实际上就是汽车维修企业的维修业务管理流程。一家汽车维修企业是否有一套科学的服务流程，以及这种流程执行得是否全面和细致，直接体现了企业的经营管理水平。各品牌维修企业都有自己的维修服务流程，但基本分工都类似，只是在个别环节有小的区分，本任务根据大部分维修企业实际生产服务流程进行总结归纳。

1.4.1 汽车维修部门团队合作

汽车维修部门包括4部分工作人员：业务接待、调度/维修经理、维修班组长/维修技师、维修工。

（1）业务接待在前台，负责预约、接待，做好初步维修准备工作后将后续工作转交调度或维修经理。

（2）调度/维修经理根据维修工作的技术水平等给维修班组长或维修技师下派任务，并监督每项工作的进程。

（3）维修班组长/维修技师组织维修工进行修理并检查每项工作的质量。

（4）维修工进行维护工作，并在维修班组长/维修技师的指导下进行必要的维修工作。

这4部分人员必须彼此理解各自的工作角色和职责，并相互协作、及时沟通，作为一个团队来工作，为客户提供最优质的服务，使客户满意。

1.4.2 汽车维修基本流程

汽车维修服务流程一般是从汽车进厂接待开始，经过预检（或初诊）、开具任务委托书、派工、维修作业、竣工检验、试车、结算、车辆交付出厂这样一个过程，这也是大多数汽车维修企业常见的传统的流程。

车辆维修服务接待流程

虽然各个汽车维修企业在流程处理上有一定的差别，各自有自己的特点，但是在内容上基本是一致的，归纳起来可以分为：用户招揽、预约、接车（含初诊）、维修作业（含准备工作、派工、维修作业与过程检验）、质量检验、交车、结算、跟踪回访等。汽车维修基本流程如图 1-62 所示。

图 1-62 汽车维修基本流程

1．维修预约

维修预约工作由业务接待完成，主要包括：询问客户及车辆基础信息（核对老客户数据、登记新客户数据）；询问行驶里程；确认客户的需求、车辆故障问题；确定接车时间；接收客户相关的资料（随车文件、防盗器密码、防盗螺栓钥匙、维修记录等）；通知有关人员做准备（车间、备件、接待、资料、工具）；根据维修项目的难易程度合理安排人员；等等。

2．维修接待

维修接待工作主要由业务接待和调度/维修经理负责。

（1）业务接待的工作主要包括出迎问候客户、引导客户停车；记录客户陈述；明确客户需求，定期保养（PM）、一般修理（CR）、钣金/喷漆（B/P）及其他；陪同客户前往停车场，当着客户面安装 CS 件（座椅套、转向盘套、地板垫）；检查车辆外观（损伤痕迹、凹陷等）一定要在客户陪同下进行，并加以确认；等等。

（2）调度/维修经理的工作主要包括问诊，询问故障现象，故障现象再次确认，推测故障原因；对维修费用进行估算；制作维修（维护）工单；明确预计完成时间。

3．维修作业

依照对客户承诺的时间安排、分配维修工作。正确的分配工作包括记录与跟踪每一个维修工单。分配维修工单时，要考虑时间、人员和设备 3 个主要标准。

维修工作包括：维修班组长/维修技师接收、检查维修工单，接收用于维修的零件；挑选合适的修理工，向其发出工作指令，并将维修工单交给修理工；在预计的时间内完成工作，并向调度/维修经理确认工作完成；等等。如果有技术难题应及时向调度/维修经理寻求技术支持。

4．质量检验

质量检验工作包括：维修班组长进行最后的验车，保证维修项目全部完成，确保没有任何质量问题；向调度/维修经理确认工作完成；调度/维修经理向业务接待确认工作完成。

5．交车结算

交车结算工作包括维修班组长/维修技师检查车辆是否清洁，检查是否取下座椅套、地板垫、转向盘套、翼子板布、前罩等；服务顾问向客户说明车辆维修作业完成情况，并介绍车辆使用中的相关注意事项；带领客户完成车辆维修的结算，并为所有费用开出发票，提供详细的发票说明；最后将车辆交付客户，交车标准工作流程如图 1-63 所示。

6．跟踪回访

3 日内与客户联系，与客户确认修后车况是否良好。这项工作不但体现对客户的关心，更重要的是了解对维修质量、客户接待、收费情况和维修的时效性等方面的反馈意见，以利于维修企业发现不足，改进工作。

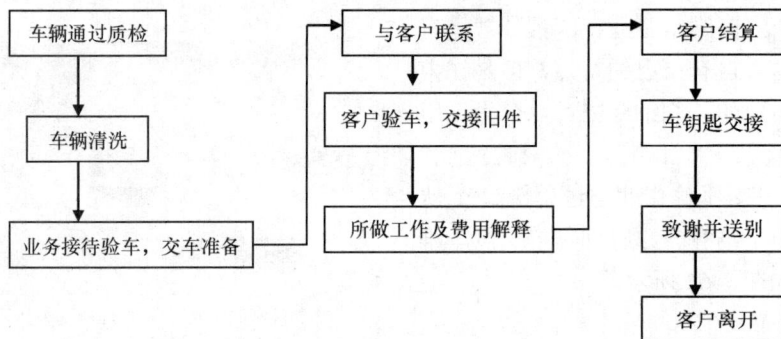

图 1-63　交车标准工作流程

1.4.3　新车检验

汽车 4S 店所做的售前检查就是将车辆交给客户前所做的检验，简称 PDI。其目的是保证车辆处于最佳状态，使客户在提车后即可驾驶。

售前检查由下列 3 道工序组成：①验证车辆的状态；②将车辆恢复到工作状态；③汽车性能的检查。

1.　大众车系售前检查项目

（1）使用诊断仪改变车辆模式（将车辆的运输模式关闭）；

（2）检查蓄电池静态电压（空载电压）；

（3）检查蓄电池电缆紧固情况；

（4）检查蓄电池负载电压；

（5）目视检查发动机及发动机室是否存在渗漏及损坏；

（6）检查冷却液液位；

（7）检查风窗/前照灯清洗液液位，售前检查时清洗液罐内应装满清洗液；

（8）检查发动机润滑油液位；

（9）检查制动液液位；

（10）检查转向助力系统液压油液位；

（11）拆除前/后悬架运输锁块；

（12）目视检查车辆下部是否存在渗漏及损坏；

（13）检查轮胎（包括备胎）充气压力；

（14）检查车轮螺栓紧固力矩；

（15）安装熔断丝；

（16）检查所有开关、电气设备、显示器及驾驶人操作控制系统功能；

（17）检查电动车窗升降器的单触功能；

（18）调整数字式时钟；

（19）检查空调系统功能；

（20）激活收音机/导航系统功能（输入防盗码）；

（21）设置组合仪表语言显示；

（22）保养周期复位；

（23）前排乘员侧安全气囊开关处于开启（ON）位置（配有该开关时）；

（24）检查所有控制单元故障记忆；

（25）检查风窗清洗喷嘴喷射角度及位置（必要时调整）；

（26）拆除座椅保护套及地毯塑料保护膜；

（27）检查车辆内部是否清洁，包括前/后座椅、内部装饰件、地毯／脚垫和车窗等；

（28）安装车轮罩盖/装饰帽、车顶天线、电话天线等（这些零件一般存放在行李舱内）；

（29）安装脚垫；

（30）拆除车门保护块；

（31）检查车辆外部是否清洁，包括油漆、装饰件、车窗及刮水器等；

（32）检查钥匙标牌上的钥匙号/认证号胶贴是否完整、清晰；

（33）在保养胶贴上填写下次保养日期及更换制动液日期，将该胶贴粘贴在仪表盘左侧或车门 B 柱上；

（34）在保养手册中填写交车检查的有关内容；

（35）检查随车文件是否完整、齐全；

（36）试车。

2．丰田汽车售前检查项目

（1）验证车辆状态。

在运输中会出现各种问题，可能会有损伤。因此，在车辆到达经销商处时必须验证车有没有问题。

（2）恢复正常工作的状态。

为了防止运输中发生问题，在车辆离厂前厂家对其采取了各种措施。所以，在 PDS 时必须将车辆恢复到工作状态。

①安装熔断丝及短路销；

②安装工厂提供的零部件；

③从制动器盘上拆下防锈盖；

④安装橡皮车身塞；

⑤取下前弹簧隔圈；

⑥取下紧急拖车环；

⑦调整轮胎空气压力；

⑧除去不需要的标签、标志、贴纸等；

⑨取掉车身防护膜。

（3）检查车辆的功能。

在车辆交付客户前，确保各部件和机械运转正常。检验步骤如下。

①准备作业；

②环车检查；

③发动机舱检查；

④底盘检查；

⑤道路测试；

⑥最终检查及清洁。

|工作页和练习题|

完成本书附带的实训手册上的工作页和练习题。

项目 2
举升前维护

| 任务 2.1 举升前安全防护 |

学习目标

【知识目标】

1. 掌握汽车维护前的防护的目的。
2. 掌握汽车维护前的防护项目。

【能力目标】

能够完成车辆防护用品安装。

【素质目标】

耐心、细致地进行车辆防护操作，保护客户车辆安全。

任务导入

有一辆行驶了约 40000 km 的丰田威驰汽车，车主发现车辆加速缓慢、油耗增加、仪表上有些警告灯闪亮，到维修企业询问故障原因。服务顾问与车主进行初步交流，得知车辆运行了 3 年多，就换过两次机油。服务顾问解释了车辆可能由于维护不当而引发性能下降，需要对车辆进行全面的维护操作。那么车辆举升前需要做哪些维护防护措施，你知道吗？

技能操作

2.1.1 驾驶舱防护

按照维护操作防护的需求对被维护车辆的内部安装防脏污保护用品，主要包含以下项目。

1．安装座椅套

根据车辆维护项目要求，可选择性在副驾驶位置安装座椅套。

2．安装地板垫

根据车辆维护项目要求，可选择性在副驾驶位置安装地板垫。

3．安装转向盘套

转向盘套必须安装，安装时，注意使其完全包裹住转向盘。

4．安装换挡杆套

根据车型换挡杆状况，选择合适的换挡杆套。

2.1.2　过渡操作

1．拉起发动机舱盖释放杆

绝大部分发动机舱盖释放杆为机械式手柄，如图 2-1 所示，位于主驾驶位置侧左下部。

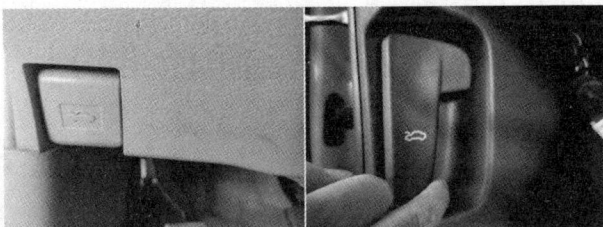

图 2-1　发动机舱盖释放杆

2．打开发动机舱盖

打开发动机舱盖过程中，需要手动开启发动机舱盖机械锁。此锁是为了保证车辆行驶过程中防止因为误操作，导致发动机舱盖异常打开，引发行驶安全隐患。

不同的车辆发动机舱盖机械锁的打开方法略有不同，主要有拉拔式和手抬（或按）式，如图 2-2 所示。

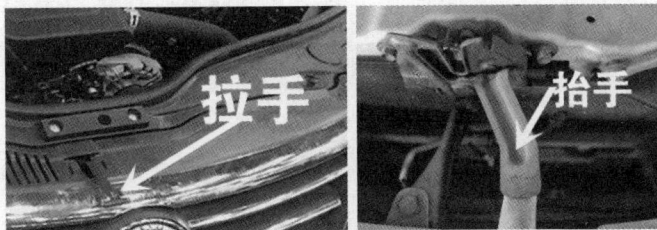

图 2-2　发动机舱盖机械锁

2.1.3　外部防护

车辆维护作业过程中，需要对车辆的前部发动机舱进行检查、维护操作，防止作业过程中，刮花车辆外部漆膜，需要安装必备的防护用品，包含以下项目，安装后效果如图 2-3 所示。

1．安装翼子板布、安装前格栅布

现今车辆外部防护用的翼子板布和前格栅布大

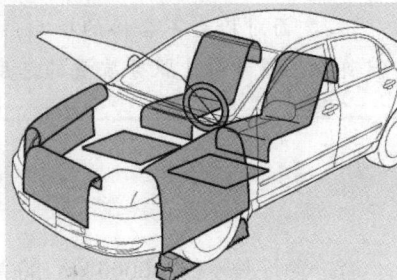

图 2-3　车辆安装防护用品后的效果

多分为磁吸式和挂钩式，有些护布兼具两种安装方式（既有磁铁又有挂钩）。安装过程中，注意选择合适的方式，保证安装牢靠，防止因为防护用品脱落，划伤车辆。

2．安装车轮挡块

可以在同一轮胎前后，各放置一个车轮挡块；也可在不同车轮前后安放车轮挡块。确保车辆不会发生溜车情况。

> ⚠ **注　意**
>
> 根据维护操作的实际情况，可以采用举升机举起车辆，防止车辆溜车。

3．连接尾气排放装置

对于部分双排气或排气管口不规则形状的车辆，需要使用特殊尾气连接管路与车辆排气管连接。

| 任务 2.2　发动机舱维护 |

学习目标

【知识目标】

1. 掌握发动机舱维护项目。
2. 掌握维护、检查项目的结果不符合要求时的处理方法。

【能力目标】

1. 完成机油检查操作。
2. 完成冷却液液位检查操作。
3. 完成制动液液位检查操作。
4. 完成玻璃清洗液液位检查操作。

【素质目标】

1. 发动机舱维护事关车辆安全，必须精益求精地完成作业任务。
2. 面对检查不合格的项目，需全面分析其原因，全面、细致完成分析，本着对客户负责、提升企业服务质量的态度，为客户解决问题。

任务导入

有一辆行驶了约 40000 km 的大众迈腾汽车，车主打开点火开关后，发现仪表提示需要对车辆进行维护操作，车主作为驾驶员，对于车辆的维护操作项目了解不多。假如你是一名汽车维修技师，你知道车辆维护作业中的发动机舱维护项目包含哪几项吗？

车辆发动机舱维护、检查项目，主要是针对影响车辆运行安全的基础性检查维护，以下项目检查，维护中需要细心、谨慎，不能有半点疏忽，否则可能对驾驶员、乘坐人员以及车辆安全产生威胁。

技能操作

2.2.1　检查发动机机油

1．机油液位检查

（1）使车辆处于水平位置，起动发动机并怠速运转，使冷却液温度达到80℃左右，关闭发动机后等待 5 min 左右，以便机油流回到油底壳。

（2）拔出油尺，用干净的纸巾或抹布擦拭后，重新将油尺完全插入，再次拔出油尺观察，观察机油液位，如图 2-4 所示。

每种车型都有自己不同的机油液位标准。如果机油液位处于油尺的上刻度线与下刻度线之间，说明不缺少机油；如果机油液位在下刻度线左右，应添加机油；超过上刻度线时，应放掉（或抽出）超出油尺上刻度线部分的机油。

发动机功用与组成

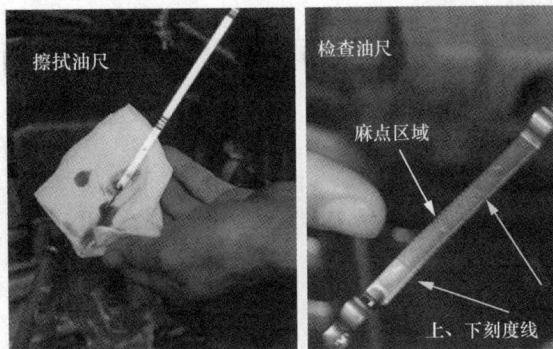

图 2-4　检查发动机机油

2．机油品质检查

（1）油滴检查。在白纸上滴一滴油底壳中的机油，若油滴中心黑点很大，呈黑褐色且均匀无颗粒，周围黄色浸润很少，说明机油变质应更换。若油滴中心黑点小而且颜色较浅，周围的黄色浸润痕迹较大，表明机油可以继续使用。

（2）油尺鉴别。抽出油尺对着光亮处观察刻度线是否清晰，当透过油尺上的机油看不清刻度线时，则说明机油过脏，需立即更换。

（3）搓捻鉴别。取出油底壳中的少许机油，放在手指上搓捻。搓捻时，如有黏稠感觉，并有拉丝现象，说明机油未变质，仍可继续使用，否则应更换。

（4）倾倒鉴别。取油底壳中的少量机油注入一容器内，然后从容器中慢慢倒出，观察油流的光泽和黏度。若油流能保持细长且均匀，仍可继续使用，否则应更换。

知识链接 1　润滑系统

1．润滑系统的作用

（1）润滑作用：润滑运动零件表面，减少摩擦阻力和磨损，减少发动机的功率消耗。

（2）清洗作用：机油在润滑系统内不断循环，清洗摩擦表面，带走磨屑和其他异物。

（3）冷却作用：机油在润滑系统内不断循环还可以带走摩擦产生的热量，起冷却作用。

（4）密封作用：在运动零件之间形成油膜，提高它们的密封性，有利于防止漏气或漏油。

（5）防锈蚀作用：在零件表面形成油膜，对零件表面起保护作用，防止腐蚀生锈。

（6）液压作用：润滑油还可用作液压油，如用于液压挺柱，起液压作用。

（7）减振缓冲作用：在运动零件表面形成油膜，吸收冲击并减少振动，起减振缓冲作用。

2．润滑系统的组成

汽油发动机润滑系统主要由机油供给装置、滤清装置和仪表及信号装置组成。

（1）机油供给装置：由机油泵、油道、油管、油底壳、限压阀等组成，可使机油以一定的压力和流量在循环系统中流动。

（2）滤清装置：由集滤器、机油滤清器等组成，可清除机油中的各种杂质。

（3）仪表及信号装置：由堵塞指示器、油压传感器、油压警报器、指示灯及压力表等组成，可使驾驶员随时知道润滑系统的工作情况。

润滑系统的部分组成部件如图 2-5 所示。

3．原理

主油泵从油底壳吸入润滑油，再把润滑油泵入机油冷却器，冷却后的润滑油通过机油滤清器过滤后进入机体下部主油管，在压力作用下被输送至各个润滑点。

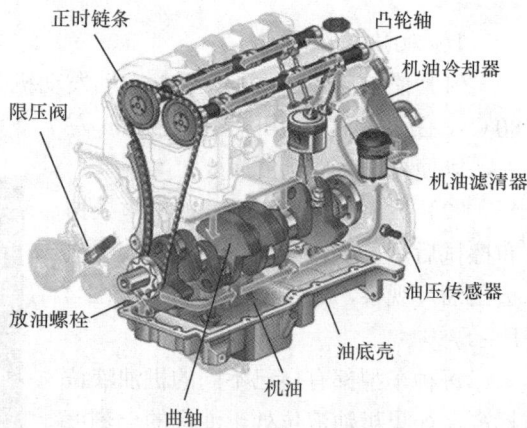

图 2-5　润滑系统的部分组成部件

4．润滑方式

（1）压力润滑：利用机油泵将一定压力的润滑油送到零件的摩擦表面，形成具有一定厚度并能承受一定机械负荷的油膜，实现可靠的润滑。这种方式主要用于发动机上相对速度高、机械负荷大的零件的润滑。

（2）飞溅润滑：利用发动机工作时，曲轴和凸轮轴等运动零件旋转时飞溅起来的油滴或从连杆大头上设的油孔喷出的油滴，对摩擦表面进行润滑。润滑的对象是缸壁、凸轮、活塞销等。

（3）定期润滑：采用润滑脂定期加注的方式进行润滑。润滑的对象主要是发电机、起动机、水泵轴承等。

知识链接 2　机油更换周期

由于不同的发动机需要使用不同型号的机油，因此，机油的更换周期一般以发动机保养手册的规定为准。

机油变黑是使用过程中的正常现象，新换的机油只要 5 min 就会从金黄色转为暗黄色。汽车行驶 500 km 后，机油就会完全变成黑色。机油颜色变黑说明它的清洁效果很好，而不是老化需要更换。

国内大部分厂商建议车辆的机油更换周期为汽车每行驶 5000 km 就换一次；但是随着车辆运行材料技术的提升，可以根据实际使用情况适当延长维护周期。使用全合成机油时，建议更换里程为 7500～10000 km 或者更高。

2.2.2 检查发动机冷却液液位

在使用汽车过程中，冷却液不能过多也不能过少。

（1）在发动机冷态下检查膨胀水箱（壶）中冷却液的液面高度，冷却液液面正常的高度应在膨胀水箱表面上的 max（最高）标线与 min（最低）标线之间，如图 2-6 所示。

（2）若冷却液不足，应添加至规定位置。

图 2-6 冷却液液面检查标线

（3）如图 2-7 所示，使用冰点测试仪检查冷却液冰点是否符合要求（冷却液冰点标准值根据车辆使用地区的不同而不同，可以视情况选择不同冰点的冷却液），使用前必须将棱镜擦拭干净。

图 2-7 用冰点测试仪检查冷却液冰点

（4）检查冷却系统管路有无变形、老化、凸起、裂纹、泄漏等。

知识链接　冷却液

1. 冷却液的分类

现代汽车所用冷却液是指在原来防冻液的基础上再加防沸剂、防锈剂和防垢剂等添加剂，从而具有防结冰、防沸腾、防锈蚀和防水垢等综合作用的冷却媒介，适用于全国全年各种车辆。冷却液因过去主要用于防结冰，故许多地方仍称其为防冻液。应注意区分现代冷却液和过去单纯防冻液之间的区别，不要存在“冷却液就是防冻液，它只是用于北方地区车辆冬季防冷却”的错误认识。目前，常用的国产冷却液有以下几个品种。

（1）乙二醇-水型冷却液。乙二醇是一种无色、微黏的液体，沸点是 197.4℃，冰点是 −11.5℃，能与水以任意比例混合。混合后由于改变了冷却液的蒸气压，因此冰点显著降低。其降低的程度在一定范围内随乙二醇含量的增加而增加。当乙二醇的含量为 68%（体积分数）时，冰点可降低到 −68℃，超过这个限量时，冰点反而要上升。乙二醇-水型冷却液在使用中易生成酸性物质，对金属有腐蚀性。因此，应加入适量的磷酸氢二钠等以防腐蚀。

乙二醇有毒，但由于其沸点高，不易产生蒸气被人吸入体内而引起中毒。乙二醇的吸水性强，储存的容器应密封，以防吸水后溢出。由于水的沸点比乙二醇的低，使用中蒸发的是水，故缺冷却液时，只要加入纯净软水就行了。这种冷却液用后，经过沉淀、过滤，加水调整浓度，补加防腐剂后，还可继续使用，一般可用 3～5 年。

（2）酒精-水型冷却液。酒精的沸点是 78.3℃，冰点是 −114.3℃。酒精与水可以任意比例混合，组成不同冰点的冷却液。酒精的含量越多，冰点越低。酒精是易燃品，当冷却液中的酒精含量达到40%（体积分数）以上时，就容易产生酒精蒸气而可能引发着火。因此，冷却液中的酒精含量不宜超过40%（体积分数），冰点限制在-30℃左右。酒精-水型冷却液具有流动性好、散热快、取材方便、配制简单等优点。它的缺点是沸点低、蒸发损失大、容易着火。酒精蒸发后，冷却液成分改变，冰点升高，所以在高原地区行驶的汽车不宜使用酒精-水型冷却液。

（3）甘油-水型冷却液。甘油-水型冷却液不易挥发和着火，对金属腐蚀性也小，但甘油降低冰点的效率低，配制同一冰点的冷却液时，比乙二醇、酒精的用量大。因此，这种冷却液用得较少。

2．冷却液的选用

（1）根据环境温度选择冷却液的冰点。冷却液的冰点是冷却液最重要的指标之一，是冷却液能不能防冻的重要前提。一般情况下冷却液的冰点应低于当地冬季最低气温10～15℃，如当地最低气温为-30℃，则冷却液的冰点应选择在-45℃以下。

（2）根据车型不同选择冷却液。一般情况下进口车辆、国内引进生产车辆及高中档车辆全年应选用永久性冷却液（2～3年）。

（3）按照车辆多少和集中程度选择冷却液。车辆较多又相对集中的单位和部门，可以选用小包装的冷却液母液，这种冷却液母液性能稳定，由于采用小包装，便于运输和储存。车辆少或分散的情况下，冬季可直接使用实用型的冷却液。

（4）应兼顾防锈、防腐及除垢能力来选择冷却液。冷却液除了需要具有防结冰的重要作用外，防锈蚀也很关键。所以宜选用加有防腐剂、缓蚀剂、防垢剂和清洗剂等添加剂的产品。

（5）应选用与橡胶密封件和橡胶水管相匹配的冷却液。冷却液对橡胶密封件及橡胶水管应无溶胀和侵蚀等副作用。

3．冷却液的使用注意事项

（1）冷却液及其添加剂均为有毒物质，切勿直接接触皮肤，要将其放置于安全场所。

（2）冷却液的使用浓度一般不要超出40%～60%（体积分数）的范围。

（3）除乙二醇-水型冷却液外，其他品种的冷却液放出后不宜再使用，应严格按有关法规处理废弃的冷却液。

（4）更换缸盖、缸垫及散热器时，必须更换冷却液。

（5）发动机"开锅"时，冷却系统内处于高温、高压状态，因此，"开锅"时切勿打开散热器盖，以防烫伤。

（6）必须在发动机处于冷态时添加冷却液，以免高温机体水套遇冷炸裂，损坏发动机。

（7）在冬季紧急情况下，若全部加入了纯净的软水，则必须尽快按规定添加冷却液添加剂，使冷却液浓度恢复到正常状态，以防水套结冰。

（8）冬季来临前应检查冷却液浓度，并按规定调配，保证冷却液具有足够的防冻能力。

2.2.3　检查制动液

1．制动液液位检查

目视检查制动液液位。制动液液位（多数车辆制动液液位线与离合器液位线共用一个）应在储液罐标注的最低与最高线（见图2-8）之间，如果制动液液位低于最低线（即MIN线），应及时添加制动液至最高线（即MAX线）。

图 2-8 制动液液位线

⚠ **注 意**

在使用车辆过程中，当制动液液位警告灯点亮时，应及时添加制动液至最高液位线。

当制动液快速减少时，应检查制动系统是否有泄漏。

2．制动液含水量检测

使用制动液快速探测笔（见图 2-9），可以测试制动液的含水量。

使用制动液快速探测笔进行检测时，保持笔尖的两个金属探针都浸在制动液中。按住笔尖末端的按钮超过 2 s。笔杆上的 5 个发光二极管（Light Emitting Diode，LED）指示灯表示测试结果。第一个绿色 LED 指示灯有两种含义，亮了，说明该探测笔电源没问题，制动液中不含水，可以正常使用。当第二个 LED 指示灯亮起时（第一个为绿色，第二个为黄色），表示含水量小于 1%。当第三个 LED 指示灯亮起（第三个为黄色）时，表示含水量为 2%左右，制动液可以继续使用。但需要观察的是，当第四个 LED 指示灯亮起（第四个为红色）时，表示含水量为 3%左右，需要更换制动液。当第五个 LED 指示灯亮起时（第五个为红色），表示含水量大于 4%，含水量过高，制动液品质差，必须立即更换制动液。

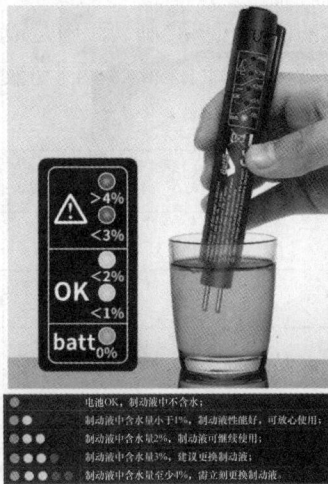

图 2-9 制动液快速探测笔

彩图 2-9

知识链接 制动液

1．制动液的分类

汽车制动液是汽车制动系统中传递能量的一种功能液，要求在各种气候条件下都能保持良好的性能，其质量优劣直接关系到汽车行驶安全。我国制动液按其发展历程分为醇型、矿油型和合成型 3 种类型。其中，醇型与矿油型已经被淘汰，目前市场上供应的制动液均为合成型。

合成型制动液为人工合成，以聚醚、水溶性聚酯和硅油等为主体，加入润滑剂和添加剂。其使用性能良好，工作温度可达 200 ℃以上。该类制动液对橡胶和金属的腐蚀作用均很小，适合于高速、大功率、重负荷和制动频繁的汽车使用，因此成为目前使用较多、较广的一种制动液。合成型制动液分为醇醚型、酯型和硅油型三大类型，但使用较多的是醇醚型和酯型。

（1）醇醚型（常见于 DOT3）。醇醚型制动液的化学成分为低聚乙二醇或丙二醇。低聚乙二醇或丙二醇具有较强的亲水性，所以在使用或储存的过程中其含水量会逐渐增高。由于制动液的沸点会随着水分含量的增高而降低，因此其制动性能会随之下降。

> ⚡ **注 意**
>
> 当发现需要用力踩制动踏板才能制动时，则很可能是制动液的水分含量过高造成的，此时应及时更换。

（2）酯型（常见于 DOT4）。酯型制动液则是在醇醚型制动液的基础上添加大量的硼酸酯形成的。硼酸酯是由低聚乙二醇或丙二醇通过和硼酸的酯化反应而成的。硼酸酯的沸点比低聚乙二醇或丙二醇的更高，所以酯型制动液的制动性能更好。硼酸酯还具有较强的抗湿能力，它能分解所吸收的水分，从而减缓由于吸水而导致的沸点下降。所以酯型制动液性能比醇醚型制动液更好，价格也更高。

（3）硅油型（常见于 DOT5）。硅油型制动液的化学成分为聚二甲基硅氧烷。硅油型制动液的沸点在 3 类制动液中是最高的（见表 2-1），所以价格也最贵。聚二甲基硅氧烷具有很强的疏水性，因此硅油型制动液几乎不吸收水分。

表 2-1　　　　　　　　　　　　　　制动液性能指标（沸点）

工作情况	DOT3	DOT4	DOT5
干	205 ℃以上	230 ℃以上	260 ℃以上
湿	140 ℃以上	155 ℃以上	180 ℃以上

特别提醒：硅油型制动液对水分有极强的排斥能力，从而使进入制动管道内的水分不能与制动液混溶，而以水的形态存在。相对制动液而言，水的沸点极低，故在车辆紧急制动或频繁制动时，不混溶的水分容易沸腾而导致制动性能急剧下降。硅油型制动液的应用范围较窄，应谨慎选用。

2．制动液的常见标准和规格

（1）SAE 标准。美国汽车工程师协会（Society of Automotive Engineers，SAE）在其 2004 年 SAE J 系列标准中，将制动液分为 3 类：J1703、J1704 和 J1705。

（2）DOT 标准。美国交通运输部（DOT）在 2004 年标准中，将制动液分为 4 类：DOT3、DOT4、DOT5 和 DOT5.1。

（3）ISO 标准。国际标准化组织（International Organization for Standardization，ISO）（ISO 4925—2005）将制动液分为 Class3、Class4、Class5 和 Class6。

（4）中国标准。GB 12981—2012《机动车辆制动液》提出将合成型制动液分为 4 级：HZY3、HZY4、HZY5 和 HZY6。

表 2-2 所示为国内外常见制动液标准的对照表，维护保养车辆时可参照使用。

表 2-2　　　　　　　　　　　　制动液标准的对照表

DOT 标准	DOT3	DOT4	DOT5.1	—	—
SAE J 标准	J1703	—	—	—	—
国际标准 ISO 4925—2005	Class3	Class4	—	Class5	—	Class6
中国标准 GB 12981—2012	HZY3	HZY4	HZY5	—	—

⚠ 注　意

市场上的杂牌产品大多采用价格便宜的甲醇原料,尤其是兑水生产的制动液沸点远远达不到国标要求。劣质制动液会导致制动系统内的金属锈蚀,制动主缸和轮缸的皮碗软化、破裂,极易导致制动失灵,严重威胁行车安全,应严禁使用。

3．制动液的选用注意事项

(1)不能混合使用制动液。各种制动液绝对不能混用,否则会因分层而失去制动作用。

(2)应保持制动液的清洁。加注或更换制动液时要注意清洁,制动液需经过过滤,不允许细微杂质混入制动系统。

(3)应防止制动液的吸潮。存放制动液的容器要密封好,防止水分混入和吸收水汽使沸点降低;更换下来和未密封好的制动液不能继续使用。

(4)应定期更换制动液。由于醇醚型制动液有一定的吸水性,在一般情况下,制动液应在使用一两年后进行更换,以防制动液吸潮后影响制动性能。更换制动液应在每年雨季过后进行。

(5)注意检查制动液的温度。在山区下长坡连续使用液压制动,或在高温地区长期频繁制动时,制动蹄片温度可达 350～400 ℃,使制动液温度随之升高达 150～170 ℃,此时,温度已超过一般合成型制动液的湿沸点。因此,要注意检查制动液温度,以防因气阻发生交通事故。

(6)注意对液压制动系统的保护。应防止矿物油混入使用醇型制动液和合成型制动液的制动系统。使用矿物油型制动液时,制动系统应换用耐油橡胶件;使用醇型制动液前,应检查是否有沉淀,如有沉淀应过滤后再使用。

2.2.4　检查玻璃清洗液液位

玻璃清洗液可以清除风窗玻璃上的灰尘、泥水以及鸟粪等异物,保持驾驶员视野清晰。如果玻璃清洗液过少或者缺失,风窗玻璃上的异物不能被及时清理干净,将影响驾驶员的视线,容易引发交通事故。

找到喷洗器液壶或喷洗器液壶盖(标注有喷水标志),如图 2-10 所示。

情况 1:对于带有玻璃清洗液液位警告提示的车型,仪表中会出现液位警告提示(玻璃清洗液量少),如图 2-11 所示,在使用刮水器喷水时可能会出现玻璃清洗液不足的情况。

情况 2:对于能看到整个喷洗器液壶的车型,直接观察液位即可。如果在喷洗器液壶外面有液位标线,液位应在"满"和"加"之间。

情况 3:如果容器外没有液位标线,用干净抹布清洁喷洗器液壶的顶部和盖,然后将盖打开。提出壶内标尺,如图 2-12 所示,查看液位位置。

图 2-10　喷洗器液壶或喷洗器液壶盖　　　图 2-11　清洗液警告灯　　　图 2-12　清洗液标尺

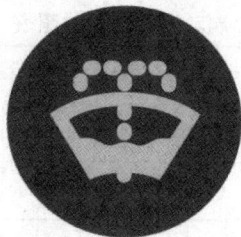

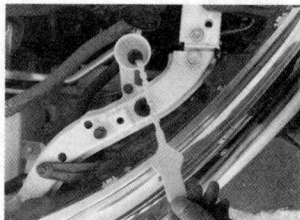

情况 4：若无法看到喷洗器液壶，可以采用人为选择一段透明橡胶管的方法进行检查，需要用手指堵住橡胶管的一端，然后将另一端插入喷洗器液壶中，直到感觉触碰到壶底，拔出观察橡胶管的液位，也就是说利用橡胶管充当液位尺。

若玻璃喷洗器液壶内的液位低于满壶的 1/3，建议及时添加玻璃清洗液，避免影响正常的清洁。

💡 **提 示**

建议不要用自来水直接代替玻璃清洗液：因为普通的自来水含有较多杂质，长时间使用，杂质会依附在橡胶管内，影响正常喷水。另外，在北方地区，注意冬季玻璃清洗液和夏季玻璃清洗液的区别，适时更换。

知识链接　玻璃清洗液

1．玻璃清洗液分类

（1）夏季型：在玻璃清洗液里增加了除虫胶成分，可以快速清除撞在风窗玻璃上的飞虫残留物。

（2）冬季型：一种在冬季使用的防冻型玻璃清洗液，保证在外界气温低于-20 ℃时，依旧不会结冰冻坏汽车设施。

（3）防冻型：保证在-40 ℃时依旧不结冰，适合在我国最北部的严寒地区使用。

2．玻璃清洗液选用

（1）秋冬季节玻璃清洗液应该具备优秀的清洗和防冻性能。冬季玻璃清洗液以防冻性能作为选择的基准，应该选择冰点低于当地最低温度10 ℃的玻璃清洗液，不然会造成玻璃清洗液冻住、喷水壶水泵故障等问题。可根据当地的温度进行选择，正规品牌的产品会以温度划分几个不同的级别，以便根据季节变化进行选择。

（2）玻璃清洗液还应该具备对风窗玻璃和刮水器的保护性能，在正常使用过程当中对车辆进行保护与护理。一些品牌玻璃清洗液通过调配多种表面活性剂及添加剂，独具修复风窗玻璃表面细微划痕的作用，通过形成独特的保护膜，以达到对风窗玻璃的全面保护。特别添加的多种缓蚀剂，对各种金属都没有腐蚀作用，保护了汽车面漆、刮水器及橡胶的安全。

（3）针对在北方使用的车辆，由于北方气候的独特性，在驾驶当中驾驶员的视线很容易受到光的折射、雾气、静电等的影响，给驾驶带来安全隐患。所以，选用玻璃清洗液时，要求尽可能选择具备快速融雪、融冰和防眩光、防雾气、防静电功效的产品。

|任务 2.3　驾驶舱维护 |

【知识目标】

1. 掌握驾驶舱维护项目。
2. 掌握维护、检查项目的结果不符合要求时的处理方法。

【能力目标】

1. 完成车外灯光检查操作。
2. 完成仪表检查操作。
3. 完成车内灯光检查操作。
4. 完成转向盘及喇叭检查操作。
5. 完成刮水器检查操作。
6. 完成驻车制动杆行程检查与调整。
7. 完成踏板检查操作。
8. 完成座椅、安全带检查。

【素质目标】

驾驶舱检查、维护事关驾驶员操作安全，本着对客户安全负责的态度，全面、细心完成作业任务。

任务导入

有一辆行驶了约 40000 km 的大众牌汽车，车主最近在行车过程中，发现仪表提示需要对车辆进行维护操作，为了保证车辆能安全运行，车主询问维修企业的服务顾问，服务顾问建议车主进行全面检查。但是在维修技师检查驾驶舱时，车主存在疑问，不明白驾驶舱维护操作有哪些项目，对车辆的行驶安全有哪些影响。

技能操作

2.3.1　检查车辆外部灯光工作情况

车辆灯光是汽车驾驶员视野不好时使用的主要设备，前照灯亮度、光束角度如果不正确，将影响行车安全。因此，前照灯灯泡烧毁、污损、照射角度不正常，都是很危险的，必须在维护中及时修复。

检查前照灯、转向灯、示廓灯、制动灯等灯光装置需要两个人配合操作，一人在车内操作灯光开关，另外一人在车辆外部观看相应灯光装置工作状况，建议前部灯光和后部灯光分开检查，以缩短外部人员的行走距离。方法如下。

步骤一：检查前，确认车辆蓄电池状况是否达到工作要求，如果蓄电池性能不佳，建议起动发动机进行灯光系统检视。如果蓄电池状况良好，不建议起动发动机（从安全角度出发，涉及倒挡灯检查）。车辆点火开关置于 ON 挡。

步骤二：将车辆灯光开关旋至示廓灯位置，检查外部灯光（前、后部均要检查，后部灯光除了示廓灯还有牌照灯）是否点亮，仪表指示灯是否点亮（有些车辆的示廓灯没有指示灯）。

步骤三：将车辆灯光开关打开至近光灯位置，检查车辆前部近光灯是否点亮，同时观看仪表指示灯是否点亮。

步骤四：将车辆灯光开关打开至远光灯位置，检查车辆前部远光灯是否点亮，同时观看仪表指示灯是否点亮。

步骤五：将车辆灯光开关打开至前雾灯位置（有些车辆未配备前雾灯），检查车辆前雾灯是否点亮，同时观看仪表指示灯是否点亮。

步骤六：将车辆灯光开关打开至后雾灯位置，检查车辆后雾灯是否点亮，同时观看仪表指示灯是否点亮。

步骤七：将车辆灯光开关关闭，检查车辆超车灯是否点亮，同时观看仪表指示灯是否点亮。

步骤八：检查左右转向灯，打开车辆左转向开关，检查车辆外部灯光是否点亮，同时观看仪表指示灯是否点亮；检查转向回位功能是否正常，将转向盘轻微转向该侧转向灯开启的方向，然后将转向盘回位，此时转向开关应自动回位，转向灯关闭。

步骤九：检查危险警告灯，按下危险警告灯开关，检查车辆外部灯光是否同时闪烁（大部分车辆具有 6 个危险警告灯），同时观察仪表指示灯是否点亮。

步骤十：踩下制动踏板，检查车辆制动灯（包含高位制动灯）是否点亮。

步骤十一：倒车灯检查，踩下制动踏板（如果是手动变速器的车辆，还应踩下离合器踏板）。将挡位挂入倒挡（如果发动机处于运行状态，切记注意安全），观察车辆外部倒车灯点亮状况。

> **提　示**
>
> 常见的灯光不亮故障多为灯泡烧毁或熔丝烧断所致，更换灯泡或熔丝即可排除故障。

2.3.2　检查仪表

步骤一：将点火开关置于 ON 挡，观察仪表指示灯显示情况。

下面为上海大众途安轿车仪表灯的检查操作，图 2-13 所示为点火开关打到 ON 挡的一瞬间仪表指示灯显示情况；图 2-14 所示为点火开关打到 ON 挡 6 s 以后仪表指示灯显示情况；图 2-15 所示为发动机运行后仪表指示灯显示情况。

步骤二：检查安全带指示灯是否正常。

步骤三：检查车门未关严指示灯是否正常。

步骤四：检查驻车指示灯是否正常。

图 2-13　点火开关打开瞬间

图 2-14　点火开关打开 6s 以后

图 2-15　发动机运行后

2.3.3　检查车内灯光

1．仪表灯亮度调节检查

如果仪表灯亮度影响驾驶员正常驾驶，则应该对车辆仪表灯亮度进行调节，其调节旋钮如图 2-16 所示，转动仪表灯亮度调节旋钮，观察仪表灯亮度是否变化。

2．检查车内阅读灯

如图 2-17 所示，将车内阅读灯开关置于常亮挡位，观察灯是否亮。

图 2-16　仪表灯亮度调节旋钮

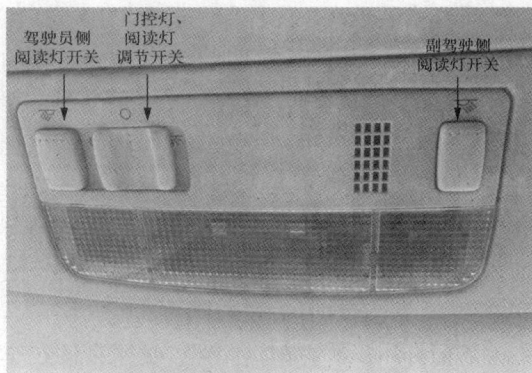

图 2-17　车内阅读灯检查

3．门控灯检查

将顶灯开关打到门控灯位置，如图 2-18 所示，关闭好 4 个车门，分别打开、关闭每个车门（关闭车门时，门控灯应熄灭，但是各车型的门控灯熄灭都有延迟，为了快速检查，可以将点火开关置于 ON 挡，缩短延迟时间），观察门控灯是否正常工作。

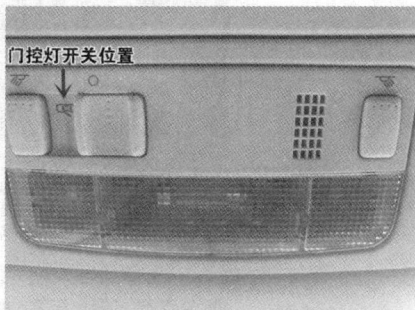

4．储物箱及行李舱灯光检查

分别打开储物箱及行李舱，检查储物箱内照明灯及行李舱内的照明灯是否正常。

5．外部车灯状况检查

（1）用手检查车灯安装是否松动。

（2）目视检查各灯的灯罩和反光镜有无褪色或者因为碰撞而损坏。同时，进一步检查灯内是否有污物或者有水汽进入。

图 2-18　门控灯开关位置

知识链接　汽车灯光系统

1．汽车灯光系统认识

汽车灯光系统是汽车安全行驶的必备系统之一。它主要包括外部照明灯具、内部照明灯具、汽车信号灯具等。

电气系统组成

汽车灯具按照功能划分，主要有两类：汽车照明灯和汽车信号灯。

汽车照明灯按照其安装的位置及功用，包括：前照灯、雾灯、牌照灯、仪表灯、顶灯、行李舱灯等。

汽车信号灯包括转向信号灯、危险警告灯、示廓灯、尾灯、制动灯、倒车灯等。

2．汽车外部车灯

前照灯又叫前大灯，装于汽车头部两侧，用于夜间行车对道路的照明。有两灯制和四灯制之分。每辆车安装 2 只或 4 只前照灯，装于外侧的一对应为近、远光双光束灯，装于内侧的一对应为远光单光束灯（现代车辆电子技术发展较快，各个生产厂商对于车辆灯光的布置形式有所不同）。

前照灯光色为白色，远光灯灯泡功率为 45～60 W，近光灯灯泡功率为 25～55 W。要求前照灯应能保证提供车前 100 m 以上路面明亮、均匀的照明，并且不应使迎面来车的驾驶员感到眩目。随着车速的不断提高，汽车上的前照灯的照明距离可达到 200～300 m。

雾灯安装于汽车的前部和后部，用于在雨雾天气行车时照明道路和为迎面来车及后面来车提供信号。前雾灯（现阶段有些配置较低的车辆，没有前雾灯）安装在前照灯附近，一般比前照灯的位置稍低，因为雾天能见度低，驾驶员视野受到限制。红色和黄色是穿透力较强的颜色，前雾灯光色为黄色，这是因为黄色光光波较长，具有良好的透雾性能，灯泡功率一般为 35 W。采用单只后雾灯时，应将其安装在车辆纵向平面的左侧，与制动灯的距离应大于 100 mm，后雾灯光色为红色，以警示尾随车辆保持安全距离，灯泡功率一般为 21 W。

倒车灯装于汽车尾部，用于倒车时汽车后方道路照明和警告其他车辆和行人，表示该车正在倒车，兼有灯光信号装置的功能。倒车灯光色为白色，功率一般为 28 W。

牌照灯用于照亮车辆牌照，要求夜间在车后 20 m 处能看清牌照号码。牌照灯装在汽车尾部牌照的上方或左右两侧，牌照灯光色为白色，灯泡功率为 8～10 W。它没有单独的开关

控制，由示廓灯或前照灯开关控制。按规定要求牌照灯必须与示廓灯共用一个开关控制。

3．汽车内部灯光

顶灯安装在驾驶室或车厢内顶部，为驾驶室或车厢内的照明灯具。灯光颜色一般为白色。

仪表灯安装于仪表盘内，它用来照明汽车仪表。灯光颜色一般为白色。

踏步灯一般安装在汽车的上下车台阶的左右两侧，作用是照明车门的踏步处，方便乘客上下车，灯光颜色一般为白色。

行李舱灯为轿车行李舱内的灯具，灯光颜色为白色。

阅读灯装于乘员席前部或顶部，阅读灯打开时不会使驾驶员感到眩目，照明范围较小，有的还有光轴方向调节机构。

门灯装于轿车外张式车门内侧底部，开启车门时，门灯点亮，以告知后来行人、车辆注意避让。门灯功率为 5W，光色为红色。

4．汽车信号灯

（1）转向信号灯装于汽车前、后、左、右角，用于汽车转弯时发出明暗交替的闪光信号，使前后车辆、行人、交警等知其行驶方向。转向信号灯的光色为琥珀色，灯泡功率一般为 20 W。汽车转向信号灯的指示距离要求：前、后转向信号灯打开时，白天距 100 m 以外灯光可见；侧转向信号灯打开时，白天距 30 m 以外灯光可见。转向信号灯的闪光频率应控制在 1～2 Hz。

（2）危险警告灯用于车辆遇到紧急危险情况时，同时点亮前、后、左、右转向灯以发出警告信号，与转向信号灯有相同的要求。

（3）制动灯用于指示车辆的制动或减速信号。制动灯安装在车尾两侧，两制动灯应与汽车的纵轴线对称并在同一高度上，制动灯光色为红光，应保证白天距 100 m 以外灯光可见。

（4）示廓灯安装在汽车前、后、左、右侧的边缘，用于夜间行驶时指示汽车宽度。示廓灯用于汽车夜间行驶时标示汽车的宽度和高度，因此也相应地被称为"示宽灯"和"示高灯"。示廓灯灯光在夜间 300 m 以外可见。前示廓灯的光色为白色，后示廓灯的光色多为红色，灯泡功率为 8～10 W。

5．灯光开关类型

汽车前照灯的控制开关一般有两种，旋钮式车灯开关和拨杆式车灯开关，如图 2-19 所示。使用旋钮式车灯开关时，将开关旋转到指定的灯光位置上，相应的灯光就会亮。拨杆式的汽车前照灯开关在使用时也比较简单，转动拨杆上的开关就能打开相应的灯。例如对于拨杆式的汽车前照灯，往前拨一下拨杆，远光灯亮一次，往后拨拨杆，远光灯常亮。在开车的过程中，需要驾驶员灵活使用汽车的远、近光灯。

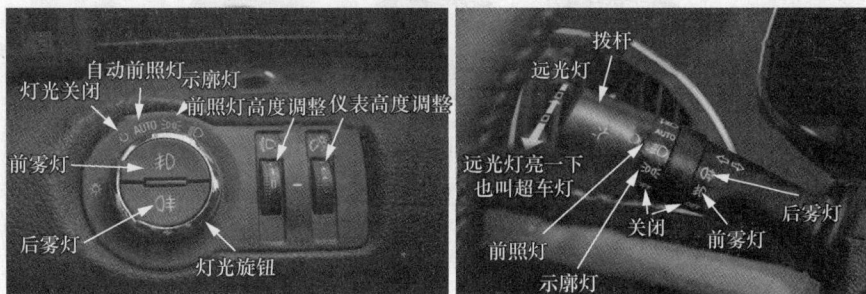

(a) 旋钮式灯光开关　　　　　　　　(b) 拨杆式灯光开关

图 2-19　灯光开关

6. 外部车灯安装位置

目前，汽车照明系统大都采用组合灯具，即将前照灯、前远光灯、前近光灯、前转向灯、前示廓灯等组合在一起，构成前组合灯，如图 2-20 所示。将倒车灯、制动灯、后转向灯、后示廓灯、后雾灯等组合在一起，构成后组合灯，如图 2-21 所示。

图 2-20　前组合灯

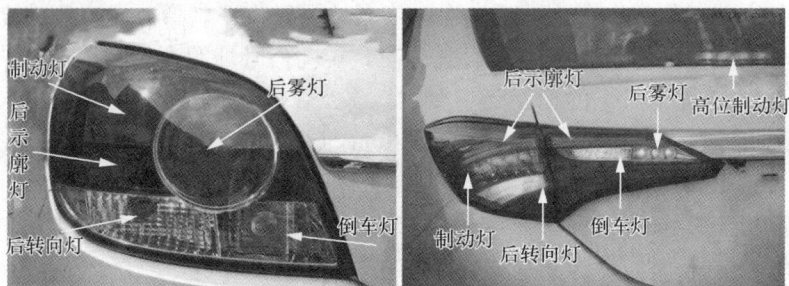

图 2-21　后组合灯

7. 灯光指示灯

汽车仪表盘具有灯光指示灯，这些指示灯主要是为了提醒驾驶员车灯打开的状况。不同车型灯光指示灯也略有区别，但是大部分具有示廓灯指示灯、近光灯指示灯、远光灯指示灯、变光灯指示灯（超车灯指示灯）、前雾灯指示灯、后雾灯指示灯、转向灯指示灯、危险警告灯指示灯等，如图 2-22 所示。

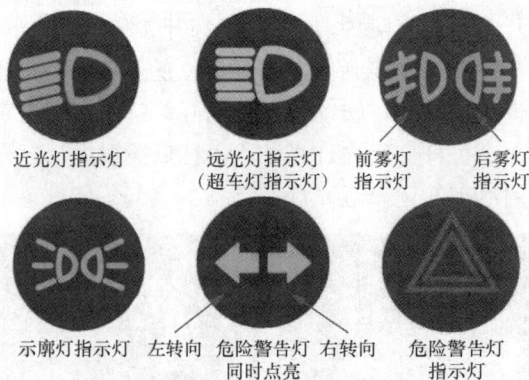

图 2-22　灯光指示灯

2.3.4　检查转向盘及喇叭

1. 转向盘自由行程检查

在配备动力转向系统的车辆上，起动发动机，使车辆笔直向前。使用一把直尺测量，如

图 2-23 所示。轻轻移动转向盘，在车轮就要开始移动时，转向盘的移动量就是转向盘自由行程。大部分车辆的转向盘自由行程范围为 $10\sim15$ mm，如果超出范围需调整或维修。

2. 转向盘的摆动量及锁止情况检查

步骤一：进行转向盘摆动量的检查时，用两手握住转向盘，轴向地、垂直地或者向两侧移动转向盘，确保其没有松动或者摆动，如图 2-24 所示。

步骤二：进行转向盘锁止情况的检查时，将点火开关打到 ACC 挡，左右反复转动转向盘，确保转向盘没有被锁止的情况。

步骤三：关闭点火开关，拔出钥匙，左右转动转向盘。若转向盘转动很小的角度，此时应该锁止，保证转向盘无法转动。如果无法锁止，说明转向盘机械锁止功能损坏，建议更换。

3. 转向盘调节功能检查

检查转向盘调节功能是否正常，在转向盘下方能找到转向盘位置锁的扳手，松开扳手后，转向盘就可以前、后、上、下调节，一旦调节到位后，压下把手，转向盘就被锁定了，如图 2-25 所示。在汽车转向盘的正下方找到转向盘调节开关。用手拉起转向盘调节开关，手动调整转向盘的高度，调整到合适的位置后往下扣下开关即可锁定。一定要在停车（最好熄火）的状态下调整。通常情况下，应使转向盘的最上沿高度与驾驶员的肩膀高度相差不多，当然也可以通过调节座椅高度来实现，转向盘和座椅调节的程度要兼顾驾驶员乘坐舒适度和驾驶方便性。

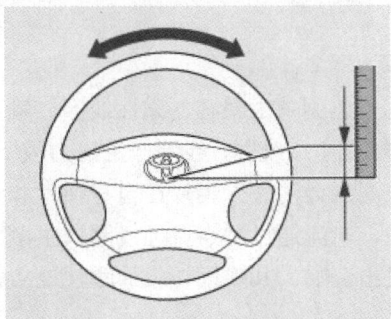

图 2-23　转向盘自由行程测量

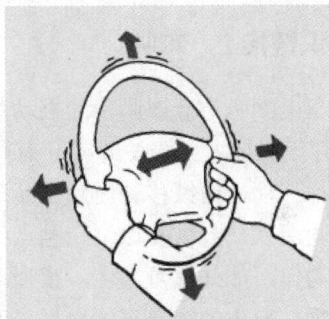

图 2-24　转向盘摆动量检查

4. 喇叭检查

起动发动机，在转向盘转动一周的同时按喇叭垫，检查喇叭是否发声，检查音量和音调是否稳定，如图 2-26 所示。

转向盘调整扳手
有些车型可以四向调整

图 2-25　转向盘调整扳手

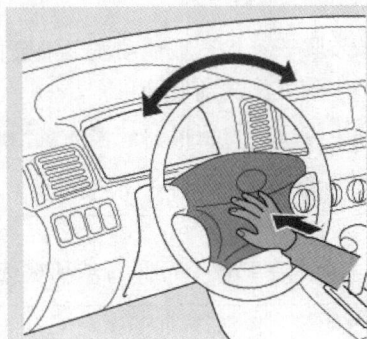

图 2-26　喇叭检查

知识链接 1　转向系统

转向系统各传动件都会有一定的装配间隙，这些间隙还会随着零件的磨损而增大，反映到转向盘上就会产生一定的空转角度，这种转向盘在空转阶段的角行程称为转向盘的自由行程。

也就是说，在一定的范围内转动转向盘时，转向节并不马上同步转动，而是在消除这些间隙并克服各传动件的弹性变形后才做相应的转动，即转向盘有一空转过程。

转向盘自由行程对于缓和路面冲击及避免驾驶员过于紧张是有利的，但过大的转向盘自由行程会影响转向灵敏性。所以汽车维护中应定期检查转向盘自由行程。一般轿车转向盘的自由行程范围为 10～15 mm，否则应进行调整。可通过调整转向器传动副的啮合间隙来调整转向盘的自由行程。

转向系统功用与组成

知识链接 2　喇叭

汽车电喇叭靠金属膜片的振动从而发出声音。汽车电喇叭由铁芯、磁性线圈、触点、衔铁、膜片等组成。当驾驶员按下喇叭开关时，电流经触点通过线圈，线圈产生磁力吸下衔铁，强制膜片移动，衔铁移动使触点断开，电流中断，线圈磁力消失，膜片在自身弹性和弹簧片作用下同衔铁一起恢复原位，触点闭合电路再次接通，电流通过触点流经线圈产生磁力，重复上述动作。如此反复循环，膜片不断振动，从而发出音响。共鸣板与膜片刚性连接，可使振动平顺，发出的声音更加悦耳（即电磁铁原理）。

2.3.5　检查玻璃喷洗器及刮水器

1．玻璃喷洗器检查

起动发动机，检查清洗液的喷洒。在发动机关闭时，蓄电池的电量难以提供足够的喷洒动力。

步骤一：检查玻璃喷洗器液壶内的清洗液，液位必须达到工作要求。

步骤二：起动发动机。

步骤三：检查风窗玻璃喷洗器喷洒压力是否足够。

步骤四：检查喷洗器喷洒区是否在刮水器工作范围内，如图 2-27 所示，必要时进行调整。

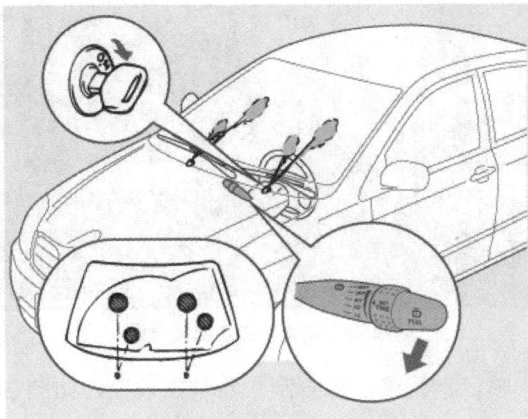

图 2-27　喷洗器喷洒区检查

2．玻璃刮水器工作检查

步骤一：起动发动机，打开刮水器开关，检查是否每一只刮水器均正常工作，刮水器开关挡位如图 2-28 所示。

步骤二：检查各个挡位刮水器性能：Lo 低速、Hi 高速、间歇功能、刮水器低速间歇式工作（对于间歇频率可调车辆，需要检查调整功能是否有效）。

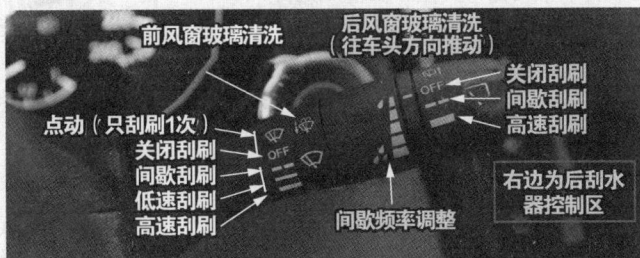

图 2-28　刮水器开关挡位

💡 **提　示**

把开关转到"雾"位置，刮水器工作。

步骤三：停止位置检查。检查当刮水器开关关闭时刮水器是否自动停止在其正确的停止位置。检查刮水片静态位置，用直尺测量刮水片与风窗玻璃接触位置到落水槽盖板的距离（不同车型要求的停止位置也略有不同），如图 2-29 所示。

图 2-29 刮水器停止位置测量

进行刮刷效果检查，喷洒清洗液，检查刮水器刮刷效果，如图 2-30 所示。

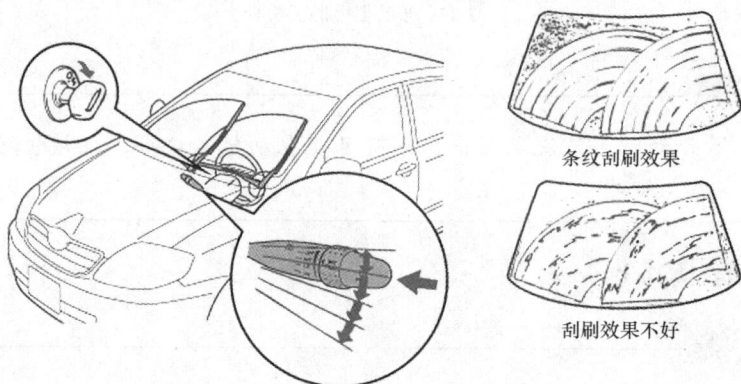

条纹刮刷效果

刮刷效果不好

图 2-30 刮刷效果检查

3. 刮水片的更换

刮水片可分为有骨刮水片和无骨刮水片。现今，大部分车辆用的刮水片都是无骨刮水片。现以大众宝来轿车为例来介绍刮水片更换过程。

步骤一：将刮水臂运行至"保养/冬季位置"，在点火开关关闭后 10 s 内将风窗玻璃刮水器操纵杆运行至"点动刮水"位置。

步骤二：向上拉起刮水臂。为了防止刮水臂下落砸到风窗玻璃，操作前可在风窗玻璃上放置一块大毛巾。

步骤三：按下按键 1，沿箭头方向从刮水臂 2 中拉出刮水器的固定件 3，如图 2-31 所示。

步骤四：将新的刮水器固定件 3 推入刮水臂 2 中，直至听到卡止的声音（按键 1 需牢固地嵌入刮水臂 2 中）。

步骤五：小心地将刮水臂放回到风窗玻璃上。

步骤六：将刮水臂运行到停止位置。

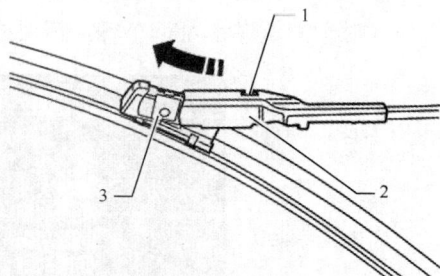

1-按键；2-刮水臂；3-固定件

图 2-31 拆卸刮水片

⚡ 注 意

多数车型的驾驶员侧和副驾驶侧的刮水器长度不同（驾驶员侧的长一些），切不可混淆装配。

知识链接　玻璃刮水器

1. 玻璃刮水器的作用

玻璃刮水器的作用是清除风窗玻璃上的雨水、雪或尘土，以保证驾驶员可以有良好、清晰的视野。

2. 玻璃刮水器的组成

现在的车型大多采用电动刮水器，它主要由刮水片、刮水臂、刮水器电动机、传动机构（如拉杆）及清洗装置（如清洗喷嘴、清洗液储存罐）等组成，如图 2-32 所示。

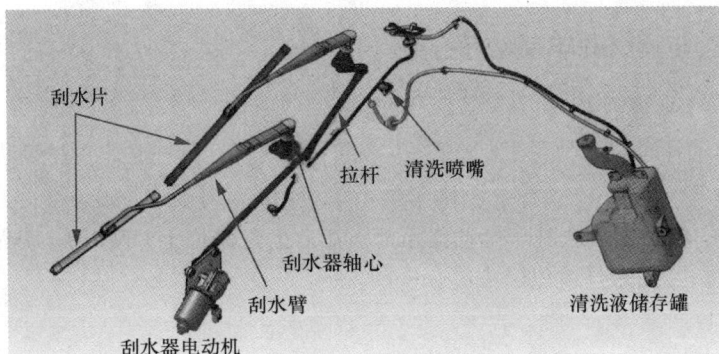

图 2-32　刮水器的组成

3. 刮水器使用注意事项

在刮水器使用中稍有不当，可能会造成刮水器部件的损坏，从而影响雨天驾驶的视野效果。为此，在使用刮水器时应从以下几个方面加以注意。

（1）刮水器电动机大多做成封闭式，不可随意拆卸。若必须拆卸刮水器电动机，装配时要保持内部的清洁，不可将铁屑之类的污物落在其内部；装配时还要注意向含油轴承的毛毡上加注少许润滑油，并更换或补充减速器内的润滑脂。

（2）刮水器电动机一般不要拆下，若因故障必须拆下时，要防止电动机跌落、损坏，因为刮水器电动机大多为永磁直流电动机，其磁极多采用陶瓷材料。

（3）要定期检查刮水片，当发现其严重磨损或有脏物时应更换或清洗，否则将降低刮水的工作效能，影响驾驶员视野。清洗刮水片时，可用酒精清洗剂擦去刮水片上的污物。刮水片不可用汽油渍洗和浸泡，否则会引起变形，影响其工作效能。

（4）在检查刮水器工作情况时，应该先用水浸湿风窗玻璃，否则会刮伤玻璃，同时，由于刮水片摩擦阻力大，还有可能损伤刮水片或烧坏电动机。在检查时应注意电动机有无异常噪声，尤其应引起注意的是当刮水器电动机"嗡嗡"作响而不转动时，说明刮水器机械传动部分有锈死或卡住的地方，这时应立即关闭刮水器开关，以防烧毁电动机。

（5）使用中当关闭刮水器开关时，刮水片应能自动回到风窗玻璃的下侧之后停止。若其停止位置不当，应进行检修。

（6）在冬季使用刮水器时，若发现刮水片被冻结或被雪团卡住，应立即关闭开关，清除冰块、雪团后继续使用，否则会因阻力过大而烧坏刮水器电动机。

（7）当风窗玻璃清洗液缺少时，应及时补充玻璃清洗液。

（8）需经常检查刮水片，可用清水和中性肥皂水清理刮水片。如果刮水片的性能已经变差，必须更换。

（9）刮水片至少每年更换一次。

（10）更换刮水片时，先将旧橡胶条拉出来，然后把新橡胶条插进去。

⚠️ **注　意**

不要把橡胶条安装方向弄错了，同时一定要把固定卡夹安装牢靠，否则橡胶条很容易脱落。

2.3.6　检查与调整驻车制动杆行程

1. 驻车制动杆行程检查

检查驻车制动杆时，切勿踩下制动踏板，驻车制动杆行程在预定的槽数内（拉动时可以听到"咔嗒"声，一般为4～7声，不同车型，请查阅维修手册）。如果不符合标准，调整驻车制动杆的行程。同时要检查驻车制动指示灯（在点火开关位于ON时），确保驻车制动杆在到达第一个槽口前，指示灯就已经点亮。

💡 **提　示**

若驻车制动杆行程超出规定值，则调整后制动蹄片或驻车制动蹄片的间隙，然后重复检查。必要时重复这个间隙调整过程，然后调整驻车制动杆行程。

2. 驻车制动杆行程调整

进行驻车制动杆行程调整前要分清是哪种调整方式，部分车辆的驻车制动杆行程调整是在手柄位置进行的，如图2-33所示，而有的车辆在拉线接头位置进行调整，如图2-34所示。将锁紧螺母拧松，拧动调整螺母，使制动拉线变长或变短，从而改变驻车制动杆的行程，直到调整到符合规定为止。不同调整类型的驻车制动行程调整略有不同，具体操作方法应结合维修手册。

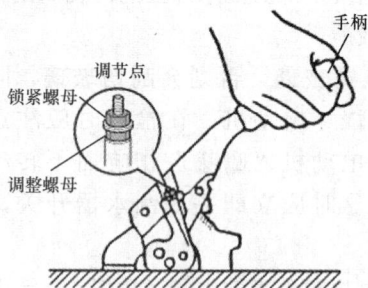

图 2-33　手柄位置调整

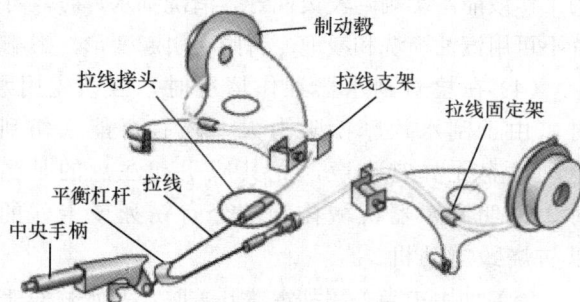

图 2-34　拉线接头位置调整

知识链接　驻车制动系统

1. 驻车制动系统的功用

驻车制动系统的主要部件就是驻车制动器，俗称手刹，功用是在车辆停稳后稳定车辆，避免在斜坡路面停车时溜车造成事故。

2．驻车制动器的组成

车轮制动式驻车制动器一般与行车制动器共用，在后轮制动器上增加了一套机械操纵机构，用驻车制动杆（也称驻车制动手柄）控制，主要由操作手柄、拉线、鼓式制动器（现代轿车多采用盘鼓式制动器）、拉线支架、拉线固定架等组成，如图 2-35 所示。驻车制动器操作方式分为手动操作和脚动操作方式，如图 2-36 所示。

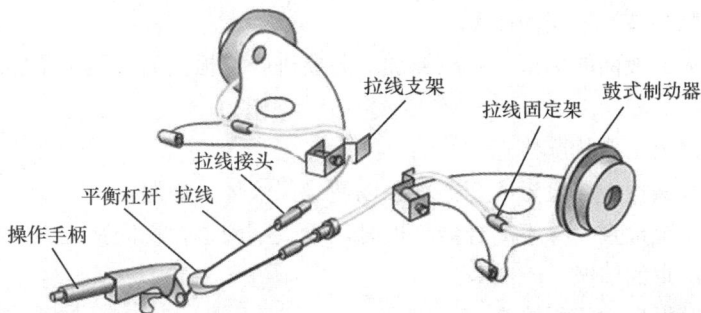

图 2-35　驻车制动器结构

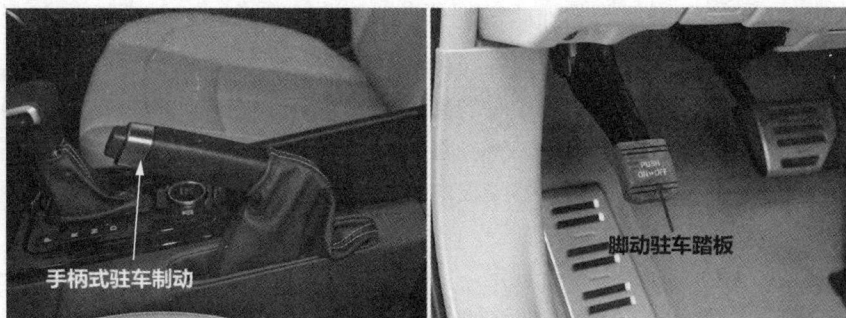

(a) 手动操作方式　　　　　　　(b) 脚动操作方式

图 2-36　驻车制动器操作方式

3．电子驻车制动器

电子驻车制动器也称电子手刹，配合相关的电控单元及机构，可以在适当的时候使车辆制动和驻停。

图 2-37 所示为盘式（卡钳式）电子驻车制动器，其驱动部件由电动机、传动带、减速齿轮机构、心轴螺杆以及制动活塞等组成。整个电子驻车制动器的执行部件均位于后轮盘式制动器的钳体上，信号通过导线传导。

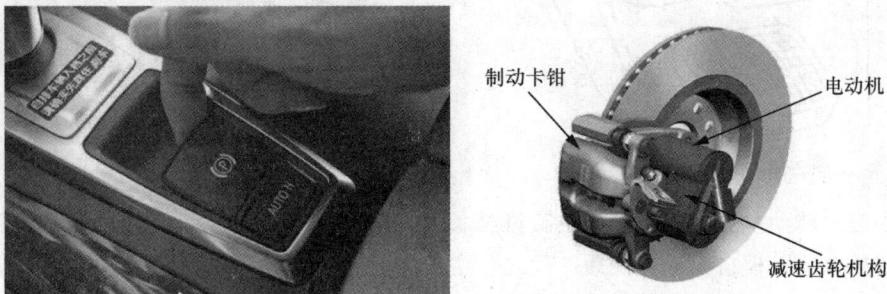

图 2-37　盘式电子驻车制动器

2.3.7 检查及维护踏板

1. 离合器踏板检查、维护

离合器踏板的检查、维护主要包括检查离合器储液罐液面高度、检查离合器踏板工作状况、检查离合器踏板自由行程等。

（1）离合器储液罐液面高度检查。

①现代车辆的离合器多采用液压传动，检查离合器主缸储液罐（大多也可用于制动液储存）内离合器（制动液）液面的高度。

②如果低于最低液面的标记，则应补加，并要进一步检查离合器液压操纵机构是否有泄漏的部位。

（2）离合器踏板工作状况检查。

①总泵液体渗漏检查。检查离合器总泵以便确保液体无渗漏。

②踏板工作状况检查。踩下离合器踏板时，检查不应该存在回弹无力、异常噪声、过度松动和感觉踏板沉重的情况。

（3）离合器踏板自由行程检查。

离合器踏板行程（高度）包括自由行程和有效行程，自由行程可以保证离合器分离彻底，有效行程可以调整离合器接合点的高低。离合器踏板行程如图 2-38 所示。

步骤一：关闭发动机，将一把直尺抵在驾驶室地板上。

步骤二：测量离合器踏板完全放松时的高度。

步骤三：用手轻按离合器踏板，当感到阻力增大时停住，再测量离合器踏板高度。步骤二和步骤三两次测量的高度差即离合器踏板的自由行程。

（4）离合器踏板自由行程的调整。

如果离合器踏板自由行程不符合规定，应进行调整。

步骤一：离合器踏板自由行程的调整如图 2-39 所示，液压式操纵机构一般采用调整主缸推杆长度的方式来调整离合器踏板自由行程。

步骤二：用开口扳手将主缸推杆锁紧螺母旋松。

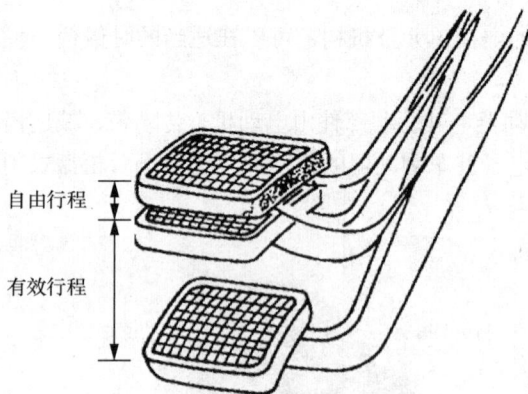

图 2-38　离合器踏板行程

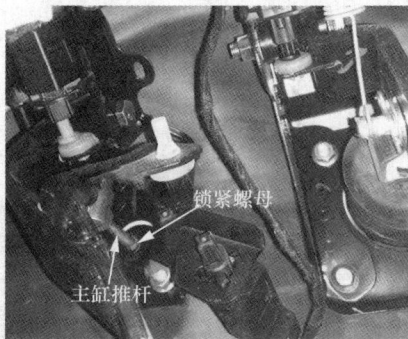

图 2-39　离合器踏板自由行程的调整

步骤三：转动主缸推杆，调整主缸推杆长度，从而调整离合器踏板自由行程。主缸推杆变短，则离合器踏板自由行程变短；反之，主缸推杆变长，则离合器踏板自由行程变长。

步骤四：调整完毕后，将锁紧螺母旋紧。再次检查离合器踏板自由行程是否符合标准。

（5）离合器工作情况检查。

步骤一：停车（使用驻车制动器）。

步骤二：起动发动机，使发动机怠速运转。

步骤三：踩下离合器踏板，将手动变速器挂入1挡或倒挡，检查是否有噪声，是否换挡平稳。如果有，说明离合器分离不彻底。

2．制动踏板检查、维护

（1）制动踏板工作状况检查。

步骤一：踩下制动踏板，制动踏板应反应灵敏、能完全落下、无异常噪声、无过度松动。

步骤二：制动踏板高度测量。使用一把直尺测量制动踏板高度，如图2-40所示。如果超出规定范围，调整制动踏板高度。

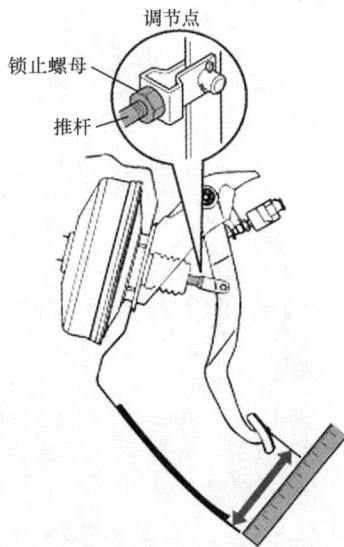

图2-40　制动踏板高度测量

步骤三：制动踏板自由行程测量。发动机停止后，踩制动踏板几次，以便解除制动助力器。然后，使用手指轻轻按压制动踏板并且使用一把直尺测量制动踏板自由行程。

步骤四：制动踏板自由行程余量测量。发动机运转和驻车制动器松开时，使用490 N踩下制动踏板，然后使用一把标尺测量制动踏板自由行程余量，以便检查其是否处于规定的范围内。标准值请参阅维修手册。

（2）制动助力器状况检查。

真空助力器起到的作用是利用真空泵产生的真空和大气压力之差，增加制动效果，使踩踏制动踏板更省力，保证能够安全、迅速地制动。

真空助力器作用于主缸以后的液压管路上。制动助力器的原理是在制动过程中，控制进入制动助力泵的空气，使膜片移动，并通过联运装置利用膜片上的推杆协助人力去踩动和推动制动踏板，从而增大驾驶员踩踏板的力。

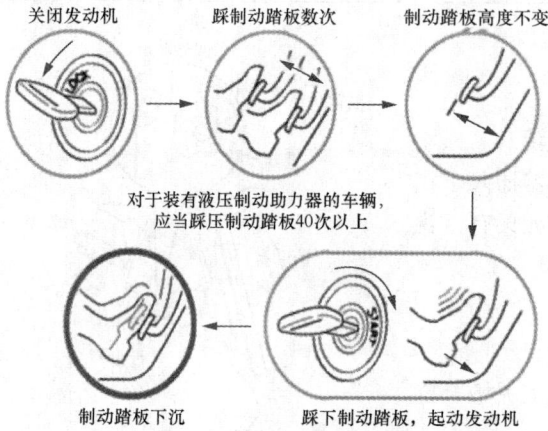

步骤一：工作状况检查。关闭发动机，踩下制动踏板数次（解除助力），检查制动踏板高度是否发生变化，正常制动踏板的高度不应发生变化。踩下制动踏板，起动发动机，制动踏板应该有明显下沉，如图 2-41 所示。

步骤二：气密性检查。发动机停机后（1~2 min），踩下制动踏板，每次其返回高度应一次比一次大，如图 2-42 所示。

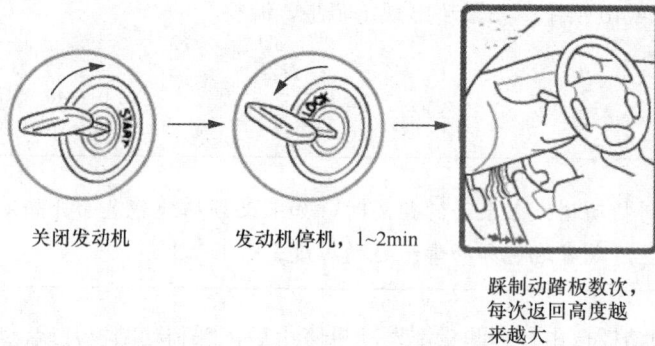

关闭发动机　踩制动踏板数次　制动踏板高度不变

对于装有液压制动助力器的车辆，应当踩压制动踏板40次以上

制动踏板下沉　踩下制动踏板，起动发动机

图 2-41　工作状况检查

关闭发动机　发动机停机，1~2min　踩制动踏板数次，每次返回高度越来越大

图 2-42　气密性检查

步骤三：真空检查。检查制动助力器室中的真空压力是否变化，如图 2-43 所示。

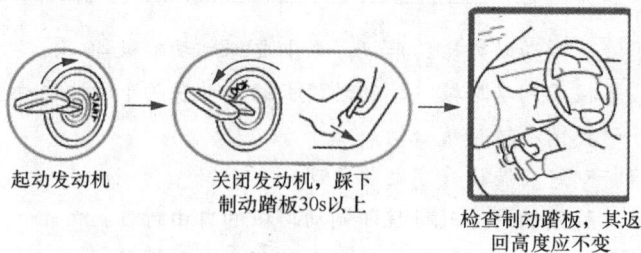

起动发动机　关闭发动机，踩下制动踏板30s以上　检查制动踏板，其返回高度应不变

图 2-43　真空检查

提　示

对于配备了液压制动助力器的车辆，只检查其工作情况。

知识链接 1　离合器

1. 离合器的功用

（1）离合器可使发动机与传动系统逐渐接合，保证汽车平稳起步。

（2）离合器可暂时切断发动机的动力传递，保证变速器换挡平顺。

（3）离合器可限制传动系统所传递的转矩，防止传动系统过载。

2. 离合器的基本结构

离合器由主动部分、从动部分、压紧机构和操纵机构等 4 部分组成。离合器主要部件安装示意如图 2-44 所示。

3. 离合器自由间隙和离合器踏板自由行程

（1）离合器自由间隙。离合器膜片弹簧（或分离杠杆）内端与分

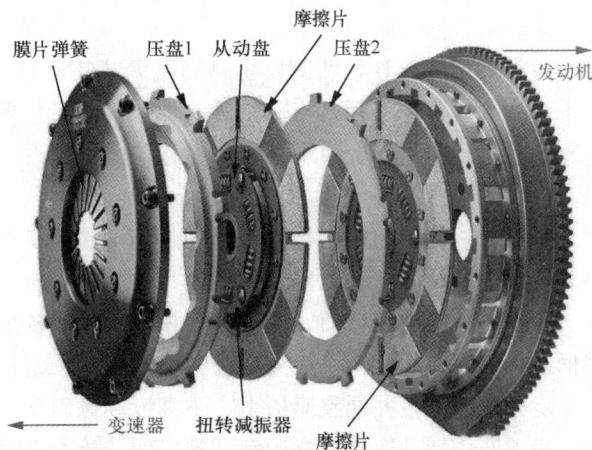

图 2-44　离合器主要部件安装示意

离轴承之间一般预留有一定的间隙，通常为几毫米，这个间隙称为离合器自由间隙。

（2）离合器踏板自由行程。离合器踏板的自由行程就是指离合器膜片弹簧内端和分离轴承两者的间隙在离合器踏板上产生的反应。离合器踏板就从踩踏开始，然后到开始作用，在离合器上对动力传递进行切断，从而使得踩踏离合器踏板期间，有部分是处于空载的，没有处于做功的状态。

知识链接 2　真空助力器

真空助力器工作原理如下。

（1）真空助力器利用发动机工作时吸入空气这一原理，造成真空助力器的一侧产生真空，相对另一侧正常空气压力产生压力差，利用这个压力差来加强制动推力。即使膜片两边只有很小的压力差，由于膜片的面积很大，仍可以产生很大的推力推动膜片向压力小的一端运动。

（2）在工作的状态下，推杆回位弹簧使得制动踏板处于初始位置，此时，真空管与真空助力器连接位置的单向阀处于打开的状态，在真空助力器内部，隔膜将其分为真空气室和应用气室，这两个气室相互间可连通，在大多数时间里二者都与外界隔绝，通过两个阀门装置可以实现气室与大气相连。

（3）在发动机运转时，踩下制动踏板，在推杆的作用下，真空气室的阀门关闭，同时，推杆另一端的空气阀门被开启，待空气进入后（踩下制动踏板产生喘气声的原因）便会造成腔内气压不平衡，在负压的作用下，膜片被拉向制动总泵一端，进而带动制动总泵的推杆，这便实现了加强制动推力。

2.3.8　检查座椅和安全带

1. 安全带（在各门位置）检查

步骤一：起动车辆，检查仪表盘上的安全带提示灯及安全带报警工作是否正常。

步骤二：用手慢慢拉动安全带，查看安全带能否被拉出。

步骤三：将安全带快速插头插入插接器，检查快速插头能否被锁止；再按下插接器上的断开按钮，检查快速插头能否迅速脱开与插接器的连接。

步骤四：松开安全带，检查安全带能否自动收回；用手猛拉安全带，检查安全带能否立即锁止。

步骤五：检查 B 柱两侧安全带高度调节装置的使用情况，检查安全带高度调节装置能否上下移动；检查完毕后，将其恢复到原来的高度位置。

步骤六：检查安全带下端固定螺栓的紧固情况。

2．座椅（在各门位置）检查

步骤一：晃动座椅，检查座椅固定情况是否良好。如果座椅有松动现象，可紧固座椅底座固定螺栓。

步骤二：扳动座椅前、后调整手柄，检查座椅前、后位置滑动调整是否轻便；松开调整手柄，再前后移动座椅，检查座椅在滑道上的固定情况是否良好。

步骤三：检查并调整座椅上、下高度和倾斜度。

步骤四：转动座椅靠背倾斜调整旋钮，检查靠背调整情况；松开调整旋钮，检查靠背定位情况。有的车型具有座椅腰部调节功能，检查腰部调整是否正常。

步骤五：检查座椅靠背上头枕的调整情况，头枕的角度和高度都应正常。

知识链接　座椅和安全带

1．座椅

汽车座椅为驾乘人员提供便于操作、舒适、安全的驾驶和乘坐位置。座椅必须安全、可靠，应有足够的强度、刚度与耐久性，为满足驾乘人员舒适性所设的各种调节机构，要有可靠的锁止装置，以确保安全。

由于车辆的座椅直接影响汽车驾乘人员的安全和舒适度，因此，紧固、检查、调整座椅，对确保车辆的使用性能和行车安全非常必要。

2．安全带

（1）安全带的作用。

汽车安全带是被动安全装置，可以在碰撞时对驾乘人员实现约束，避免碰撞时驾乘人员与转向盘及仪表盘等发生二次碰撞，避免碰撞时驾乘人员冲出车外导致死伤。行车时驾乘人员必须正确系安全带。

汽车安全带又可以称为座椅安全带，是驾乘人员约束装置的一种。汽车安全带是公认的极廉价也是极有效的安全装置，在车辆中，很多国家规定必须装备安全带。

调查数据显示：在一次可能导致死亡的车祸中，安全带的使用可使车内人员生还的概率提高约 60%；发生正面撞车时，系了安全带可使死亡率降低约 57%；侧面撞车时，可使死亡率降低约 46%；翻车时可使死亡率降低约 82%。因此，必须定期检查安全带的使用性能。

（2）安全带的构成。

汽车安全带使用广泛的类型为三点式，在各种安全带中，三点式安全带是实用性、舒适性以及对驾乘人员的约束性结合得相当好的一种。

安全带一般由安全绳、缓冲器、速差自控器、自锁器、系带、连接器和调节器等组成。

①安全绳。安全绳是在安全带中连接系带与挂点的绳（带、钢丝绳）。安全绳一般起扩

大或限制驾乘人员活动范围、吸收冲击能量的作用。

②缓冲器。缓冲器是串联在系带和挂点之间，发生坠落时吸收部分冲击能量、减小冲击力的部件。

③速差自控器（收放式防坠器）。速差自控器是安装在挂点上，装有可伸缩的绳（带、钢丝绳），串联在系带和挂点之间，在坠落发生时因速度变化引发制动作用的部件。

④自锁器（导向式防坠器）。自锁器是附着在导轨上，由坠落动作引发制动作用的部件。该部件不一定有缓冲能力。

⑤系带。系带是人体坠落时支撑和控制人体、分散冲击力，避免人体受到伤害的部件。系带由织带、带扣及其他金属部件组成，一般有全身系带、单腰系带、半身系带。

⑥连接器。连接器是具有常闭活门的连接部件。该部件用于将系带和绳或绳和挂点连接在一起。

⑦调节器。调节器是用于调整安全绳长短的部件。

无论哪种安全带，都应可靠、有效，安装位置应合理，固定点应有足够的强度。乘用车还应装备驾驶员系安全带提醒装置。当驾驶员未按规定系汽车安全带时，应能通过视觉或声觉信号报警。

（3）安全带的使用。

①经常检查安全带的技术状态，有损坏应立即更换。

②安全带的正确使用。安全带要尽量系在髋部和胸前，应该横跨在骨盆和胸腔之上形成一个水平放置的V字，一条安全带只能供一个人使用，严禁双人共用，不要将安全带扭曲使用。

③用安全带时不要让其压在坚硬、易碎的物体上，如口袋里的手机、眼镜、钢笔等。

④座椅上无人时，要将安全带送回卷收器中，将扣舌置于收藏位置，以免在紧急制动时扣舌撞击其他物体。

⑤不要让座椅背过于倾斜，否则会影响安全带的使用效果。安全带的扣带一定要扣好，防止受外力时扣带脱落而不能起到保护作用。

| 任务 2.4 车辆外部检查、维护 |

学习目标

【知识目标】

1. 掌握车辆外部维护、检查项目。
2. 掌握维护、检查项目的结果不符合要求时的处理方法。

【能力目标】

1. 完成车门（在各门位置）铰链及限位器检查操作。
2. 完成发动机舱盖检查操作。
3. 完成行李舱盖检查操作。
4. 完成燃油箱盖及外盖检查操作。

5. 完成悬架初步检查操作。

【素质目标】

车辆外部连接对于车辆行驶安全有很大的影响，实施作业中，切勿粗心大意。

任务导入

有一辆行驶了约 40000 km 的家用汽车，车主近期驾驶车辆行驶在颠簸路面上时，发现车辆出现了异常响声。今日在车辆维护前，与服务顾问进行了沟通，服务顾问建议要对车辆的外部连接部件进行详细的系统检查。如果你是一名汽车维修技师，你知道车辆外部连接检查、维护作业项目包含哪几项吗？都该如何操作？

技能操作

2.4.1　检查车门（在各门位置）铰链及限位器

车门铰链与限位器是汽车车身很重要的零部件，这两个零部件的主要任务是完成车门和车身的连接。车门铰链的作用是固定车门，限位器的作用是限制车门打开角度。

步骤一：将车门开到最大角度，检查车门限位拉杆情况。

步骤二：检查车门铰链连接状况。检查时抓住车门外把手，上下轻微晃动几次车门，检查车门铰链与限位器是否有松动及噪声。如果螺钉松动则需要紧固螺钉，如果有噪声则需要加注润滑脂。

步骤三：将车门开至各个限位位置（一般家庭用车，车门开启位置有 3 个及以上），观察车门能否停止。

步骤四：关上车门，检查车门锁扣是否能够锁好，车门扣合后位置是否适当；再按压车门，检查是否有间隙。

步骤五：检查后车门儿童锁的工作状况，当儿童锁装置起作用时，从车内不能拉开车门，但从车外能打开车门。儿童锁类型如图 2-45 所示。

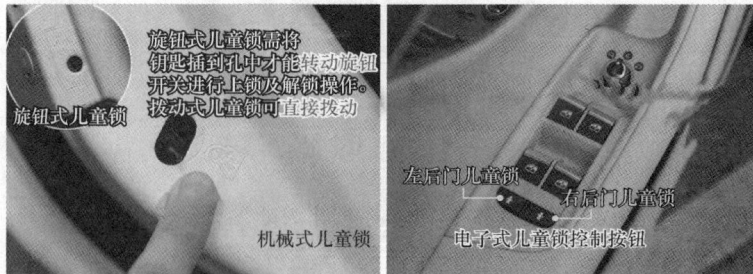

图 2-45　儿童锁类型

知识链接　车门、车门铰链及限位器

车门是车辆的驾乘人员上、下车辆的通道，可以隔绝车外干扰，在一定程度上减轻侧面撞击。

车门铰链与限位器都是汽车车身的重要部件，这两个部件的主要任务是完成车门和车身的连接。车门铰链的作用是固定车门，是车门与车身的连接机构。

限位器的作用是限制车门打开的程度。一方面，它可以限制车门的最大开度，防止车门开得过大；另一方面，它可在需要时使车门保持开启，如汽车停在坡道上或风速较小时，车门也不会自动关上。常见的车门开度限位器是单独的拉带式限位器，也有车型将限位器和车门铰链制成一体，通常在车门全开和半开时具有限位的功能。

在对车辆进行维护的过程中，必须定期检查车门。

2.4.2 检查发动机舱盖

检查发动机舱盖锁确认发动机舱盖能否正常打开及完全关闭并锁止；检查发动机舱盖铰链连接状况，螺栓、螺母是否松动；关闭发动机舱盖，观看其是否关闭严密，各处缝隙是否均匀，如果有关闭不严或某处的缝隙不均，应进行调整。如有噪声，应涂抹润滑脂。

知识链接 发动机舱盖

家庭用乘用车发动机舱一般位于车辆的前部，发动机舱盖不但可以保持车辆的美观，同时还关系到车辆的行车安全，比如发动机舱盖的锁扣如果松动，就会造成发动机舱盖关闭不严，影响行车安全。发动机舱内侧的护板、隔热板材料和发动机舱盖内侧隔音棉的状况不佳，也会造成车辆噪声的改变和舒适性的下降，因此，要定期检查发动机舱的使用情况。

2.4.3 检查行李舱盖

步骤一：打开行李舱盖，晃动行李舱盖，检查铰链连接的螺栓、螺母有无松动，检查行李舱盖的固定是否牢固。

步骤二：检查备胎固定装置的状况，检查随车工具及安全警示牌是否齐全。

步骤三：检查行李舱密封胶条是否正常。

知识链接 行李舱盖

对大多数车主来说，行李舱平时只是用来存放备胎、杂物等的舱室，大部分时间都不会去注意它。其实行李舱同时也是汽车整体通风装置的组成部分。如果出现行李舱盖变形和紧固件松动等现象，就会影响到汽车的正常使用，因此，要定期对行李舱进行检查。

2.4.4 检查燃油箱盖及外盖

1．燃油箱外盖检查

检查燃油箱外盖是否能正常打开及完全关闭并锁止。拉动燃油箱外盖开关，打开燃油箱外盖。检查燃油箱外盖铰链连接有无松动或损坏，确认燃油箱外盖能完全关闭并锁止。

2．燃油箱盖检查

（1）检查燃油箱盖或者垫片有无变形或损坏，同时检查真空阀有无锈蚀或者粘住，燃油箱盖结构如图 2-46 所示。

（2）检查燃油箱盖是否正确上紧。

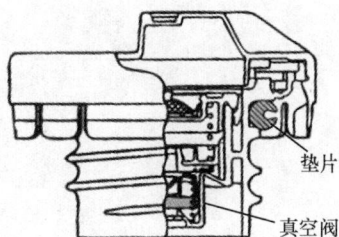

垫片

真空阀

图 2-46 燃油箱盖结构

（3）检查扭矩限制器工作是否正常。安装燃油箱盖，进一步扭紧燃油箱盖，确保燃油箱盖发出"咔咔"声而且能够自由转动。

2.4.5　初步检查悬架

1．减振器减振力检查

通过上下摇动车身确定减振器的缓冲力大小，并且检查车身停止摇动需要多长时间，如图 2-47 所示。如果车身回弹无力或无回弹，说明悬架系统存在故障，需进一步检查。

> **提　示**
>
> 注意选择合理的按压位置，防止损坏车辆元件。

2．车辆倾斜检查

检查前，需确认车辆各轮胎气压是否符合标准；左、右轮胎或车轮尺寸是否有偏差；车辆负荷分配是否均匀。

维修技师采用蹲姿，如图 2-48 所示，从车辆前方和后方观察车辆是否倾斜。

图 2-47　上下摇动车身　　　　　　　图 2-48　车辆倾斜检查

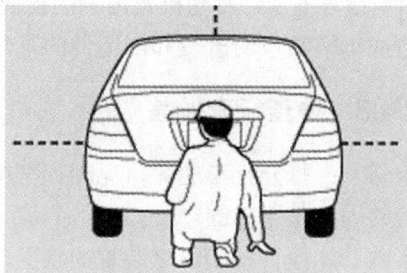

| 工作页和练习题 |

完成本书附带的实训手册上的工作页和练习题。

项目 3
举升至高位维护

|任务 3.1　下臂球节检查|

学习目标

【知识目标】

1. 掌握下臂球节维护、检查项目。
2. 掌握下臂球节损坏的处理方法。

【能力目标】

完成下臂球节检查操作。

【素质目标】

对于车辆易损件检查作业，要耐心、细致，不要轻易做出决定，本着对车主、对企业负责的态度，体现现代技术工作人员的职业操守。

任务导入

有一辆行驶了约 40000 km 的家用汽车，车主近期驾驶车辆行驶在颠簸路面上时，发现车辆底盘部件出现了异常响声，甚至转向和制动的过程中也会偶尔出现这种声音。今日在车辆维护前，与服务顾问进行了沟通，服务顾问了解到车主经常行驶在路况不是很好的颠簸道路上，怀疑可能车辆底部的连接球节出现了问题。建议要对车辆的底盘连接部件进行详细的系统检查。如果你是一名汽车维修技师，你知道车辆底盘球节检查、维护作业项目包含哪几项吗？都该如何操作？

技能操作

3.1.1 检查球节的上下滑动间隙

踩下制动踏板后，在球节上施加载荷以便检查其上下滑动间隙。

步骤一：使用制动踏板压力器保持制动踏板被踩下。

步骤二：前轮垂直向前，举起车辆并且在一个前轮下放一个高度为 180～200 mm（可以根据维修技师身高选择）的木块。

步骤三：放低举升机直到前螺旋弹簧承载一半的负荷。

> **提 示**
>
> 通过放低举升机直到车轮行程一半时达到上述步骤三所述的状态。

步骤四：再次确认前轮笔直向前。

步骤五：在下臂的末端使用一个工具检查球节的上下滑动间隙。

> **注 意**
>
> 使用撬棍或其他工具时，在受力支点处放置抹布或其他物品，保护轮辋，避免损伤。

3.1.2 检查球节防尘罩是否损坏

检查下臂球节防尘罩是否有裂纹、撕裂或者其他损坏。

下臂球节检查操作如图 3-1 所示。

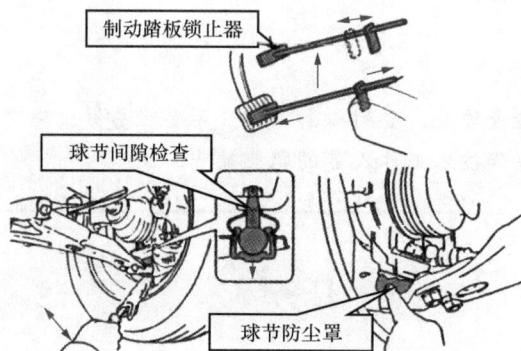

制动踏板锁止器

球节间隙检查

球节防尘罩

图 3-1 下臂球节检查操作

知识链接　下摆臂

下摆臂是车上的摆臂之一，主要作用是支撑车身和减振器，并且减小行驶中的振动，减振器对下悬架能起到很好的辅助作用。它与减振器和弹簧默契配合才能构成一套完整的悬架系统，下摆臂负责支撑重量和转向，下摆臂上有胶套，起固定作用，并连接减振器。

（1）汽车下摆臂是底盘悬架系统的重要组成部分，它弹性连接着车身和车辆。车辆行驶时，车轴和车架通过下摆臂弹性连接，可以减小汽车行驶时地面产生的冲击（力），进而保证乘坐舒适性。

（2）下摆臂可减小弹性系统引起的振动，从各个方向（纵向、竖向或横向）传递反作用力及其力矩，使车轮相对车身沿一定的轨迹运动，起到一定的导向作用。

（3）下摆臂对车辆的舒适性、稳定性和安全性起着非常重要的作用。

下摆臂球节是汽车下摆臂与车架、车轮的连接机构，汽车摆臂是悬架的导向和支撑。下摆臂球节实车安装位置如图 3-2 所示。正常行驶情况下，下摆臂寿命在 8 万～25 万 km 左右。

图3-2　下摆臂球节实车安装位置

如果下摆臂球节胶套损坏，则可能导致转动转向盘不灵活或者有杂音，车身不正，高速行驶中会有抖动。如果胶套完全断裂则必须要换胶套，下摆臂是连接前桥与轮胎的重要部件，一旦失去作用，轮胎角度发生变化，其他连接部件也会很容易损坏。

| 任务 3.2　机油及机油滤清器更换 |

学习目标

【知识目标】

1. 掌握机油泄漏检查项目。
2. 掌握机油泄漏的处理方法。

【能力目标】

1. 完成机油泄漏检查操作。
2. 完成机油及机油滤清器的更换操作。

【素质目标】

车辆的润滑系统维护是发动机维护的重要项目，对机油的选择和添加切勿疏忽大意，需仔细认真、精益求精地完成本部分操作。

任务导入

有一辆行驶了约 20000 km 的家用汽车，车主近期发现仪表盘上的机油警告灯经常点亮，检查机油液位，发现机油经常下降很快，车主自行添加机油后，警告灯熄灭，但是，过一段时间又会报警。车主担心是车辆发动机出现了故障，与服务顾问进行了沟通，服务顾问了解到车主前段时间行驶在乡间路面时，车辆底部与凸起的石头发生过磕碰。服务顾问提出让车主将车辆开至该维修企业，请专业维修技师进行机油泄漏检查，根据行驶里程也建议车主更换机油。如果你是维修技师，你掌握了机油泄漏检查和机油更换的方法吗？

技能操作

3.2.1 检查机油是否泄漏

步骤一：举升车辆至高位，操作过程佩戴工作帽和手套，防止烫伤。

步骤二：检查机油排放塞及垫片处有无泄漏（如果是渗漏，那么排放塞周围会有油污）。

步骤三：检查机油滤清器座接触面有无泄漏。

步骤四：检查油底壳与发动机接触面有无油污泄漏，如图 3-3 所示。

步骤五：检查曲轴前、后油封处有无泄漏。

步骤六：检查发动机前端盖密封处有无机油泄漏。

3.2.2 更换机油及机油滤清器

步骤一：起动发动机，并使其保持怠速运转 3～5 min。当冷却液温度表指示温度达到 60～70℃时，关闭点火开关，停止发动机运转。

步骤二：用无纺布将机油加注口盖周围擦净，旋下加注口盖，用干净抹布盖住加注口，防止灰尘或其他物质进入。

步骤三：举升车辆，将车辆举升至合适操作高度，确认安全后方可进入车下作业。

步骤四：将机油回收装置放在油底壳放油螺栓的正下方（偏向出油方向），拧松放油螺栓，然后用手缓慢旋出放油螺栓（注意：快要拧下螺栓时，快速拿走螺栓，以免烫伤），让旧机油流入机油回收装置，如图 3-4 所示。

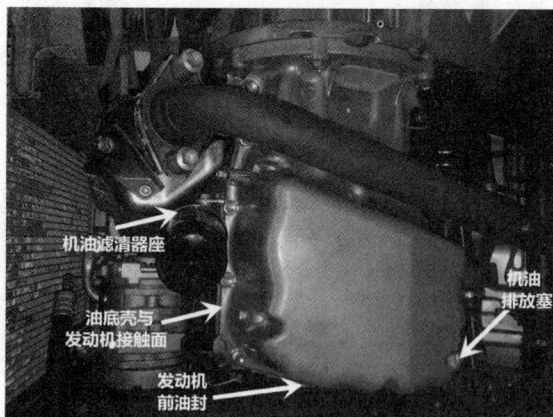

图 3-3 机油泄漏检查位置

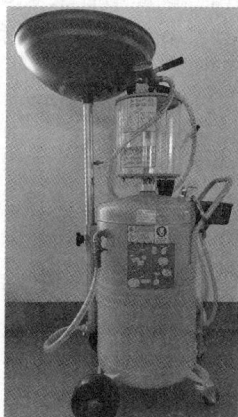

图 3-4 机油回收装置

步骤五：用机油滤清器专用扳手（现阶段机油滤清器扳手类型很多，有通用型机油滤清器扳手，如链条式、防滑皮带式、多爪式等）拆下机油滤清器。机油滤清器有安装在发动机上部（上置式）的，如图 3-5 所示；还有安装在发动机下部（下置式）的，如图 3-6 所示。

注意：拆卸上置式机油滤清器前在机油滤清器座周围放置抹布，防止机油外流。拆卸机油滤清器后，将残存在机油滤清器内的机油倒入回收装置中。

图 3-5　拆下机油滤清器（上置式）

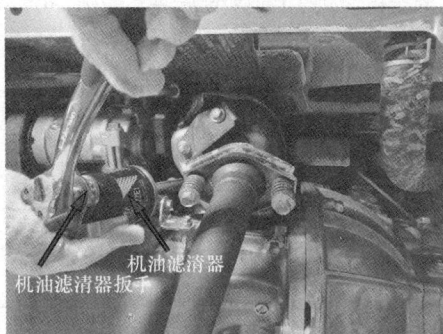

图 3-6　拆下机油滤清器（下置式）

步骤六：检查并清洁机油滤清器座表面。

步骤七：在新的机油滤清器 O 形圈上涂抹一薄层干净的机油。防止安装时 O 形圈与接合面发生干摩擦，O 形圈易翘曲和损坏，易造成密封不良而漏油。

先用手拧入机油滤清器，然后用机油滤清器专用扳手将机油滤清器拧至规定力矩。

步骤八：检查放油螺栓垫片是否损坏，如有断裂，应进行更换（建议每次更换新的放油螺栓垫片）。用无纺布擦净放油螺栓上吸附的金属屑，先用手拧入放油螺栓，然后用扭力扳手将放油螺栓拧至规定力矩。

步骤九：操纵举升机，将汽车平稳降至地面。

步骤十：加注机油（为了防止机油外流，可利用漏斗进行辅助）；另外，部分车辆机油口位置可能造成机油流入发动机内部较慢，因此，加注机油的过程中也要观察机油下流速度，防止外溢。当加注量接近油桶容量（4 L）的 3/4 时（大部分油桶外部均有刻度线），停止加注机油。3～5 min 后，检查机油液面高度。少量补充机油，直至机油液面高度符合标准。

多数车辆的机油液位，应接近于油尺上限刻度（所有发动机在运行的过程中都会有机油消耗，为了避免机油消耗对发动机机械元件的损坏而使液位保持在此位置）。

步骤十一：运行发动机 3～5 min 后，举升车辆，检查机油是否泄漏。如有泄漏部位（机油排放塞和机油滤清器处），应及时维修。

知识链接　发动机润滑油

发动机润滑油又称机油。目前市场上供应的机油既有国产的，又有进口的，品种较多。一般情况下，汽油机和柴油机采用不同的机油，汽油机使用汽机油，柴油机采用柴机油。但现在市场上供应的通用机油，既可以用于汽油机，也可以用于柴油机。

1. 机油的分类

我国机油的牌号主要是按照机油的黏度等级和质量等级两种分类方法来综合划分的，分别参照了美国汽车工程师协会（SAE）和美国石油协会（American Petroleum Institute，API）相应的分类标准。

（1）机油牌号的黏度等级分类。1991 年，SAE 制定了黏度分类法，即机油的牌号根据某一特定温度下的黏度来编制。

①四冲程汽油机用油。四冲程汽油机用油的黏度等级分类适用于 SAE 分类。SAE 机油

黏度分类的冬季用油牌号分别为 0 W、5 W、10 W、15 W、20 W、25 W 等，符号 W 代表冬季，W 前的数字越小，其低温黏度越小，低温流动性越好，适用的最低气温越低；SAE 机油黏度分类的夏季用油牌号分别为 20、30、40、50 等，数字越大，其黏度越大，适用的最高气温越高；SAE 机油黏度分类的冬夏通用油牌号分别为 5W-20、5W-30、5W-40、5W-50、10W-20、10W-30、10W-40、10W-50、15W-20、15W-30、15W-40、15W-50、20W-20、20W-30、20W-40 和 20W-50 等，代表冬季部分的数字越小，适用的最低气温越低，代表夏季部分的数字越大，适用的最高气温越高，适用的气温范围越大。

②二冲程汽油机用油。二冲程汽油机用油的黏度等级分类适用于 SAE 分类。二冲程汽油机用油有两个黏度等级，即 SAE 20 和 SAE 30，一般情况下选用 SAE 30，如果是分离润滑、用于寒区或超轻负荷二冲程发动机则使用 SAE 20。

（2）机油牌号的质量等级（API）分类。机油牌号除了按黏度等级分类外，还按质量等级分类。1947 年，API 制定了质量分级法，即机油的牌号根据在发动机试验评定中所表现出的抗磨性、清净分散性、黏温性以及热氧化安定性等使用性能指标来编制。其中，以字母"S"开头的系列代表汽油发动机用油，以字母"C"开头的系列代表柴油机用油，以双字母"S / C"开头的系列代表汽、柴油发动机通用油。

①汽油机用油质量等级划分。汽油机用油质量等级规格有 SC、SD、SE、SF、SG、SH、SJ、SL、SM 和 SN 等。

②柴油机用油质量等级划分。柴油机用油质量等级规格有 CC、CD、CE、CF、CF-2、CF-4、CG-4、CH-4 和 CI-4 等。

③汽、柴油发动机通用油质量等级划分。若"S"和"C"两个字母同时存在，则表示此机油为汽、柴油机通用油。在 S 或 C 后面的字母表示：从"SC"到"SM"，每递增一个字母，机油的性能都会优于前一种，机油中会有更多用来保护发动机的添加剂。字母越靠后，质量等级越高，国际品牌中机油级别多是 SF 级别以上的。

欧洲汽车工业十分注意节能，把汽车燃料经济性放在首位，兼顾动力性和排放性能。欧洲机油分类标准，即 ACEA 分类，2007 版将机油分为 3 个系列。

①A/B 系列为汽油和轻负荷柴油机用油，包括 A1/B1、A3/B3、A3/B4 和 A5/B5 等系列。

②C 系列为适应催化剂型机油，包括 C1、C2、C3 和 C4 等系列。

③E 系列为重负荷柴油机用油，包括 E2、E4、E6 和 E7 等系列。

2．机油的选用

机油类似发动机的"血液"，选用和更换直接影响发动机的使用寿命。发动机种类不同、新旧程度不同、使用条件不同，所选用的机油牌号也不同。机油牌号选用的正确与否也决定了汽车润滑和补给作业的成败。因此，作为汽车专业维护人员，必须综合考虑机油的黏度等级和质量等级（也称使用性能等级）这两大选用依据，掌握好换油时机和换油品牌。

（1）机油黏度等级的选择。机油黏度等级选择的主要依据是汽车使用环境温度、发动机磨损情况以及进气方式（自然吸气或废气涡轮增压）等条件。图 3-7 所示为按当前环境温度选择机油黏度等级的常用方法。

（2）机油质量等级的选择。机油质量等级选择的主要依据是发动机工况的苛刻程度、进排气系统中的附加装置及生产年代等。

3．机油的使用注意事项

（1）应尽量使用稀机油。在保证发动机润滑可靠的前提下，机油黏度尽可能小些，使其快速循环，及时供应，以充分发挥机油的润滑、清洁和冷却等作用。黏度太大的机油，会使发动机运转阻力增大，油耗增加。但选用黏度太小的机油，会使机油压力过低，润滑油膜变薄，造成密封效果变差。所以应根据车况、季节来正确选用机油。

（2）应尽量使用多级机油。多级机油的黏温性好，使用时间长，可四季通用，便于管理。使用多级机油时，油色容易变黑，机油压力也比普通机油的小些，这属正常现象，不影响使用。

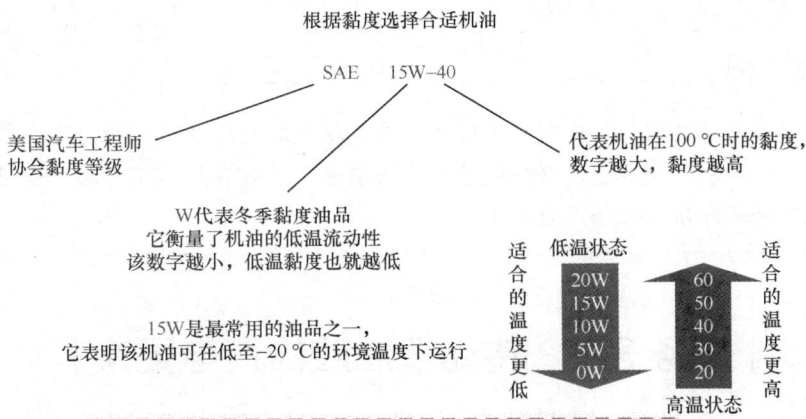

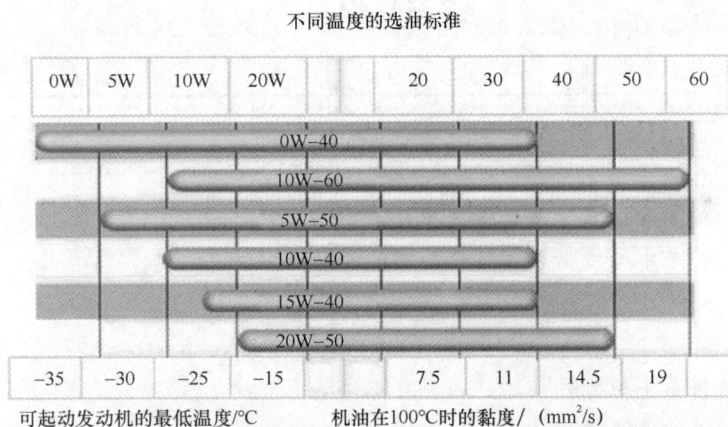

根据黏度选择合适机油

SAE　15W-40

美国汽车工程师协会黏度等级

W代表冬季黏度油品
它衡量了机油的低温流动性
该数字越小，低温黏度也就越低

15W是最常用的油品之一，
它表明该机油可在低至-20℃的环境温度下运行

代表机油在100℃时的黏度，
数字越大，黏度越高

低温状态
适合的温度更低　20W 15W 10W 5W 0W　60 50 40 30 20　适合的温度更高
高温状态

不同温度的选油标准

0W	5W	10W	20W		20	30	40	50	60

0W-40
10W-60
5W-50
10W-40
15W-40
20W-50

| −35 | −30 | −25 | −15 | | 7.5 | 11 | 14.5 | 19 | |

可起动发动机的最低温度/℃　　机油在100℃时的黏度/（mm²/s）

图 3-7　按当前环境温度选择机油黏度等级的常用方法

（3）在满足质量要求的前提下应优先选用国产品牌机油。很多国产品牌机油质优价廉，而且符合国际高级润滑油的各项指标，因此可优先选用。

（4）应坚持经济适用的原则。在选择机油的使用级别时，高级机油可以用在要求较低的发动机上，但过多降级使用不经济。切勿将使用级别较低的机油用在要求较高的发动机上，否则会加速发动机的磨损而造成过早损坏。

（5）注意机油的混用及代用问题。汽油机用油和柴油机用油原则上应区别使用，只有在汽车制造厂有代用说明或标明是汽油机和柴油机的通用油时，才可代用或在标明的黏度和质量级别范围内通用；单级机油和多级机油不要混用；不同牌号机油必要时可临时混用，但不要长期混用。

（6）注意保持合适的油面高度。加注机油时，应注意油量，油量过少，油面就会过低，会引起供油不足并加速机油变质；油量过多，油面就会过高，使机油从活塞和气缸壁的间隙中窜入燃烧室燃烧，使积炭增多。

（7）换油时机应正确得当，确保机油的使用经济有效。在具备油品检测、鉴定等技术条件的情况下，应尽量实行按质换油，以降低用油成本；没有条件时，可按车辆使用说明书规定的换油里程换油。

（8）注意换油的操作步骤和要领。为延长机油的使用期限，在换油时要放净旧机油，并清洗润滑系统；应保持曲轴箱通风装置（PCV）工作良好；添加新油时，应注意不要让杂质和水分混入；换油同时还应更换滤芯。

> ⚡ **注　意**
>
> 当前装配废气涡轮增压、废气再循环系统以及尾气后处理等技术的高速高负荷柴油发动机严禁使用含硫量、含水量、含残碳量高，热值低，杂质多的劣质机油。否则，会导致柴油机性能下降、寿命缩短等严重后果。

|任务 3.3　传动桥油液检查与更换|

学习目标

【知识目标】

1. 掌握传动桥（变速器）基本检查项目。
2. 掌握传动桥基本检查结果不符合要求时的处理方法。

【能力目标】

1. 完成传动桥基本检查操作。
2. 完成传动桥油液更换。

【素质目标】

传动桥是车辆动力传动的重要总成，对其定期维护是必不可少的，实施维护作业时，切勿心急，需细心完成作业任务。

任务导入

有一辆行驶了约 80000 km 的家用汽车，车主近期感觉车辆加速缓慢，而且油耗增加。车主担心车辆出现了问题，时间长了会引起其他故障，打电话咨询专业汽车维修企业服务顾问，与服务顾问进行了沟通。服务顾问了解到该车购买至今从未更换过传动桥油，建议车主到专业维修企业实施传动桥油液检查，并实施更换。如果你是一名维修技师，你对车辆的传动桥类型了解吗？能完成不同类型的传动桥油液更换吗？

技能操作

3.3.1 检查传动桥

1．手动传动桥检查操作

步骤一：检查手动传动桥壳接触面是否有泄漏。

步骤二：检查轴和拉索伸出的区域是否有泄漏，如图 3-8 所示。

步骤三：检查手动传动桥油封是否有泄漏。

步骤四：检查排放塞和加注塞是否有泄漏，加注塞和排放塞位置如图 3-9 和图 3-10 所示。

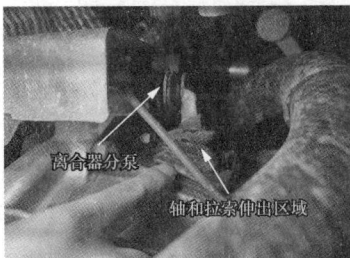

图 3-8 手动传动桥轴和拉索位置	图 3-9 加注塞位置	图 3-10 排放塞位置

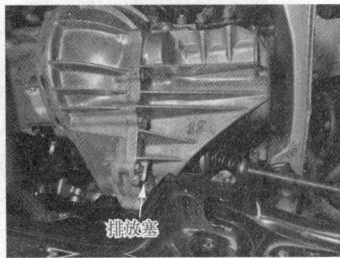

步骤五：检查手动传动桥油液位。从传动桥上拆卸加注塞。将手指插入塞孔，并且检查油与手指接触的位置，如图 3-11 所示。

2．自动传动桥检查操作

（1）自动传动桥油液位检查。

步骤一：检查自动传动桥壳接触面是否有泄漏。

步骤二：检查轴和拉索伸出的区域是否有泄漏，如图 3-12 所示。

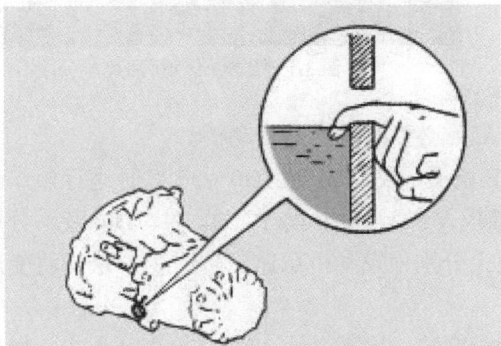

图 3-11 手动传动桥油液位检查	图 3-12 自动传动桥轴和拉索位置

步骤三：检查自动传动桥油封是否有泄漏。

步骤四：检查排放塞是否有泄漏，排放塞位置如图 3-13 所示。

步骤五：检查自动传动桥油液位。

自动传动桥油（ATF）液位过高会导致主油压过高，从而出现换挡冲击振动、换挡提前等故障；ATF 液位过高还会导致空气进入 ATF。如果 ATF 液位过低，则又会导致主油压过低，从而出现换挡滞后、离合器和制动器打滑等故障。

ATF 液位检查的具体方法、步骤如下。

①使发动机冷却液温度和 ATF 温度达到正常工作范围。

②将车辆停在水平地面，并可靠驻车。

③发动机怠速运转，缓慢将变速杆由 P 挡位切换至各挡位，再退回 P 挡位。使自动传动桥油液温度达到 70～80℃，如图 3-14 所示。

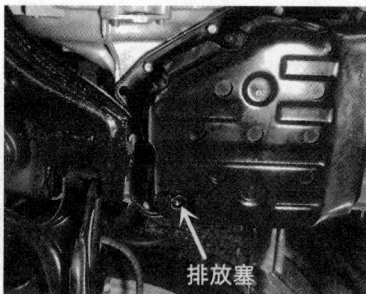

图 3-13　排放塞位置

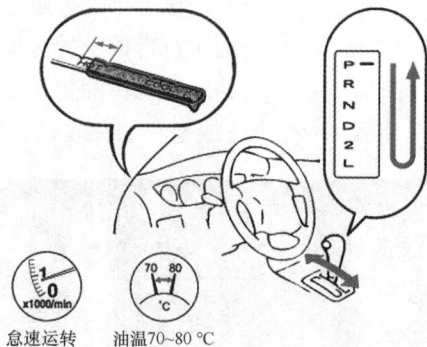

急速运转　　油温70~80 ℃

图 3-14　自动传动桥油液位检查

④拉出传动桥油尺，并将其擦拭干净。

⑤将油尺全部插回套筒。

⑥将油尺拉出，检查油面是否在热态区间内，如图 3-15 所示。如果不在，应加油。

（2）ATF 液位检查。

ATF 液位检查的前提条件如下。

①不允许传动桥处于紧急运转状态。

②车辆必须处于水平位置。

③连接故障诊断仪 VAS5051，然后选择车辆自诊断和车辆系统"02-传动桥电气设备"。

④必须关掉空调和暖风。

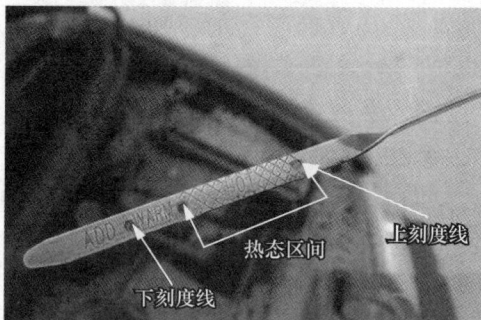

图 3-15　自动传动桥油尺

⑤开始检查前，不允许 ATF 的温度超过 30 ℃，必要时先冷却传动桥。

步骤一：在故障诊断仪 VAS505l 上读取 ATF 温度，ATF 温度为 30～35 ℃时进行操作。

步骤二：发动机处于怠速运转，踩下制动踏板，在所有挡位（P、R、N、D）及部分车型的 2 和 L 挡位上停留一遍，并且在每一个位置上分别使发动机怠速运转约 2 s，最后将变速杆置于 P 挡位。

步骤三：举升车辆，拧下传动桥壳体上的检查螺栓，检查有无 ATF 从检查孔溢出，如果没有，需加注 ATF，直到 ATF 从检查孔溢出为止。

（3）双离合器自动传动桥油液位检查。

检查的前提条件如下。

①不允许传动桥处于运转状态。

②车辆必须处于水平位置。

③连接故障诊断仪 VAS5051。

④发动机必须处于怠速运转，必须关掉空调和暖风。

⑤开始检查前，不允许 ATF 的温度超过 30 ℃。

步骤一：用故障诊断仪 VAS5051 读取 ATF 温度，注意 ATF 温度为 30～35 ℃时进行操作。

步骤二：起动发动机，使发动机处于怠速运转状态。

步骤三：踩下制动踏板，在所有挡位（P、R、N、D）上停留一遍，并且在每一个位置上分别使发动机怠速运转约 2 s，最后将变速杆置于 P 挡位。

步骤四：通过液位高度检查孔检查 ATF 是否溢出，如果没有，应添加 ATF。

（4）自动传动桥油质的检查。

油质主要从以下几个方面进行识别。

①颜色：正常颜色为鲜亮、透明的红色，如果发黑，则说明已经变质或有杂质；如果呈粉红色或白色，则说明油冷却器进水。

②气味：正常的 ATF 没有气味，如果有焦煳味，说明 ATF 过热，有摩擦材料烧蚀。

③杂质：如果 ATF 中有金属屑，说明有元件严重磨损或损伤；如果 ATF 中有胶状油，说明 ATF 因油温过高或使用时间过长而变质。

检查 ATF 油质时，闻一闻油尺上油液的气味；在手指上蘸少许油液，用手指互相摩擦看是否有颗粒；将油尺上的油液滴在干净的白纸上，检查油液的颜色及气味。

3.3.2　更换传动桥油液

1．手动传动桥齿轮油液更换操作

（1）放油。

步骤一：将车辆举升到一定高度，将废油回收桶放置在传动桥放油孔位置，方便接油。

步骤二：如图 3-16 所示，拆卸传动桥排放塞。先拆卸传动桥加注塞（防止出现真空，还可以加快放油速度），再拆卸传动桥排放塞，对传动桥进行放油。

如果排放塞脏污，可用无纺布擦拭或用化油器清洗剂清洗。

步骤三：待旧的齿轮油放干净后，按规定力矩拧紧排放塞。

（2）加油。

步骤一：将符合维修车辆要求、牌号正确的新齿轮油加入加油机中。

步骤二：用手动传动桥加油机从传动桥加油孔压入新的齿轮油，直至油面与加油孔接近为止（多数车辆要求齿轮油液位低于加油孔 5 mm）。如有齿轮油溢出，应及时清理干净。

图 3-16　拆卸传动桥排放塞

步骤三：安装加注塞，将其拧紧至规定力矩。

步骤四：降下车辆，起动发动机，变换几次传动桥的不同挡位，然后升起车辆，检查传动桥是否渗漏（排放油塞处）。如有渗漏，应及时维修。

步骤五：若无渗漏，则降下车辆，手动传动桥齿轮油更换完毕。

2．自动传动桥油液更换

（1）液力自动传动桥油液更换。

ATF 要按维修要求进行定期更换，更换的周期因车型而异，一般为车辆行驶 20000～40000 km 或 24 个月更换一次，具体方法、步骤如下。

步骤一：拆下排放塞，将 ATF 排放到容器中。

步骤二：排放完后将排放塞紧固上。

步骤三：将发动机熄火，通过加油管加入新油。由于自动传动桥套筒较细，可以使用漏斗辅助添加，如图 3-17 所示。

图 3-17 ATF 加注

步骤四：起动发动机，将变速杆由 P 挡位换至 L 挡位，再退回 P 挡位，检查液位，应在热态区间内。

步骤五：在正常温度（70～80℃）时检查 ATF 液位，必要时加油。

要按照厂家的推荐选择 ATF。

（2）无级传动桥油液更换操作。

步骤一：拧松传动桥底部的排放塞，将旧的 ATF 排出，然后拧紧排放塞。

步骤二：将传动桥顶部的 ATF 加注塞拆下来，用专用 ATF 加注器将新的 ATF 加入传动桥内部。

步骤三：检查 ATF 液位，直到符合标准为止。

（3）双离合器自动传动桥油液更换。

步骤一：将发动机熄火，将接油容器放到传动桥下面。

步骤二：拧下滤清器壳体，取下前轻轻敲击壳体，以使壳体内的油流回传动桥，更换滤芯后再拧紧壳体。

步骤三：拧下排放塞及放油孔内的溢流管，排放掉旧的 ATF，并拧回溢流管。

步骤四：将 ATF 专用加注器连接到加油口，加注 ATF，并接上故障诊断仪 VAS5051，读取 ATF 温度。

步骤五：起动发动机，踩下制动踏板，试挂所有挡位，在每个挡位停留 2 s，最后将变速杆置入 P 挡位。

步骤六：当 ATF 温度达到 35～45℃时，检查是否有 ATF 从检查孔流出，当 ATF 开始滴出时，拧上加注塞，加注完成。

知识链接 1 传动系统

汽车传动系统是从发动机到驱动车轮之间所有动力传递装置的总称。

1．传动系统功用

传动系统的功用是将发动机的动力传给驱动车轮。

底盘系统的组成与功用

2．传动系统组成

传动系统一般由离合器（自动挡车无此机构）、传动桥、万向传动装置（包括传动轴、万向节等）、驱动桥（包括差速器、半轴等）等组成，如图 3-18 所示。

3．传动桥

传动桥的功用：实现变速、变矩；实现倒车；中断动力传动。

（1）手动传动桥

手动传动桥主要由变速传动机构（包括输入轴、中间轴、啮合齿轮和输出轴等）和操纵机构（包括换挡拨叉等）两大部分组成，如图 3-19 所示。

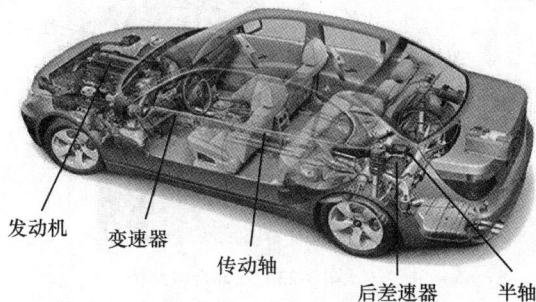

图 3-18　传动系统组成

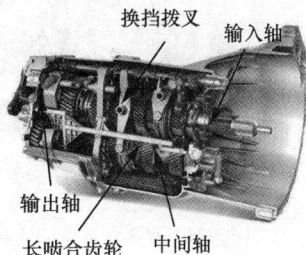

图 3-19　手动传动桥结构

（2）自动传动桥。

①液力自动传动桥。液力自动传动桥（AT）是指汽车行驶中使离合器的操纵和传动桥的操纵都实现自动化的变速装置。目前，液力自动传动桥的自动换挡过程都是由自动传动桥的ECU 控制的。

如图 3-20 所示，液力自动传动桥主要由液力变矩器、机械变速机构（行星齿轮）、换挡执行机构（换挡离合器）、液压控制系统（机油泵和电动辅助机油泵）、电子控制系统（集成电控模块及阀体）和冷却滤油装置等组成。

②无级传动桥。无级传动桥（CVT）是传动比可以在一定范围内连续变化的传动桥。

金属带式无级传动桥的基本结构如图 3-21 所示，主要由液力变矩器、行星齿轮组和金属传动带（或传动链）组成。

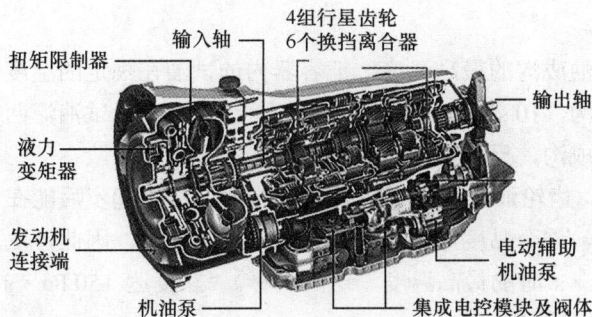

图 3-20　液力自动传动桥

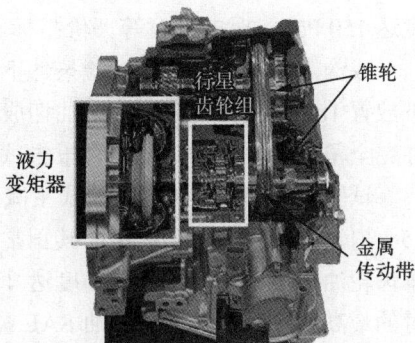

图 3-21　金属带式无级传动桥的基本结构

③双离合器自动传动桥。双离合器自动传动桥（DSG）是基于手动传动桥发展而来的，并且综合了手动传动桥与自动传动桥的优点。双离合器自动传动桥也称直接换挡传动桥，如图 3-22 所示，它有两根输入轴，挡位按奇偶数分开布置在两根输入轴上；由两个离合器进行换挡控制，如图 3-23 所示，离合器的切换和挡位变换由控制单元和执行机构进行自动控制。

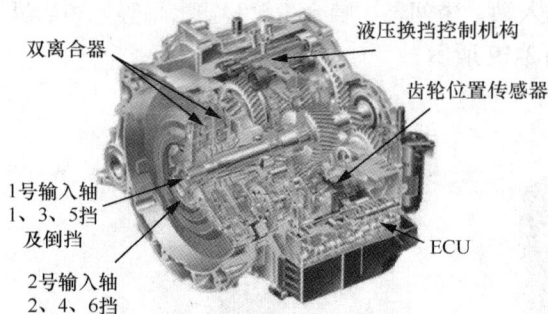

图 3-22　双离合器自动传动桥

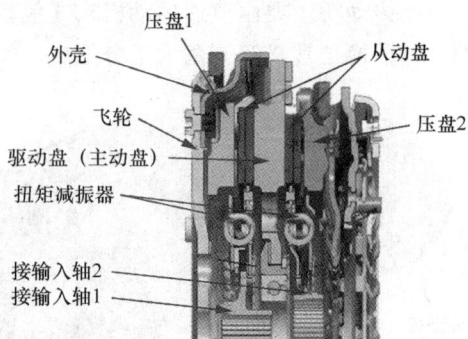

图 3-23　双离合器结构

知识链接 2　传动桥油液

1. 手动传动桥油（齿轮油）

（1）齿轮油的使用性能。

车辆齿轮油在齿轮传动中的主要作用是减少摩擦、减少磨损、冷却零部件，同时还可以缓和振动、减少冲击、减少噪声、防止锈蚀以及清洗摩擦表面等。基于上述作用，车辆齿轮油应具备如下性能。

①润滑性和低温操作性。为使车辆齿轮油的润滑性和低温操作性良好，齿轮油应具有适当的黏度和良好的黏温性。黏度不能过低，以保证形成油膜，实现液体润滑状态。为带走摩擦产生的热量和在低温时迅速供油，齿轮油的黏度又不能过大，否则会加大传动负荷，使机械效率降低。

为了保证车辆齿轮油具有良好的低温操作性，规定了倾点、成沟点、黏度指数、表观黏度达 150 Pa·s 时的温度等评价指标。

成沟点是指在规定的试验条件下，试油成沟的最高温度。把容器内的试油在规定的温度下放置 18 h，然后用金属片把油切成一条沟，10 s 后观测油的流动情况。若 10 s 内试油流回并完全覆盖试油容器底部，则报告试油不成沟，反之则试油成沟。

试验证明，对双曲线齿轮式主减速器，齿轮油表观黏度小于 150 Pa·s，汽车起步后能在 15 s 内流进小齿轮轴承而保证其正常润滑，这个黏度是汽车低温起步的极限黏度。因此，汽车齿轮油规格中均规定了"黏度达 150 Pa·s 时的最高温度"这一指标。"黏度达 150 Pa·s 时的最高温度"是车辆齿轮油 SAE 黏度分类的依据之一。

②极压性。在正常工作条件下，齿轮处于弹性流体动力润滑状态，但当汽车在重载荷起动、爬坡或遇到冲击载荷时，齿面接触区有部分处于边界润滑状态，汽车双曲线齿轮的齿面负荷高达 1.7 GPa，冲击载荷高达 2.8 GPa。因此，齿轮油要求在较大的负荷下还能保持有足够厚的油膜。齿轮油的黏度增加有利于承载能力的提高，但黏度过大会增加摩擦损失，所以汽车齿轮油中一般都加有极压抗磨剂。

③热氧化安定性。车辆齿轮油抵抗高温条件下氧化作用的能力叫作热氧化安定性。由于汽车主减速器使用的齿轮油工作温度较高，齿轮油的氧化倾向增大，加之齿轮箱中金属的催化作用，容易使齿轮油的使用性能变差。因此，要求齿轮油在较高温度下不易氧化变质，车辆齿轮油应具有良好的热氧化安定性。

④抗腐性和防锈性。在车辆齿轮传动装置的工作条件下，齿轮油防止齿轮、轴承腐蚀和生锈的能力叫作抗腐性和防锈性。

齿轮传动装置可能从外界渗入水分，工况变化、冷热交替也可能出现冷凝水分。油内的水分和氧化生成的酸性产物是齿轮和轴承腐蚀、生锈的主要原因。此外，齿轮油内极压抗磨剂的作用实际上是一种控制性的腐蚀现象，对金属有一定的腐蚀作用。极压抗磨剂的活性越强，腐蚀作用越大。生锈和腐蚀将加速磨损，使材料强度降低。因此，齿轮油应该选择适当的极压抗磨剂并加入防腐剂及防锈剂。

（2）齿轮油的分类与规格。

与发动机润滑油一样，汽车齿轮油也是按 SAE 黏度等级和 API 质量等级来分级的。

①按 SAE 黏度等级分类。一般齿轮油按黏度分为 5 个牌号，即 75 W、80 W、85 W、90 W、140 W。在黏度分类中，与发动机润滑油一样，W 表示冬季用油，85 W-90 表示多级油。但数字表示的黏度大小不同，比如：SAE 90 齿轮油黏度大致与 SAE 40、SAE 50 发动机润滑油黏度相同；75 W 齿轮油黏度低于发动机机油 SAE 30 的黏度。各黏度牌号齿轮油适用的环境温度范围见表 3-1。

表 3-1　　　　　　　　　　　各种黏度牌号齿轮油适用的环境温度范围

黏度牌号	环境温度/℃	黏度牌号	环境温度/℃	黏度牌号	环境温度/℃
75W	−57～+10	85W-90	−15～+49	90	−12～+49
80W-90	−25～+49	85W-140	−15～+49	140	−7～+49

②按 API 质量等级分类。我国汽车齿轮油按 API 质量等级分类共有 3 级，即普通汽车齿轮油（GL-3）、中负荷汽车齿轮油（GL-4）、重负荷汽车齿轮油（GL-5）。通常后两种又称为双曲线齿轮油。3 种齿轮油的特点和常用部位见表 3-2。

表 3-2　　　　　　　　　　　　3 种齿轮油的特点和常用部位

名称	特点	常用部位	相当于 API 质量等级
普通汽车齿轮油	精制矿物油加抗氧剂、防锈剂、抗泡剂和少量极压抗磨剂等	手动传动桥、螺旋锥齿轮的驱动桥	GL-3
中负荷汽车齿轮油	精制矿物油加抗氧剂、防锈剂、抗泡剂和极压抗磨剂等。适用于低速高扭矩、高速低扭矩下操作的各种齿轮，特别是客车和其他各种车辆用的准双曲面齿轮	手动传动桥、负荷高的螺旋锥齿轮和使用条件不苛刻的准双曲面齿轮的驱动桥	GL-4
重负荷汽车齿轮油	精制矿物油加抗氧剂、防锈剂、抗泡剂和极压抗磨剂等。适用于高速冲击负荷，低速高扭矩、高速低扭矩下操作的各种齿轮，特别是客车和其他各种车辆用的准双曲面齿轮	操作条件苛刻的准双曲面齿轮及其他各种齿轮的驱动桥。也可用于手动传动桥	GL-5

（3）齿轮油的选用

①按使用性能选择。按使用性能选择车辆齿轮油，主要根据齿面压力、滑动速度和油温等工作条件，而这些工作条件又取决于传动装置的齿轮类型。例如：双曲线齿轮式主减速器

工作条件苛刻，对齿轮油使用性能要求高，一般选用重负荷汽车齿轮油。

为减少用油级别，在汽车各传动装置对齿轮油使用性能级别要求相差不太大的情况下，可选用同一级使用性能的齿轮油。

②按黏度等级选择。按黏度等级选择车辆齿轮油，主要根据环境最低气温。例如黏度等级为75 W、80 W和85 W的齿轮油的最低使用温度分别是−40℃、−26℃和−12℃。也就是说，车辆使用地区的最低温度不应低于所选齿轮油的最低使用温度。

（4）齿轮油的使用注意事项。

车辆齿轮油的使用需注意以下几点。

①性能级别低的齿轮油不可以代替高级别的齿轮油。例如将普通齿轮油加在双曲面齿轮驱动桥中，将使齿轮很快地磨损和损坏；性能级别较高的齿轮油可以用在要求较低的车辆上，但过多降级使用在经济上不划算。

②使用黏度牌号过高的齿轮油，将使燃料消耗显著增加，特别是对高速轿车影响更大，应尽可能使用合适的多级齿轮油。

③齿轮油的使用寿命较长，如使用单级油，在换季维护时放出的旧油不到换油指标时，可在再次换油时加入使用。按换油周期更换新油时，应将旧油放净，并清洗齿轮箱。

2．自动传动桥油

（1）自动传动桥油的使用性能。

高档轿车和重型载货汽车传动系统发展趋势之一，就是越来越多地采用液力自动传动桥，其工作介质就是液力传动油，又称为汽车自动传动桥油。

自动传动桥油主要用于自动传动桥的液力变矩器和液力耦合器，作为此类液力传动系统传递动力（扭矩）的工作介质。由于液力变矩器、液力耦合器的工作特点与自动传动桥油的使用性能（黏度、起泡性、热稳定性、相对密度等）有关，加之液力传动系统工作温度范围大（−40～170℃），传动油的流速可达20 m/s（视传递的功率不同而变化），因此，对自动传动桥油提出了更高的低温流动性能、高温性能和摩擦特性的要求。

此外，自动传动桥油还充当自动传动桥中的操纵机构用液压油，自动传动桥中齿轮、轴承等运动机件的润滑油。因此，自动传动桥油是一种多功能的汽车工作液，故必须具有更全面的技术性能。

对自动传动桥油的技术要求如下。

①适当的黏度和优良的黏温特性；

②自动传动桥油的黏度极限为：新油，4000～7 mm^2/s（−23.3～100℃）；旧油，6000～5.5 mm^2/s（−23.3～100℃）。

③良好的热氧化安定性。

④良好的抗泡沫性。

⑤良好的抗磨性。

⑥对橡胶密封材料侵蚀小。

⑦良好的换挡性能。

⑧良好的防锈、抗腐蚀性。

（2）自动传动桥油的组成和规格。

自动传动桥油的组成：自动传动桥油是在溶剂精制或加氢精制的基础油中，加入多种性能改善添加剂制成的。其组成的复杂程度超过了一般润滑油。加入的添加剂有抗氧剂、清净分散剂、金属纯化剂、黏度指数改进剂、抗磨剂、防锈剂、防腐剂、抗泡剂、抗橡胶溶胀剂及油性剂等。

自动传动桥油的分类和规格：自动传动桥油的分类方案中非常有代表性的是美国材料与试验协会（American Society of Testing and Materials，ASTM）、API 的自动传动桥油分类方案。该方案按传动液的应用对象和用途不同，将自动传动桥油分为 PTF-1、PTF-2 及 PTF-3 三大类。与汽车有关的是 PTF-1 和 PTF-2 两类。

PTF-1 类油的特点是低温起动性好，用于轿车、轻型载货汽车。主要规格有美国通用汽车公司（GM）的 DEXRON 规格和福特汽车公司的 FORD M2CSS-F 规格。前者分 DEXRON 和 DEXRON II 两种，DEXRON II 又有 DEXRON II C 型（不抗银）和 DEXRON II D 型（抗银）的区别。抗银表示具有不腐蚀散热器中的银镀层的性能。

PTF-2 类油的特点是可耐高负荷。因此，对抗磨性能要求高，但对低温黏度要求较低，适用于重型货车及越野车。主要规格有通用汽车公司的 Track、Coach 和阿里森（Allison）公司的 C-2、C-3 型规格等。

目前，我国生产的自动传动桥油按 100℃运动黏度分为 6 号和 8 号两种。其中 8 号自动传动桥油和 PTF-1 类油中的 DEXRON 型自动传动桥油相当，主要用作轿车的自动传动桥油；6 号自动传动桥油相当于 PTF-2 类自动传动桥油，主要用于内燃机车、载货汽车及工程机械的液力传动系统。

（3）自动传动桥油的选用。

自动传动桥油除具有传递转矩和液压以控制自动传动桥的离合器和制动器工作的性能外，还具有润滑、清洁和冷却的作用。由于自动传动桥的工作环境比较恶劣，因而，对自动传动桥油的选用、加油方法、用油量、检查方法和换油间隔里程等均应按严格规定确定。正确选用自动传动桥油应注意以下几点。

①自动传动桥的工作特点要求自动传动桥油必须具有较高的品质，其性能指标一般应具备以下几点：适当的黏度和低温流动性、抗磨性、热氧化安定性、抗泡沫性、密封材料适应性、摩擦特性、剪切安定性及抗腐性等。

②自动传动桥油的型号很多，各国的用油规定也不同，一般应按汽车使用说明书的规定选用。

我国常使用的国内生产的自动传动桥油，按其 100℃运动黏度分为 6 号、8 号两种规格，其中 6 号自动传动桥油用于内燃机车或载货汽车的液力变矩器，8 号自动传动桥油用于各种轿车、轻型客车的液力自动传动桥，可以替代国外的同类产品。目前世界各国普遍使用美国生产的自动传动桥油，主要有通用公司生产的 Dexron、Dexron I、Dexron II 型和福特公司生产的 E、F 型。

我国的部分国产汽车和进口汽车多用美国通用公司生产的 Dexron II 型和福特公司生产的 F 型自动传动桥油。

③不同型号的自动传动桥油，既不能错用，也不能混用。如果规定使用 Dexron II 型自动传动桥油而错用了福特 F 型自动传动桥油，会使自动传动桥发生换挡冲击、制动器和离合器突然啮合的现象；反之，规定用福特 F 型自动传动桥油而错用了 Dexron II 型自动传动桥油，则会出现自动传动桥的离合器、制动器打滑，加速摩擦片的磨损。

|任务 3.4　转向系统检查|

学习目标

【知识目标】

1. 掌握动力转向液渗漏检查项目。
2. 掌握转向拉杆总成检查项目。
3. 掌握转向系统检查结果不符合要求时的处理方法。
4. 掌握车辆底盘螺栓、螺母紧固操作项目。
5. 掌握维修手册的快速查询方法。

【能力目标】

1. 完成动力转向液渗漏检查操作。
2. 完成转向拉杆总成检查操作。
3. 完成动力转向液的更换操作。

【素质目标】

车辆行驶中，转向系统的工作性能对于驾驶安全至关重要，作为职业汽车维修技师，要全面、细致实施检查、维护，千万不可疏忽大意。

任务导入

有一辆行驶了约 120000 km 的家用丰田花冠汽车，车主近期驾驶车辆时发现，车辆转弯时底盘部位有异响，而且近期转向也明显沉重了一些。车主咨询了专业维修企业的服务顾问，服务顾问了解到该车采用液压助力转向，建议车主交给专业维修企业的维修技师进行检查并根据行驶里程数更换专用动力转向液。如果你是一名专业的维修技师，你会实施转向系统的检查并更换转向系统的液压油液吗？

技能操作

3.4.1　检查动力转向液是否渗漏

步骤一：举升车辆至高位。

步骤二：检查液体渗漏。检查动力转向液是否渗漏，如图 3-24 所示。检查位置包含齿轮箱、转向助力泵及液体管路和连接点等。

步骤三：动力转向液连接管路检查。检查连接管路是否有裂纹、凸起、老化或其他损坏。

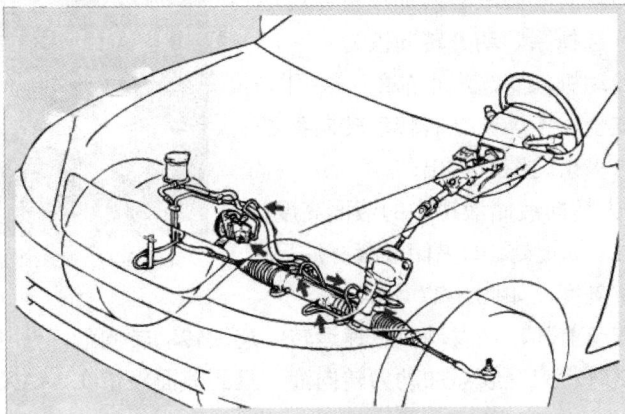

图 3-24　渗漏检查位置

3.4.2　检查转向拉杆总成

步骤一：检查转向拉杆是否松旷，握住拉杆，用力摇晃，检查是否有松旷，如图 3-25 所示。
步骤二：检查转向横拉杆防尘罩是否破损，检查拉杆球节油封是否漏油，如图 3-26 所示。

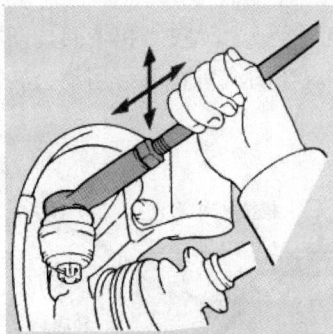

图 3-25　转向拉杆松旷检查

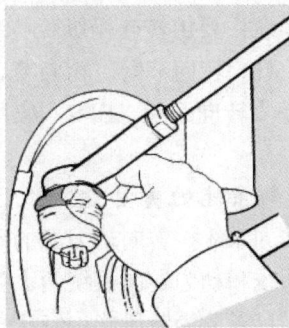

图 3-26　油封泄漏检查

（1）检查转向拉杆锁紧螺母是否松动，检查转向拉杆锁紧螺母拧紧标准力矩。
（2）检查拉杆球节螺母是否松动，检查标准力矩。
（3）检查横拉杆总成固定螺栓是否松动，检查标准力矩。

3.4.3　更换动力转向液

1．放液

步骤一：支起汽车前部，使两前轮离开地面。
步骤二：拧下动力转向液储液罐盖，拆下转向油泵回油管，将动力转向液放入容器中。
步骤三：使发动机怠速运转，在放出动力转向液的同时左右转动转向盘。

> **提　示**
>
> 　　还可以采用专用抽油机，将动力转向液抽出，使用抽油机时，也需要使发动机处于运行状态。

2．加液与排气

步骤一：向动力转向液储液罐内加注符合规定的动力转向液（最好选择原厂动力转向液）。

步骤二：关闭发动机，支起汽车前部，并用支架支撑，确保车辆安全，连续左、右转动转向盘若干次，将转向系统中多余的空气排出。

步骤三：检查动力转向液储液罐中的液面高度，视需要将其加至 MAX 标记处。如果储液罐有油尺，要观看油尺上的液位刻度，如图 3-27 所示。

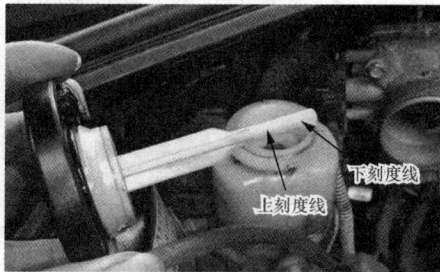
图 3-27　储液罐盖油尺上的液位刻度

步骤四：降下汽车前部，使发动机怠速运转，连续转动转向盘，注意液面高度的变化，当液面低于标准刻度时就应继续添加动力转向液，直到液面停留在 MAX 处，确保储液罐中不再出现气泡。

知识链接 1　转向系统

1．转向系统功用

转向系统的功用是保证汽车能够按照驾驶员选定的方向行驶。

2．转向系统组成

转向系统主要由转向操纵机构（包括转向盘、转向轴等）、转向器和转向传动机构（包括转向横拉杆、转向节臂、转向节、转向轮等）组成。现在的汽车普遍采用动力转向装置，电子控制动力转向系统（EPS）应用也越来越广泛。

3．转向系统的类型

汽车转向系统按转向动力源的不同分为机械转向系统和动力转向系统两大类。动力转向系统又可以分为液压式、气压式和电动式 3 种。

（1）机械转向系统。

机械转向系统以驾驶员的体力作为转向动力源，系统的所有传动部件是机械的，没有助力装置，如图 3-28 所示。

（2）动力转向系统。

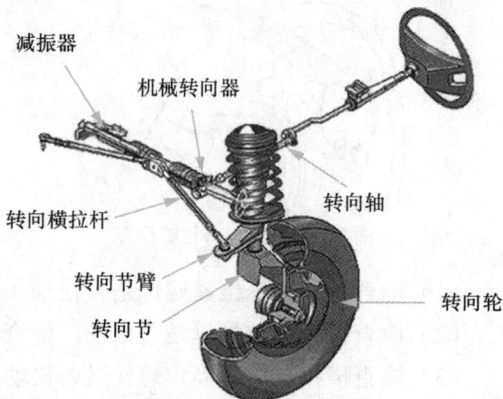
图 3-28　机械转向系统组成

动力转向系统是兼用驾驶员体力和发动机（或电动机）的动力作为转向动力源的转向系统。动力转向系统是在机械转向系统的基础上加设一套转向助力装置而形成的，现代轿车主要有液压式助力转向和电动式助力转向两种形式，结构如图 3-29 所示。

转向横拉杆是带球节外壳的拉杆，转向主轴的球节置于球节外壳内，球节通过其前端的球节座与球节外壳的轴孔边缘铰接，球节座与转向主轴间的滚针镶在球节座内孔面槽内，具有减轻球节磨损、提高主轴的抗拉强度等特点，横拉杆球节位置如图 3-30 所示。

汽车转向横拉杆球节损坏会出现下列症状：在颠簸路段，"咯噔咯噔"响；车子不稳定，左右摆；制动跑偏；转向失灵等。球节旷量过大，再受到冲击载荷时容易断裂。应尽快修理，避免发生危险。

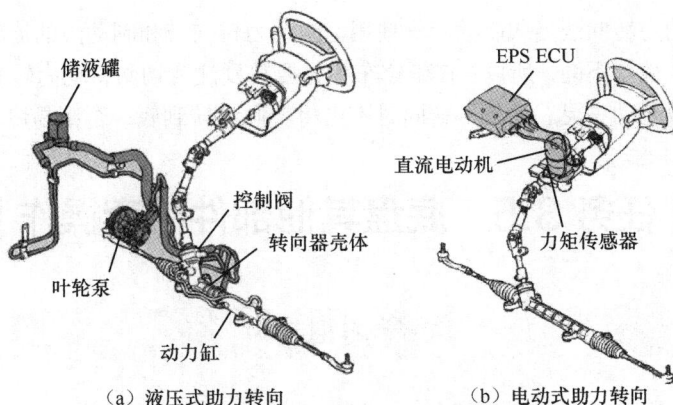

（a）液压式助力转向　　　　（b）电动式助力转向

图 3-29　动力转向系统结构

图 3-30　横拉杆球节位置

知识链接 2　常用的动力转向液及使用注意事项

1. 常用品牌及规格

现代汽车的动力转向系统大部分使用的是液压式助力系统，不同车型的动力转向系统的精密程度和使用要求有所差异，因此生产厂家动力转向液的选择和换油周期的规定也有所不同。如国内过去一些中低档车的动力转向系统一般用 22 号汽轮机油或 46 号液压油，低温寒带地区则选用 YH-10 号航空液压油、6 号或 8 号自动传动桥油。现在新型或高档车型多选用 ATF 或合成自动传动桥油，这些油品的实际使用性能和寿命都比过去的油品有了很大的提高。动力转向液的选择和更换，一般应根据汽车厂商的车辆保养手册中的规定进行。

2. 使用注意事项

（1）油液品质应符合规定。液压式动力转向系统所使用的动力转向液牌号，应符合原厂规定。油液应具备良好的黏温性、耐磨性、抗氧化性、润滑性等性能，并无杂质和沉淀物等。无原厂规定牌号的油液时，可用 13 号机械油或 8 号自动传动桥油代替，但两种油液不可混用。

（2）定期检查动力转向液储液罐的液面高度。结合维护周期检查动力转向液储液罐液面高度是否在规定刻线之间，不足时应添加；添加的油液要经过滤清，品种要与原油液相同。

（3）应适时换油。因液压式动力转向系统的油液是在高温、高压下工作的，易变质，所以要定期更换，一般一年更换一次，或按原厂规定进行更换。

（4）应及时排除系统内的空气。在转向系统加油时或转向系统混入空气时，需要将空气排出。

（5）切勿将动力转向液当成制动液来使用。因动力转向液和制动液的流动性、沸点及与橡胶等密封件的配合性等不同，所以，在维修车辆时要特别注意切勿将动力转向液当成制动液来使用，否则会导致制动失灵。另外，转向时不可将转向盘转到底，否则易烧坏转向助力泵。

任务 3.5　底盘其他部件检查操作

学习目标

【知识目标】

1. 掌握驱动轴及护套检查项目。
2. 掌握制动管路检查项目。
3. 掌握燃油管路检查项目。
4. 掌握排气管道及安装件检查项目。
5. 掌握悬架检查项目。
6. 掌握底盘其他部件检查结果不符合要求时的处理方法。

【能力目标】

1. 完成驱动轴及护套检查操作。
2. 完成制动管路检查操作。
3. 完成燃油管路检查操作。
4. 完成排气管道及安装件检查操作。
5. 完成悬架检查操作。
6. 完成车辆底盘螺栓、螺母紧固操作。

【素质目标】

车辆底盘检查、维护操作，由于工作位置的特殊性，容易引起维修技师的耐心不足，从而导致检查、维护不认真。但是作为一名现代技术工人，要认真完成每一项本职工作，展现职业素养。

车辆底盘连接螺栓、螺母检查工作，需要严谨的操作，切勿粗心大意地按个人不良工作习惯进行操作，要精准地对应维修手册要求实施紧固。

任务导入

有一辆行驶了约 70000 km 的家用汽车，由于经常行驶在路况不是很好的城乡路上，车辆底部经常有异常噪声，造成驾驶员和乘车人员的烦躁。车主担心时间长了，会引起其他问题，与专业维修企业的服务顾问进行了沟通，服务顾问建议车主将车辆开至专业维修企业进行车辆底盘的全面检查。如果你是一名专业的维修技师，你知道如何对车辆的底盘实施全面的检查吗？

技能操作

3.5.1 检查驱动轴护套

1．裂纹和其他损坏

步骤一：手动转动轮胎使它们被完全转向一侧。然后，检查驱动轴护套的整个外围是否有任何裂纹或者其他损坏。

步骤二：检查护套卡箍，确保其已经正确安装并且没有损坏。

2．油脂渗漏检查

检查护套是否有任何油脂渗漏。

3.5.2 检查制动管路

1．液体渗漏检查

检查制动管路连接部分是否有液体渗漏。

2．损坏检查

步骤一：检查制动管路是否有凹痕或者其他损坏。

步骤二：检查制动管路软管是否扭曲、磨损、开裂、隆起等。

> **提 示**
>
> 如果保护盖上有飞石的痕迹，制动管路可能有相同的损坏。

3．安装状况

检查制动管道和软管，确保车辆运动时，或者转向盘完全转动到任何一侧时，制动管道和软管不会因为振动而与车轮或者车身接触。

> **提 示**
>
> 手动转动轮胎直到转向盘被完全转向一侧。

3.5.3 检查燃油管路

1．燃油渗漏检查

检查燃油管路是否渗漏。

2．损坏检查

检查燃油管路是否损坏。

> **提 示**
>
> 如果保护盖上有飞石的痕迹，燃油管路可能有相同的损坏。

3.5.4 检查排气管道及安装件

1. 损坏和安装状况

步骤一：检查排气管是否损坏。

步骤二：检查消声器是否损坏。

步骤三：检查排气管支架上的 O 形圈是否损坏或者脱离，如图 3-31 所示。

步骤四：检查排气管垫片是否损坏，如图 3-32 所示。

图 3-31 排气管支架上的 O 形圈

图 3-32 排气管垫片

2. 排气管泄漏

通过观察接头周围是否存在炭黑，检查排气管连接部分是否泄漏废气。

3.5.5 检查悬架

1. 损坏检查

步骤一：目视检查减振器是否损坏。

步骤二：目视检查螺旋弹簧安装位置是否正常，是否有其他损坏。

步骤三：目视检查稳定杆是否损坏。

步骤四：目视检查下臂（前部）是否损坏。

步骤五：目视检查拖臂和桥梁（后部）是否损坏，如图 3-33 所示。

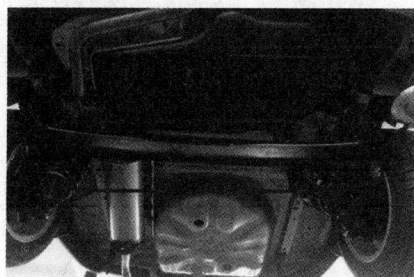

图 3-33 拖臂和桥梁检查

2. 减振器损坏检查

检查减振器上是否有凹痕。另外，检查防尘罩上是否有裂纹、裂缝或者其他损坏。

3. 减振器漏油检查

检查减振器是否有油液泄漏及减振弹簧安装是否正确，如图 3-34 所示。

4. 检查悬架接头

通过用手摇晃悬架接头上的连接件，检查衬套是否磨损或者有裂纹，并且检查是否摆动。同时检查连接件是否损坏，操作方法如图 3-35 所示。

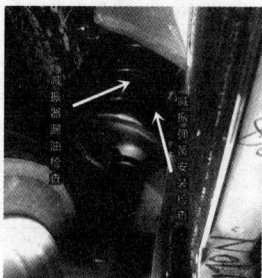

图 3-34 减振器及减振弹簧检查

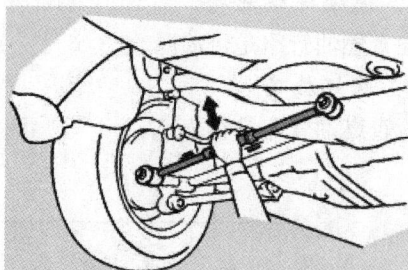

图 3-35 用手摇晃检查悬架接头

知识链接　悬架

1．悬架作用

悬架是汽车中的一个重要总成，它把车架与车轮弹性连接起来，关系到汽车的多种使用性能。从外表上看，轿车悬架仅由一些杆、筒以及弹簧等组成，但千万不要以为它很简单，轿车悬架是一个较难达到完美要求的汽车总成，这是因为悬架既要满足汽车的舒适性要求，又要满足其操纵稳定性的要求，而这两方面又是互相对立的。比如，为了取得良好的舒适性，需要大大缓冲汽车的振动，这样弹簧就要设计得软些，但弹簧软了容易使汽车发生制动"点头"、加速"抬头"以及左右侧倾严重的不良现象，不利于汽车的转向，容易导致汽车操纵不稳定等。

2．悬架组成与分类

汽车悬架包括弹性元件、减振器和传力装置等 3 部分。这 3 部分分别起缓冲、减振和力的传递作用。汽车的悬架系统可根据结构分为独立悬架和非独立悬架，结构如图 3-36 所示。

独立悬架　　　　　　　　　　　　非独立悬架

图 3-36　悬架类型及结构

独立悬架每一侧的车轮都是单独地通过弹性悬架悬挂在车架或车身下面的。其优点是质量轻，减少了车身受到的冲击，并提高了车轮的地面附着力；可用刚度小的较软弹簧，改善汽车的舒适性；可以使发动机位置降低，汽车重心也得到降低，从而提高汽车的行驶稳定性；左、右车轮单独跳动，互不相干，能减小车身的倾斜和振动。不过，独立悬架存在着结构复杂、成本高、维修不便等缺点。现代轿车大多采用独立悬架，按其结构形式的不同，独立悬架又可分为横臂式、多连杆式、纵臂式以及麦弗逊式悬架等。

横臂式独立悬架是指车轮在汽车横向平面内摆动的悬架，按横臂数量的多少又分为双横臂式和单横臂式悬架，图 3-37 所示为双横臂式独立悬架。

多连杆式独立悬架是由 3～5 根杆件组合起来控制车轮的位置变化的悬架，如图 3-38 所示。

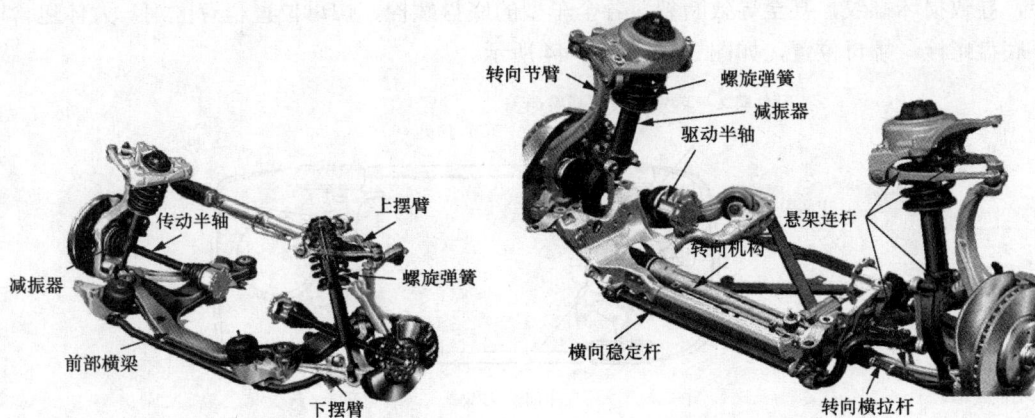

传动半轴　　上摆臂

减振器

螺旋弹簧

前部横梁

下摆臂

图 3-37　双横臂式独立悬架

转向节臂　　螺旋弹簧

减振器

驱动半轴

悬架连杆

转向机构

横向稳定杆

转向横拉杆

图 3-38　多连杆式独立悬架

纵臂式独立悬架是指车轮在汽车纵向平面内摆动的悬架，又分为单纵臂式和双纵臂式两种形式，图 3-39 所示为双纵臂式独立悬架。

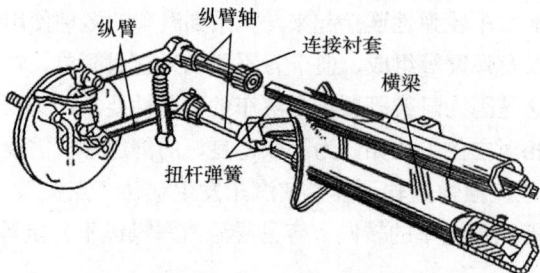

图 3-39　双纵臂式独立悬架

麦弗逊式独立悬架的车轮也是沿着主销滑动的悬架，但与烛式悬架不完全相同，它的主销是可以摆动的，麦弗逊式悬架是摆臂式与烛式悬架的结合，图 3-40 所示为麦弗逊式独立悬架。

非独立悬架的结构特点是两侧车轮由一根整体式车桥相连，车轮连同车桥一起通过弹性悬架悬挂在车架或车身的下面。非独立悬架具有结构简单、成本低、强度高、保养容易、行车中前轮定位变化小等优点，但由于其舒适性及操纵稳定性都较差，在现代轿车中基本上已不再使用，多用在货车和大客车上。非独立悬架类型有钢板弹簧式、螺旋弹簧式、横向推力杆式、扭转梁式等，图 3-41 所示为各类型非独立悬架。

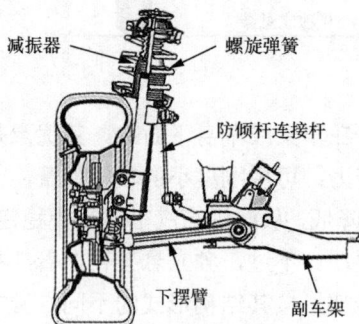

图 3-40　麦弗逊式独立悬架

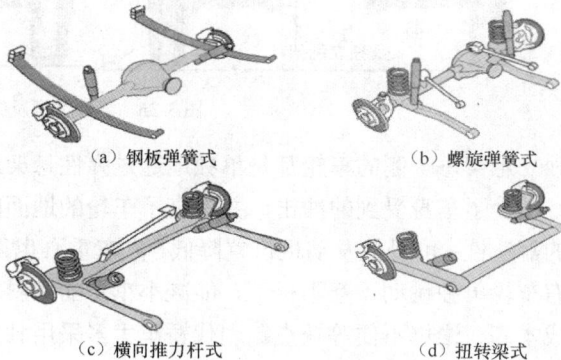

（a）钢板弹簧式　　　（b）螺旋弹簧式

（c）横向推力杆式　　　（d）扭转梁式

图 3-41　各类型非独立悬架

3.5.6　车辆底盘螺栓、螺母紧固操作

车辆底盘螺栓、螺母紧固是在车辆二级维护作业中必要的检查项目。紧固螺栓、螺母要根据车辆维修手册要求，拧紧至规定力矩，切勿因担心螺栓、螺母会松动而随意加大拧紧力矩，导致损坏螺纹，甚至导致断裂。各个车型的底盘螺栓、螺母位置稍有区别，大体包含以下底盘螺栓、螺母位置，如图 3-42～图 3-44 所示。

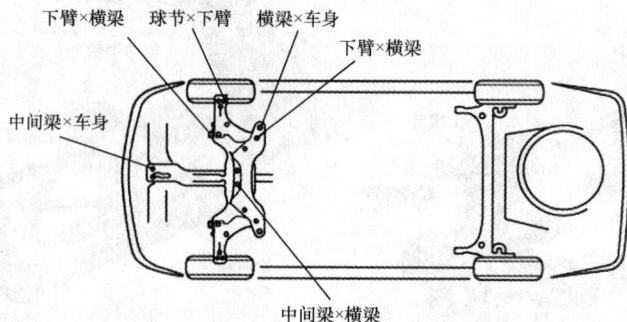

图 3-42　底盘前部螺栓、螺母位置

注："×"表示连接，例如"下臂×横梁"表示连接下臂和横梁的螺栓

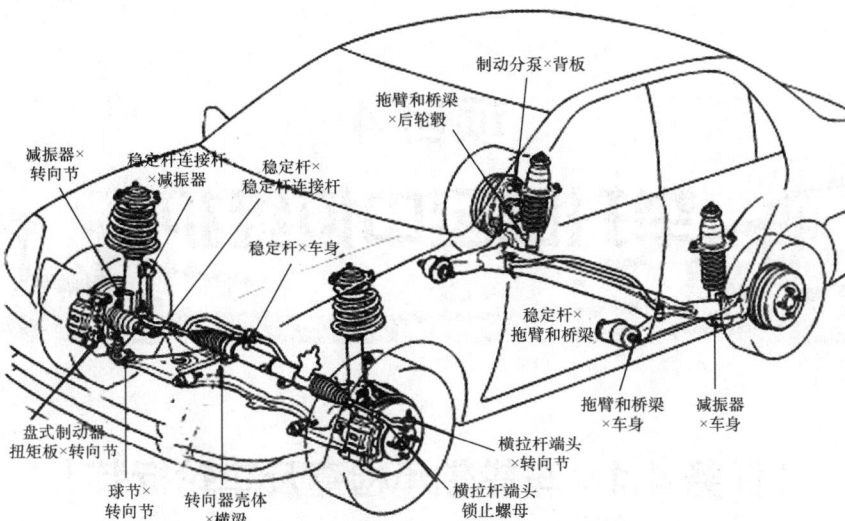

图 3-43　悬架及转向系统螺栓、螺母位置

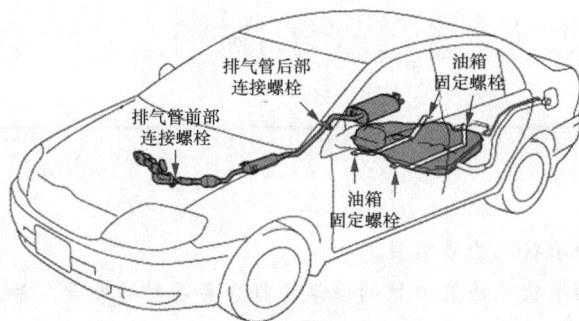

图 3-44　排气管及油箱螺栓位置

💡 **提　示**

转向横拉杆端头锁止螺母需要使用开口扭力扳手（见图 3-45）与其他开口扳手配合进行紧固，紧固方法如图 3-46 所示。

图 3-45　开口扭力扳手

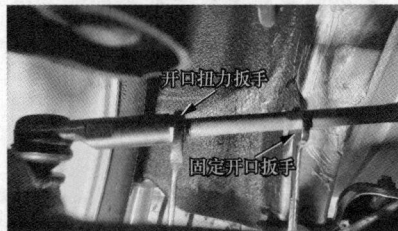

图 3-46　横拉杆端头锁止螺母紧固

| 工作页和练习题 |

完成本书附带的实训手册上的工作页和练习题。

项目 4
举升降至中位维护

| 任务 4.1　车轮轴承检查及车轮拆装 |

学习目标

【知识目标】

1. 掌握车轮轴承状况检查项目。
2. 掌握车轮轴承状况检查项目的结果不符合要求时的处理方法。

【能力目标】

1. 完成车轮轴承状况检查操作。
2. 完成车轮拆装操作。

【素质目标】

车轮轴承状况对于车辆行驶安全有重大影响，定期检查车轮轴承是二级维护的必要作业项目。维修技师在实施作业过程中要认真，对于有问题的车轮轴承要分析、查找原因，确保安全。

任务导入

有一辆行驶了约 100000 km 的家用一汽丰田花冠轿车，最近车主驾驶车辆时发现车辆经常出现异常噪声，个人检查车辆轮胎并紧固，但是噪声依旧存在。车主担心会影响行驶安全，与专业维修企业的服务顾问进行了沟通，服务顾问建议到专业维修企业进行车轮轴承的检查。如果你是专业维修技师，你知道车轮轴承检查的内容吗？如果车轮轴承检查不合格，你会如何处理？

<h1 style="text-align:center">技能操作</h1>

4.1.1　检查车轮轴承状况

1．轴承摆动检查

将一只手放在轮胎上面，而另一只手放在轮胎下面，推拉轮胎，检查车轮轴承是否有摆动，如图 4-1 所示。

> ⚠ **注　意**
>
> 出现摆动时，踩下制动踏板再次检查其行程（如果单人操作，可以使用制动踏板锁止器按下制动踏板）。

①若再次检查时没有更大的摆动，车轮轴承是起因。

②若再次检查时仍然摆动，球节、主销或者悬架可能是起因。

2．转动状况和噪声检查

用手转动轮胎以便检查其是否能够无任何噪声地平稳转动，如图 4-2 所示。

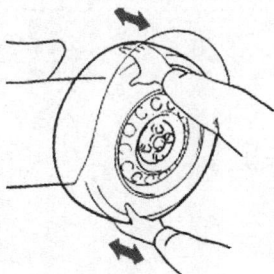

图 4-1　轴承摆动检查

图 4-2　转动状况和噪声检查

4.1.2　拆装车轮

1．车轮的拆卸

步骤一：将车辆停放到指定位置（如果用举升机举升车辆），在不拆卸的车轮前、后各放置一个三角木或橡胶块等，防止溜车。

步骤二：取下车轮螺栓饰板，使用轮胎扳手或扭力扳手等初步拧松车轮固定螺栓，注意车轮螺栓拆卸顺序，如图 4-3 所示。

图 4-3　车轮螺栓拆卸顺序

步骤三：用千斤顶（或举升机支臂）支撑在车辆指定的位置（部分车辆无明确支撑位置，根据车辆底部情况，选择支撑车辆裙边或车桥位置），使被拆车轮离开地面。

步骤四：拆下全部固定螺栓，取下车轮。

2．车轮的安装

步骤一：先将车轮抵靠在轮毂上（注意轮胎握持方法，用双手握持轮胎，不要抓轮辋，以免损伤轮毂及操作人员手指），再将车轮固定螺栓初步拧入轮毂，使车轮与轮毂贴靠在一起。

步骤二：降下车辆，使用驻车制动器，用扭力扳手按对角线的顺序分 2～3 次拧紧车轮螺栓，最后将螺栓拧紧至规定力矩。

| 任务 4.2 车轮及轮胎检查 |

学习目标

【知识目标】

1. 掌握车轮及轮胎检查项目。
2. 掌握车轮及轮胎检查结果不符合要求时的处理方法。

【能力目标】

1. 完成轮圈和轮盘损坏检查操作。
2. 完成轮胎检查操作。
3. 完成轮胎换位操作。

【素质目标】

车辆的车轮和轮胎状况，不只对车辆的制动有重大影响，还对车辆的动力输出有很大影响。作为专业的维修技师，在实施作业中要仔细，切勿粗心大意，本着生命至上的原则，实施精准作业。

任务导入

有一辆行驶了约 60000 km 的家用汽车，车主发现雨天驾驶时，制动距离明显增加，而且急加速起步中，车轮经常打滑。车主自行检查，发现车轮轮辋有剐蹭痕迹并且轮胎有不规则的磨损，与专业维修企业的服务顾问进行了沟通，服务顾问建议到专业维修企业实施车轮及轮胎的全面检查。如果你是一名专业的维修技师，你掌握了车轮及轮胎检查项目吗？如何实施检查？

技能操作

4.2.1 检查轮圈和轮盘是否损坏

检查轮圈和轮盘是否损坏、腐蚀和变形，如图 4-4 所示。

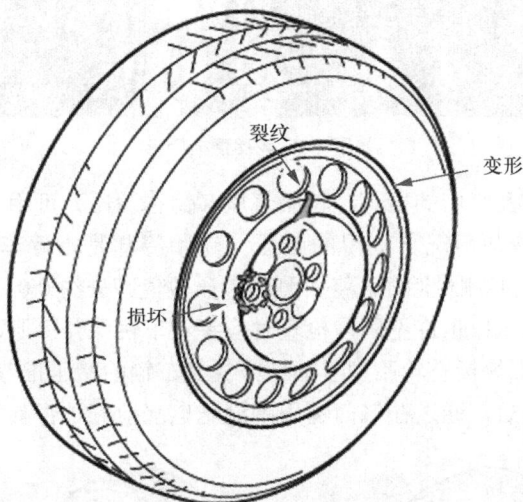

图 4-4 轮圈和轮盘检查

4.2.2 检查轮胎

轮胎的检查主要包含磨损程度、轮胎气压等的检查，检查所用工具包含轮胎花纹深度尺和轮胎气压表等。

步骤一：轮胎外观的检查。举升车辆，缓慢转动轮胎，检查轮胎表面是否有裂纹、割痕及其他损坏，检查轮胎表面是否有嵌入物或其他杂物等，如图 4-5 所示。

步骤二：胎面花纹深度检查。擦净轮胎花纹顶面及花纹槽，将深度尺垂直插入轮胎花纹槽，保持深度尺的测量平面与两侧花纹顶面可靠接触；观察并读取深度尺外壳顶端与标尺对齐的刻度线指示的数值，该数值即轮胎花纹深度值（现代轿车前轮轮胎花纹深度值不得小于 1.6 mm），如图 4-6 所示。

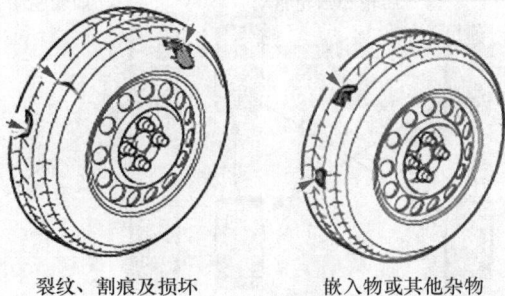

裂纹、割痕及损坏　　　嵌入物或其他杂物
图 4-5 检查轮胎外观

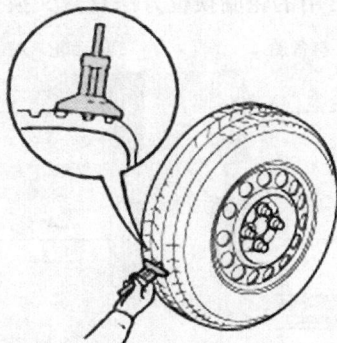

图 4-6 胎面花纹深度检查

如果轮胎花纹接近轮胎磨损标记，应更换轮胎，如图 4-7 所示。如果经过测量，前轮轮胎比后轮轮胎花纹磨损严重，应进行轮胎换位，这样可保持汽车各个轮胎磨损基本均匀，达到延长轮胎使用寿命的目的。

图 4-7　轮胎磨损标记

步骤三：轮胎气压及气门的检查。轮胎气压（简称胎压）可用气压表进行检查。通常胎压推荐值是指轮胎在冷却情况下测得的胎压（轮胎冷却是指停车至少 3 h 或行驶不超过 2 km）。如果只能在热胎时测量胎压，将所测的胎压数值减去约 0.03 MPa 才是轮胎冷却胎压。

不同车辆轮胎的气压值也许不同，检查时应参看车辆保养手册，或在驾驶室车门（B 柱附近）、油箱盖、储物箱等标有轮胎型号的地方找到车辆的胎压推荐值。

步骤四：检查气压后，通过在气门嘴周围涂肥皂水检查是否漏气，如图 4-8 所示。

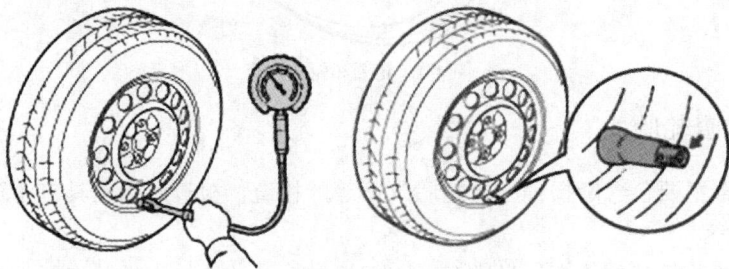

图 4-8　轮胎气压及气门嘴检查

4.2.3　轮胎换位操作

轮胎按时换位可使其磨损均匀，其使用寿命约可延长 20%，应结合车辆二级维护定期换位。在路面拱度较大的地区或夏季，轮胎磨损差别较大，可适当增加换位次数。一般推荐行驶里程达 8000～10000 km 时将轮胎换位一次。

常用的轮胎换位方法有交叉换位法和单边换位法，如图 4-9 所示。

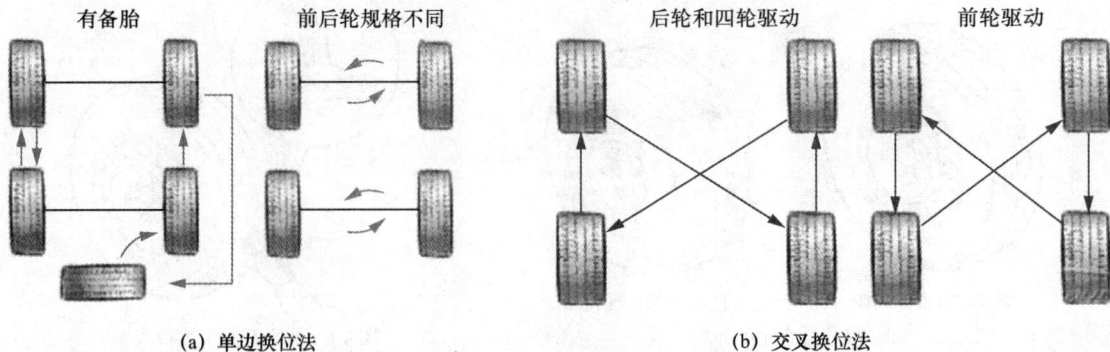

(a) 单边换位法　　　　　　　　　　　　　　(b) 交叉换位法

图 4-9　汽车轮胎换位法

步骤一：拆下所要换位的轮胎，根据交叉换位和单边换位的方法，将轮胎分别安装到位。

一般情况下，子午线轮胎的旋转方向应始终不变，也宜用单边换位法。若反向旋转，会因钢丝帘线反向变形产生振动，汽车平顺性变差。所以一些轿车使用手册推荐子午线轮胎采用单边换位法。

步骤二：轮胎换位后，应按所换的胎位要求，重新调整气压。

步骤三：轮胎换位后要做好记录，下次换位仍要按上次选定的换位方法操作。

步骤四：对于有胎压监测功能的轮胎，换位后应重新设定相关数据。

知识链接1 汽车车轮

汽车车轮总成由车轮和轮胎两大部分组成，是汽车行驶系统的重要部件之一。

车轮一般由轮辋和轮辐（辐条）组成，如图4-10所示。轮辋用于安装和固定轮胎，轮辐将轮辋通过螺栓与轮毂连接起来。

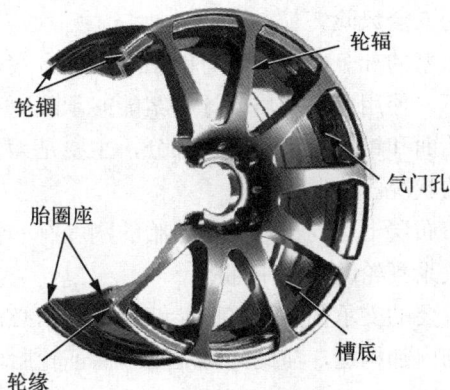

图4-10 车轮的组成

知识链接2 汽车轮胎

1. 汽车轮胎的作用

（1）轮胎可支持车辆的全部重量，承受汽车的负荷，并传递其他方向的力和力矩。

（2）传送牵引和制动的扭力，保证车轮和路面之间有良好的附着性，以提高汽车的动力性、制动性和通过性；与汽车悬架共同缓和汽车行驶时所受到的冲击，并减小由此而产生的振动。

（3）防止汽车零部件受到剧烈振动和早期损坏，适应车辆的高速性能并降低行驶时的噪声，保证行驶的安全性、操纵稳定性、舒适性和节能经济性。

2. 汽车轮胎的构造

说到车辆的轮胎构造，相信很多人都会想到胎面及胎肩，但对于内部构造，很有可能就掌握得很少了。实际上，轮胎是由许多的部位组成的，主要由胎面、胎壁、胎肩、尼龙冠带层、钢丝带束层、帘布层、气密层、胎圈（图中未画出）等构成，车辆轮胎结构示意如图4-11所示。

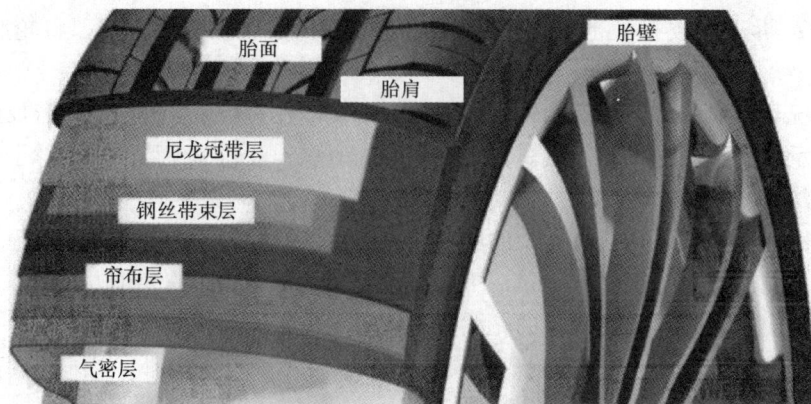

图 4-11　车辆轮胎结构示意

胎面——轮胎与路面触碰密切的部分，根据独有的纹路设计方案和原材料秘方，来决定轮胎的性能（抓地性能、排水管道性能和静音模式性能等）。

胎壁——轮胎表面较柔软的部分，具有支撑轮胎和抗振的作用。但假如产生破损，必须立即替换，不然存有一定的安全风险。

胎肩——连接胎面与胎壁的部分，根据独有的胎肩设计方案，来决定整车的操纵性能。特别是在极限转弯的情况下，使用好的胎肩设计方案能够承载更高的变形。

尼龙冠带层——连接胎面和钢丝带束层的一部分，主要是为了固定钢丝带束层，防止钢丝带束层发生较严重偏移的状况。

钢丝带束层——位于帘布层上边的部分，对轮胎的刚度有非常大的影响，不但影响轮胎的操纵性能，与此同时还关系到轮胎的使用期限。

帘布层——轮胎内部首要的支承构造，不但能够给予轮胎必需的抗压强度，即便产生猛烈撞击，也可以维护轮胎的内部构造，与此同时还用于保证轮胎内部标准气压，给予良好的可靠性。

气密层——关键功能是避免压缩气体泄漏，进而保证轮胎内部有充裕的气体。

3．汽车轮胎的类型

汽车轮胎按照不同的分类原则，可以分为不同的类型。常用的分类方法是按胎体结构不同划分，通常分为普通斜交轮胎和子午线轮胎，如图 4-12 所示。

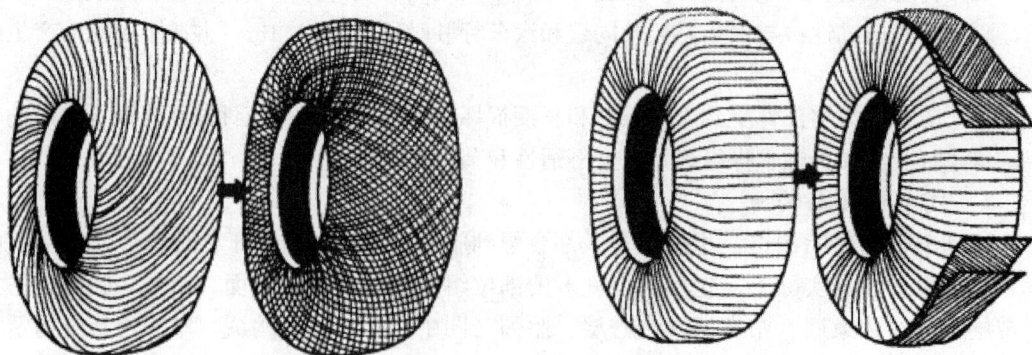

（a）普通斜交轮胎　　　　　　　　　　　　　　（b）子午线轮胎

图 4-12　普通斜交轮胎和子午线轮胎胎体结构

（1）普通斜交轮胎。

普通斜交轮胎是指胎体帘布层的帘线方向与胎面中心线呈一定角度（小于 90°）的轮胎。普通斜交轮胎的胎体坚固，胎侧不易损坏。汽车低速行驶时乘坐舒适性好。轮胎价格较低。但滚动阻力大，使用寿命短。

（2）子午线轮胎。

子午线轮胎用钢丝或纤维织物做帘布层，子午线轮胎的帘布层与胎面中心线呈 90°或接近 90°排列，与帘布层轮胎的子午断面一致，很像地球上的子午线，所以称为子午线轮胎。

子午线轮胎的主要优点如下。

①滚动阻力小，节约燃料。由于有钢丝带束层，轮胎着地后胎面切向变形及相对滑移比普通斜交轮胎要小很多，而且子午线轮胎胎侧薄，径向变形恢复快。这两个特点有利于减少轮胎内磨损，减小滚动阻力。试验证明，子午线轮胎的滚动阻力比普通斜交轮胎的小 20%～30%，可节约燃料 3%～8%。

②胎面耐磨性好，使用寿命长。车轮滚动时，普通斜交轮胎接地面既变形，又滑移；变形促使滑移，滑移又加剧胎面磨损。由于子午线轮胎胎面刚度大，变形小，几乎没有滑移，此外，轮胎接地面积大，单位压力小并且均匀，因此使胎面磨损减小。试验证明，子午线轮胎的使用寿命比普通斜交轮胎的延长 30%～40%。

③缓冲性能好。由于子午线轮胎的胎侧比较软，因此即使在充足气后，两侧壁上也会产生一个特殊的隆起，如图 4-13 所示，好像总是充气不足。正因为子午线轮胎有径向容易变形这个特点，所以它可以缓和不平路面的冲击，并吸收大部分冲击能量，使汽车具有良好的行驶平顺性和乘坐舒适性。

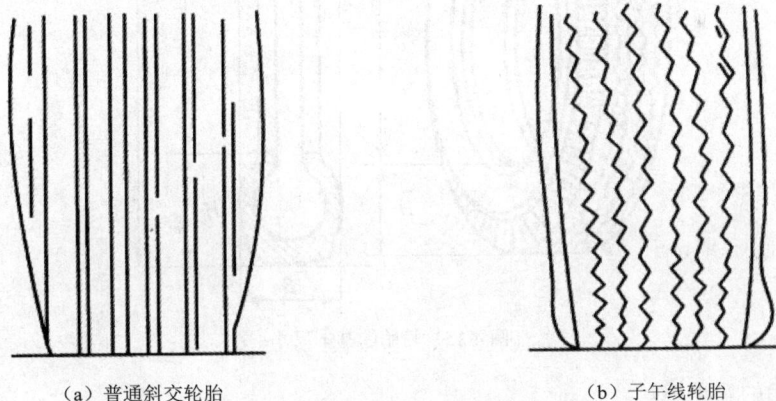

（a）普通斜交轮胎   （b）子午线轮胎

图 4-13 普通斜交轮胎和子午线轮胎滚动中胎侧形状比较

④承载能力强。由于子午线轮胎的帘线排列与轮胎的主要变形方向一致，因而其帘线强度可得到充分利用，故其承载能力比普通斜交轮胎强。

⑤附着性能好。由于子午线轮胎胎体弹性大，使其滚动时与地接触面积大，且由于其胎面刚度大使得胎面滑移小，因此其附着性能好。

⑥转向行驶稳定性好。汽车转向行驶时，轮胎承受侧向力比较大。此时，子午线轮胎的胎侧变形会较大，但胎冠接地面积基本不变。而普通斜交轮胎胎侧变形不大，却使整个轮胎倾斜，胎冠接地面积减小，如图 4-14 所示。所以，子午线轮胎在转向时的稳定性明显优于普通斜交轮胎。

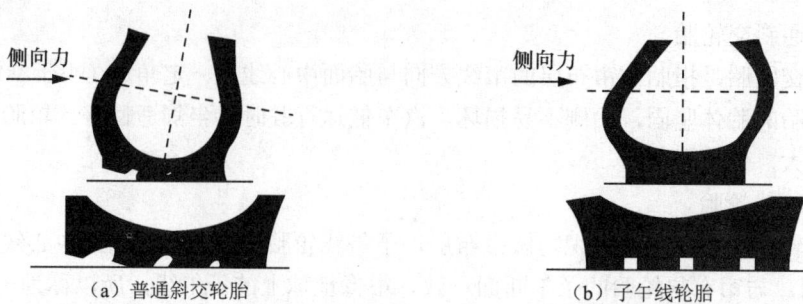

（a）普通斜交轮胎　　　　　　　　　　（b）子午线轮胎

图 4-14　普通斜交轮胎和子午线轮胎在承受侧向力时的变形状况比较

子午线轮胎的主要缺点：①胎侧较薄，变形大，胎侧与胎圈受力比普通斜交轮胎大，胎面与胎侧的过渡区及轮辋附近易产生裂口；②胎面噪声大；③制造技术要求高，成本高。

4. 汽车轮胎的规格

（1）轮胎的基本尺寸。

一般用轮胎的外径 D、轮辋的直径 d、轮胎的断面宽度 B 和断面高度 H 来表示轮胎的基本尺寸，如图 4-15 所示。基本尺寸的单位有英制、米制和米英制混合 3 种。

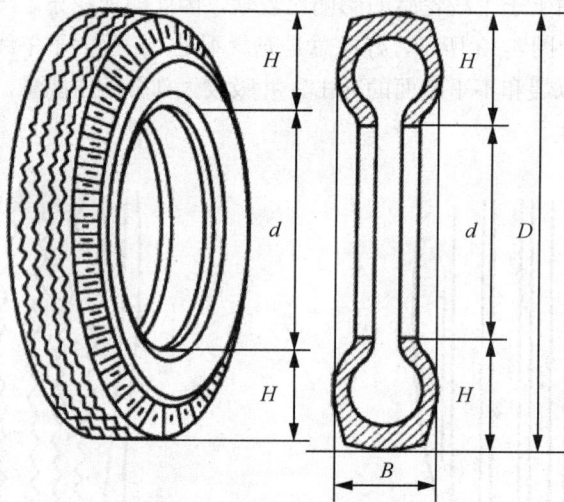

图 4-15　轮胎的基本尺寸

（2）轮胎的扁平率。

对于一般汽车轮胎，$B \approx H$，断面呈圆形。但对于扁平化轮胎，$H < B$，有的甚至差别很大。

通常将轮胎断面高度和宽度的比值 H/B 作为一个参数标注在轮胎上，H/B 为扁平率。目前，国产轿车子午线轮胎有 80、75、70、65、60、55、50、45 共 8 个系列，数字分别表示轮胎断面高度和宽度的比值 H/B 是 80%、75%、70%、65%、60%、55%、50%、45%。

（3）轮胎的速度级别。

将轮胎最高速度（km/h）分为若干级，用字母表示，叫作速度级别符号。不同的速度级别表示轮胎能够持续的最高速度（km/h）。目前轿车常用的轮胎速度级别符号与轮胎最高速度的对应关系见表 4-1。

表 4-1　　　　　　　　轮胎速度级别符号与轮胎最高速度的对应关系

速度级别符号	最高速度/（km/h）	速度级别符号	最高速度/（km/h）
K	110	R	170
L	120	S	180
M	130	T	190
N	140	U	200
P	150	H	210
Q	160	V	240

（4）轮胎的承载能力。

轮胎的承载能力是指在一定行驶速度和相应充气压力时的最大承载质量。常用如下方法来表示。

①轮胎的层级。

轮胎的层级是表示轮胎承载能力的相对指数，主要用于区别尺寸相同但结构和承载能力不同的轮胎。轮胎的层级与轮胎帘布层的实际层数没有直接关系，就是说轮胎的层级不代表轮胎帘布层的实际层数。轮胎层级常用 PR（Ply Rating）表示。轮胎的层级越多，表示轮胎承载能力越强。

②轮胎的负荷指数。

轮胎的负荷指数是指在规定条件下（轮胎最高速度、最大充气压力等）表示轮胎承载能力的数字符号。轮胎负荷指数目前有 0、1、2、…、279 共 280 个。轮胎的负荷指数越大，表示轮胎承载能力越强。

③轮胎的负荷级别。

这是美国为了避免"层级"这种表示方法容易同帘布层实际层数混淆而采用的替代方法，以拉丁字母表示。例如："G"表示相当于同规格轮胎 14 层级的承载质量。轮胎的负荷级别与轮胎层级的对应关系见表 4-2。

表 4-2　　　　　　　　轮胎的负荷级别与轮胎层级的对应关系

负荷级别	对应层级	负荷级别	对应层级	负荷级别	对应层级
A	2	E	10	J	18
B	4	F	12	L	20
C	6	G	14	M	22
D	8	H	16	N	24

我国国家标准规定以"层级"表示承载能力。但用引进技术生产的子午线轮胎，以及有的国内轮胎厂家生产的子午线轮胎，还同时标明"负荷指数"或"负荷级别"。

在这 3 种表示方法中，因为"负荷指数"直接代表承载质量，而且可以在轮胎上同时标明单胎和双胎的"负荷指数"，所以对用户来讲是最方便的。而要知道每一个轮胎规格的"层级"和"负荷级别"所代表的承载质量，还要查每个轮胎规格的标准规定。

（5）轮胎规格的表示方法。

国外对轮胎规格的表示方法较多，其中 ISO 的影响较大。依照 ISO 国际标准，汽车轮胎的规格按如下的排列表示：

[断面宽]/[扁平率（轮胎系列）] [轮胎结构记号] [适用轮辋直径][负荷指数] [速度级别符号]

现在按上面的排列举一个轮胎的例子加以说明。

例：185/70 R 13 84 Q。

其中：185——断面宽度（断面宽度约为 185 mm）；

   70——扁平率（高宽比约为 70%）或轮胎系列；

   R——轮胎结构记号（子午线结构）；

   13——表示适用轮辋直径（轮辋直径为 13 in）；

   84——负荷指数（最大载荷为 5000 N）；

   Q——速度级别符号（最高速度为 160 km/h）。

上面前 4 项为结构尺寸，后两项为使用条件。

载货汽车轮胎执行的国家标准为 GB 9744—2015《载重汽车轮胎》、GB/T 2977—2016《载重汽车轮胎规格、尺寸、气压与负荷》，轿车轮胎执行的国家标准为 GB 9743—2015《轿车轮胎》、GB/T 2978—2014《轿车轮胎规格、尺寸、气压与负荷》。

5．轮胎的选择和使用

（1）轮胎的选择。

所选轮胎的尺寸应符合汽车使用说明书的规定、轮胎的速度等级需与汽车最高行驶速度相适应、轮胎的承载能力要与承载质量相适应、轮胎的花纹要与道路条件相适应等。

一般说来，汽车出厂时所配备的轮胎都是经过反复测试后选择的最佳规格。如果车主想要更换轮胎尺寸，必须按照国家相关法规在专业人员的指导下进行，不能随意而为。因为这涉及很多问题，稍有疏忽就可能对行车安全造成危害。

（2）合理搭配轮胎。

如果在同轴上既有子午线轮胎又有普通斜交轮胎，它们的静半径、旋转半径以及旋转变化规律都不同，容易导致单胎超负荷。在选配轮胎时，应当做到：同一车辆上所装的轮胎，其厂牌、类型和花纹力求一致；换新胎时，最好能全车一起更换，如不能这样，应将新胎装于前轮，以确保行车安全；后轮安装双胎时，两胎的磨损程度要相似，或者将磨损较轻的轮胎安装于外侧，以适应拱形路面。

（3）保持正常的轮胎气压。

众所周知，气压是轮胎的"生命"，轮胎只有充入适当压力的气体才具有一定的弹性和刚性。 轮胎气压过低时，因气压不足，其径向变形增大，轮胎两侧将发生过度挠曲，胎侧内壁受拉，胎体内的帘线产生较大变形和应力，周期性的压缩变形会加速帘线的疲劳损坏。变形也使轮胎帘布层和轮胎与地面之间相对滑移增大，产生热量增多，致使轮胎滚动阻力增大，降低行车速度，增加燃料消耗。

轮胎气压过高时，将使轮胎的帘线受到过度伸张，胎体帘线的应力增大，帘线的"疲劳"过程加快，易引起帘线拉断，造成轮胎早期爆破。胎压过高时，轮胎与路面的接触面积减小，将加速胎面中部的磨损。

气压与轮胎的使用条件有关，应根据轮胎所受的负荷、轮胎的安装位置和轮胎的类型等，选择和保持适宜气压。在轮胎使用中，一周内轮胎气压下降应小于 10 kPa，如果气门嘴有故障，轮胎气压会降低更多。因此，必须经常检查轮胎气压。

（4）严禁轮胎超载。

当汽车超载或货物装载不合理时，均能引起轮胎超载。轮胎超载将加速轮胎的损坏，大大缩短轮胎使用寿命。为防止轮胎超载，可采取以下措施。

①严格按照车辆规定标准承载质量装载，不允许超载；行驶在差路上时，应适当减载。

②装载要分布均匀，不可重心偏移，保持货物平均分布，避免图省事造成货物偏载。

③汽车、挂车拖载大型货物时，要将货物固定牢靠，防止途中货物移位造成部分轮胎超载。

④使用与车辆总质量相匹配的负荷级别的轮胎，以满足车辆载荷的要求。

（5）掌握车速、控制胎温。

速度越高，轮胎在单位时间内的摩擦发热量越大，轮胎的温度也就越高，将加速轮胎的磨损。另外，高速行驶时轮胎在制动和转向过程中的切向力将显著增大。

车速过快时，单位时间内车胎的挠曲变形次数增加，胎体温度急剧升高，动负荷随之增大，胎体内压升高，胎体强度下降。当行驶速度达到某个值时，胎面的振动将出现波浪式变化，形成所谓的"驻波"。这种"驻波"能在几分钟内导致轮胎爆破。因此高速公路上比普通公路上容易发生爆胎现象。

夏季行驶应增加停歇次数，若轮胎发热或内压增高，应停车降温，严禁采用放气降温和向轮胎上泼冷水降温的错误做法。

（6）正确驾驶汽车。

正确驾驶汽车不仅是保证安全的必要手段，也是延长轮胎使用寿命的重要措施。

起步过猛不仅加剧胎体变形，而且会使轮胎与地面出现强烈的摩擦；制动过猛，会使车辆出现滑行，轮胎与地面产生滑动摩擦；车速过快，胎体受热增加，易产生帘布层破裂和胎面剥落，缩短轮胎使用寿命；急转弯时，地面作用于车轮的作用力会使轮胎出现偏磨，甚至造成花纹剥落。

驾驶员在行车中要严格遵守操作规程，需做到以下几点：起步平稳，加速均匀，尽量避免使用紧急制动；车辆装载时，不要超载，并注意使重量分配均匀，不得超速行驶；车辆转弯时，车速要慢，特别是转小弯和满载时，车速更应降低；遇有石头、凹凸障碍时，应及时避让或减速通过；要注意轮胎的花纹深度，因为接近磨平的轮胎和路面的摩擦减少，所以制动距离长，不要高速行驶。

（7）保持汽车技术状况良好

保持汽车技术状况良好，特别是底盘技术状况良好，是防止轮胎早期损坏的有效措施。当汽车底盘技术状况不良时，即车轮定位失常，钢板弹簧刚度不够，左右钢板不同，车轮轴承、转向节主销间隙过大及车轮不平衡等时，车辆不能平顺行驶，都会致使轮胎磨损加剧。为使轮胎保持良好的技术状况，必须按照"防重于治，养重于修"的原则，按规定进行维护。

（8）轮胎换位。

由于负荷、驱动形式和道路的影响，汽车各轮胎磨损部位和磨损程度不同。为使全车轮胎磨损均匀，充分合理地使用轮胎并延长轮胎的使用寿命，轮胎换位应根据轮胎的不同特点采用不同的换位方法。一般新车轮胎换位间隔为 15000 km，以后每行驶 10000 km 进行一次轮胎换位，通常应结合车辆二级维护定期换位。

轮胎换位时应注意以下事项。

①有些型号的车辆，其前后轮胎的胎压不同，所以在轮胎换位后要调整其胎压至规定值。

②进行有旋转方向的轮胎换位时，务必要使轮胎在新位置上不反方向转动，这是单向花纹轮胎的特性。这种轮胎的胎面花纹具有方向性，用于改善其在湿滑路面上使用时的性能，使轮胎可以更容易地排除积水。但是如果将这种轮胎反向安装，则其在湿滑路面上使用时的性能反而变差。所以在轮胎换位时不可以使轮胎处在与原来方向相反方向旋转的位置。带有旋转方向性的轮胎，多数属于高性能轮胎（扁平率为 55/50 以下）。轮胎的扁平率越小，其接地面就越大。

③对于径向帘布层轮胎（子午线轮胎），如果换到另外一侧，由于轮胎转动方向与原来相反，噪声与左右摇摆暂时会增大，因此建议只在同侧换位。

| 任务 4.3　盘式制动器检查、维护 |

学习目标

【知识目标】

1. 掌握盘式制动器检查项目。
2. 掌握对于盘式制动器检查结果不符合要求时的处理方法。

【能力目标】

1. 完成前轮盘式制动器摩擦片厚度检查操作。
2. 完成制动器摩擦片更换操作。
3. 完成制动盘检查操作。
4. 完成盘鼓式制动器检查操作。
5. 完成盘鼓式驻车制动蹄片间隙调整操作。

【素质目标】

制动器性能是影响车辆安全的重要因素，对于现代多数轿车的盘式制动器检查一定要细心、全面，本着生命至上的原则，耐心、细心完成盘式制动器检查。

任务导入

有一辆行驶了约 50000 km 的家用一汽卡罗拉轿车，车主最近发现踩制动踏板的时候，左前轮出现尖锐的金属摩擦声，与专业维修企业的服务顾问进行了沟通。服务顾问了解到该车前段时间行驶中，左前轮出现了撞击台阶的事故，建议车主对左前轮的制动部件实施全面检查。如果你是一名专业维修技师，你对于车辆的盘式制动器检查项目了解吗？能否独立完成车辆的盘式制动器检查？

以卡罗拉轿车前轮盘式制动器为例，介绍盘式制动器的拆装方法。

技能操作

4.3.1　检查前轮盘式制动器摩擦片厚度

步骤一：使用一把直尺测量外制动器摩擦片的厚度，如图 4-16 所示。

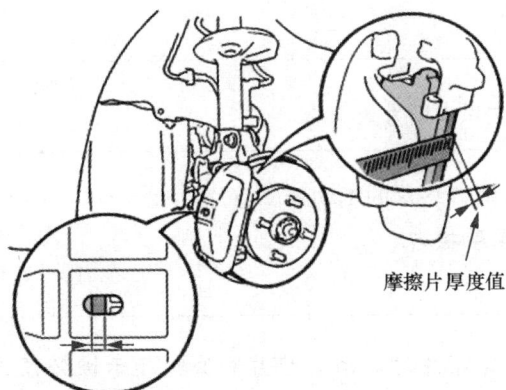

摩擦片厚度值

图 4-16 摩擦片厚度测量

步骤二：通过制动卡钳内的检查孔目测检查内制动器摩擦片的厚度，确保其与外制动器摩擦片厚度没有明显的偏差。

步骤三：确保制动器摩擦片没有不均匀磨损。如果制动器摩擦片的厚度低于磨损极限厚度，则更换制动器摩擦片。

提 示

通过该次检查和上一次检查之间的行驶距离，估计到下一次检查前的行驶距离。通过检查自上一次检查到现在的制动器摩擦片的磨损，来估计制动器摩擦片在下一次检查时的情况。

在下一次计划检查时，如果估计的制动器摩擦片厚度小于可接受值，建议车主更换制动器摩擦片。

根据行驶距离估计制动器摩擦片的剩余磨损量。

4.3.2 更换制动器摩擦片

1. 拆卸制动器摩擦片

步骤一：拆卸制动卡钳，如图 4-17 所示。

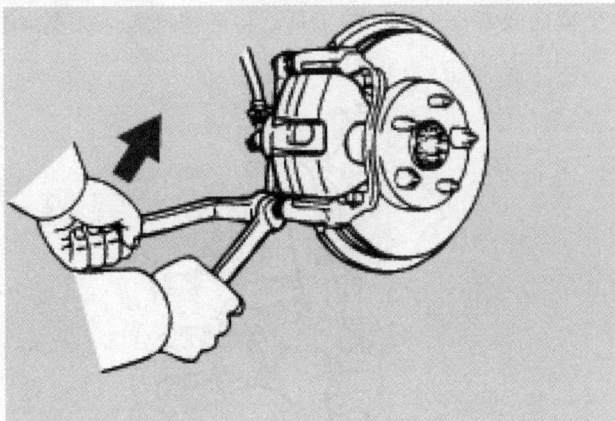

图 4-17 拆卸制动卡钳

> **提 示**
>
> 不要使软管从制动卡钳上断开。

步骤二：拆卸两个带消音垫片的制动器摩擦片。

2．安装新的制动器摩擦片

> **注 意**
>
> 更换磨损的制动器摩擦片时，消音垫片和磨损指示板必须连同制动器摩擦片一起更换。

步骤一：在消音垫片上涂盘式制动器润滑脂（见图 4-18）并在制动器摩擦片上安装消音垫片。

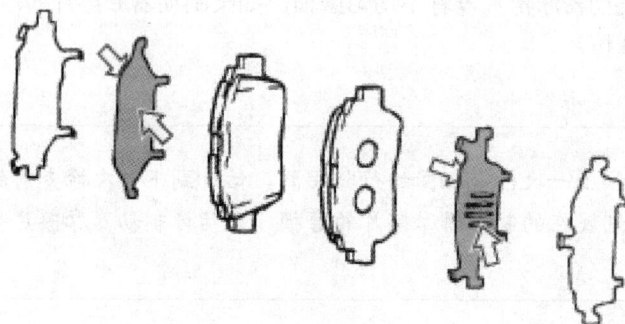

图 4-18　涂抹润滑脂位置

步骤二：安装两个带消音垫片的制动器摩擦片。

> **注 意**
>
> 确保制动器摩擦片或者制动盘的摩擦表面没有机油或者润滑脂。

步骤三：为了防止制动液从制动液储液罐中溢出，加注少量的制动液。

步骤四：使用一个锤柄或者一个类似的工具，将活塞推入，如图 4-19 所示。

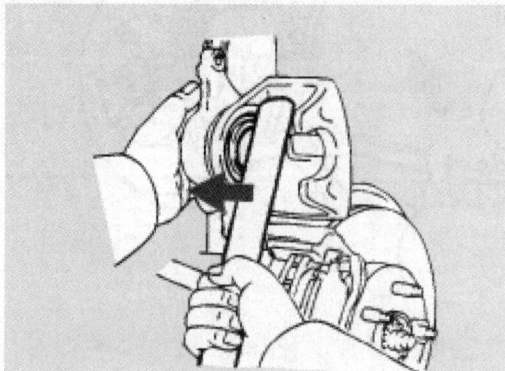

图 4-19　推入活塞

> **提 示**
>
> 如果推入活塞困难，在推入活塞的同时松开放气塞以便排放一些制动液。

步骤五：安装制动卡钳。

步骤六：踩下制动踏板数次，并且检查制动液液位是否处于"满"刻度上。

4.3.3　检查制动盘

1. 磨损和损坏检查

检查制动盘上是否有刻痕、不均匀或者异常磨损以及裂纹和其他损坏，如图 4-20 所示。

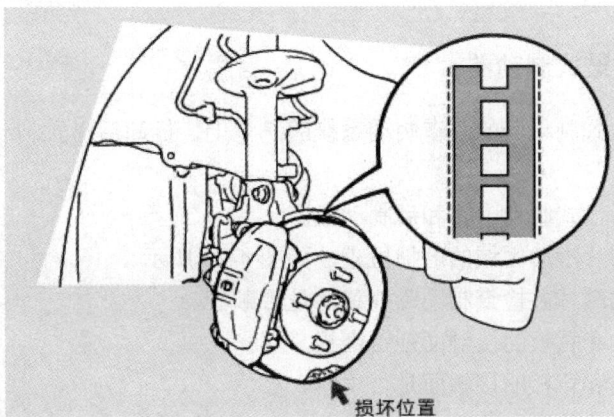

图 4-20　制动盘损坏检查

2. 厚度和跳动检查

如果制动盘出现任何分段、不均匀或者异常磨损、裂纹或者其他损坏，拆卸制动卡钳并检查下述内容。

（1）制动盘的厚度检查。

使用一个外径千分尺测量制动盘厚度，如图 4-21 所示。

（2）制动盘跳动检查。

使用一个百分表测量制动盘跳动量，如图 4-22 所示。

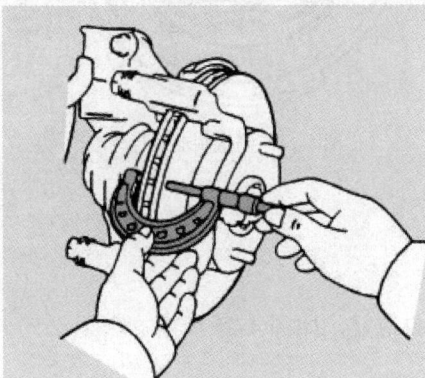

图 4-21　测量制动盘厚度

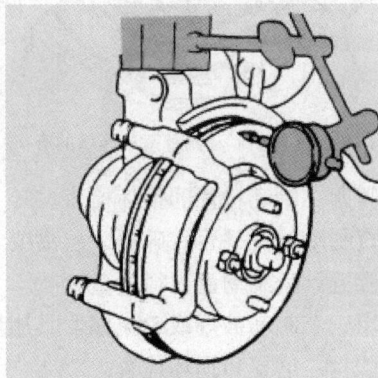

图 4-22　测量制动盘跳动量

> **提 示**
>
> ①使用轮毂螺母临时固定制动盘。
> ②测量制动盘跳动量以前，检查前轮毂轴承的游隙是否在规定的范围以内。

3．制动液渗漏检查

检查制动卡钳中是否有液体渗漏。

> **注 意**
>
> 如果制动液溅出或者粘在油漆上，立即用水漂洗。否则，将损坏油漆表面。

4.3.4　检查盘鼓式制动器

在一个配备盘鼓式制动器的驻车制动系统的汽车上，拆卸后盘式制动卡钳和后制动盘以便检查驻车制动器。

步骤一：拆卸后盘式制动卡钳和后制动盘。

步骤二：制动蹄片滑动区域的磨损检查，如图 4-23 所示。

①手动移动制动蹄片并检查制动蹄片移动是否顺利。

②检查制动蹄片和背板的接触面是否磨损。

③检查制动蹄片和背板的接触面是否生锈。

步骤三：制动衬片的厚度检查。

使用一把直尺测量制动衬片的厚度，如图 4-24 所示。

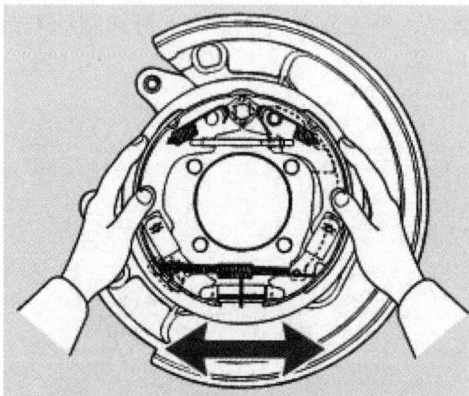

图 4-23　检查制动蹄片滑动区域的磨损

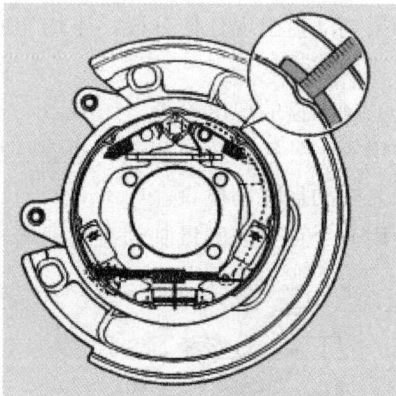

图 4-24　测量制动衬片厚度

步骤四：制动衬片的损坏检查。

检查制动衬片是否有碎屑、层离或者其他损坏。

步骤五：后制动盘内径检查。

使用一个制动鼓规或者类似器具测量后制动盘的内径，如图 4-25 所示。

步骤六：磨损和损坏检查。

检查后制动盘是否有磨损或者损坏，如图 4-26 所示。

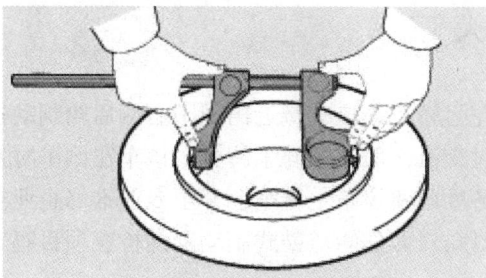

图 4-25 测量后制动盘内径

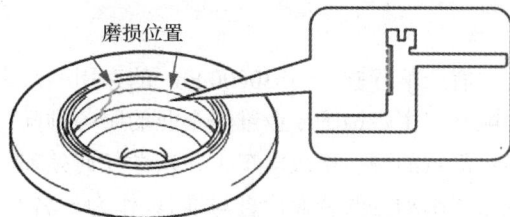

图 4-26 检查制动盘磨损和损坏

步骤七：安装后制动盘和后盘式制动卡钳。

4.3.5 调整盘鼓式制动蹄片间隙

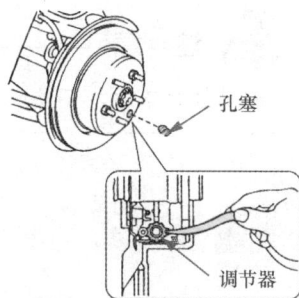

图 4-27 调节器和孔塞位置

步骤一：临时安装轮毂螺母。

步骤二：拆卸孔塞，转动调节器（见图 4-27）并扩展制动蹄片直到制动盘锁定。

步骤三：使调节器回退 8 个缺口。

步骤四：检查制动蹄片是否拖滞在制动器上。

步骤五：安装调节孔塞。

| 任务 4.4 鼓式制动器检查 |

学习目标

"

【知识目标】

1. 掌握制动蹄片在滑动的背板区域的磨损检查项目。
2. 掌握制动衬片检查项目。
3. 掌握维护、检查项目的结果不符合要求时的处理方法。

【能力目标】

1. 完成制动蹄片在滑动的背板区域的磨损检查操作。
2. 完成制动衬片检查操作。
3. 完成制动蹄片更换操作。

【素质目标】

现阶段部分家用车辆依旧在使用鼓式制动器，实施检查、维修作业时，一定要注意全面地检查每一个部件。

"

任务导入

有一辆行驶了约 30000 km 的家用一汽丰田花冠轿车，该车最近出现了右侧后轮制动器异响，车主咨询了专业维修企业的服务顾问，通过交流，服务顾问了解到，该车在倒车时发生过严重的碰撞事故，车主并未做任何处理。服务顾问建议车主将车辆开至专业维修企业实施鼓式制动器的全面检查与维修。作为一名专业维修技师，你知道鼓式制动器的检查项目吗？应该如何实施检查操作？

以丰田花冠轿车为例，拆卸制动鼓以便检查鼓式制动器。

⚠️ **注　意**

制动鼓拆下后，不要踩下制动踏板。

技能操作

4.4.1　检查制动蹄片在滑动的背板区域的磨损情况

步骤一：手动前后移动制动蹄片并检查制动蹄片移动是否顺利，如图 4-28 所示。

步骤二：检查制动蹄片与背板和固定件之间的接触面是否磨损。

步骤三：检查制动蹄片、背板和固定件是否生锈。

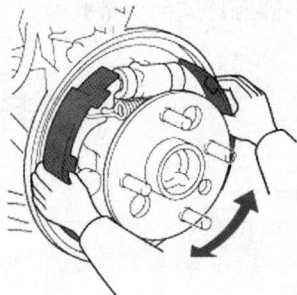

图 4-28　检查制动蹄片移动状况

💡 **提　示**

检查期间，在背板和制动蹄片之间的接触面上涂高温润滑脂，如图 4-29 所示。

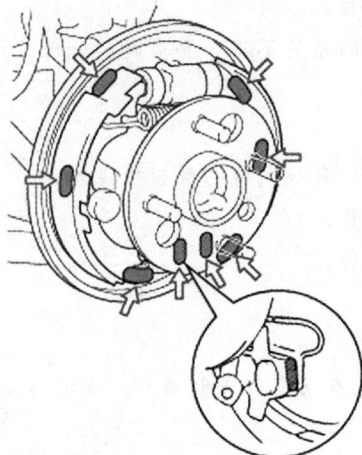

图 4-29　背板和制动蹄片涂抹润滑脂位置

4.4.2 检查制动衬片

1. 制动衬片厚度检查

步骤一：使用一把直尺测量制动衬片的厚度。

步骤二：如果厚度低于磨损极限厚度，则更换制动蹄片。

> 💡 **提 示**
>
> ①利用该次检查和上次检查之间的行驶距离，估计到下一次检查的行驶距离。通过检查自上一次检查到现在的制动衬片的磨损，来估计制动衬片在下一次检查时的情况。在下一次计划检查时，如果估计制动衬片的厚度小于可接受值，建议车主更换制动衬片。
>
> ②根据行驶距离估计制动衬片的剩余磨损量。

2. 制动衬片的损坏检查

检查制动衬片是否有裂纹、脱皮和损坏，如图 4-30 所示。

3. 制动液渗漏检查

检查车轮制动分泵缸中是否有液体渗漏，如图 4-31 所示。

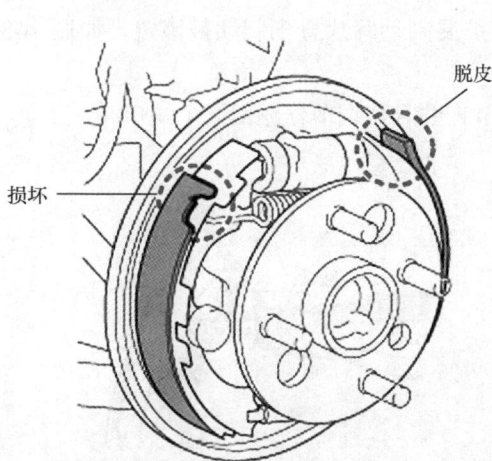

图 4-30 检查制动衬片　　　　　　　图 4-31 检查制动液渗漏

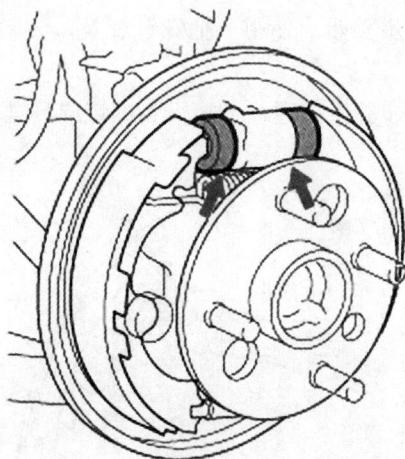

4. 自动调节器操作检查

通过用手向前移动驻车制动蹄拉杆将驻车制动蹄拉杆分开，检查调节器的转动和膨胀。检查后，解除调节器的锁定。反方向转动调节器，调整的缺口数与向前移动的相同，以便返回到原位置。

5. 制动鼓内径测量

使用一个制动鼓测量规或者类似器具测量制动鼓内径。

6. 制动鼓磨损和损坏检查

检查制动鼓是否有任何磨损和损坏。

7. 制动蹄片清洁

使用砂纸清洁制动蹄片并清除油污。如果必要，应同时清洁制动鼓的内表面，如图 4-32 所示。

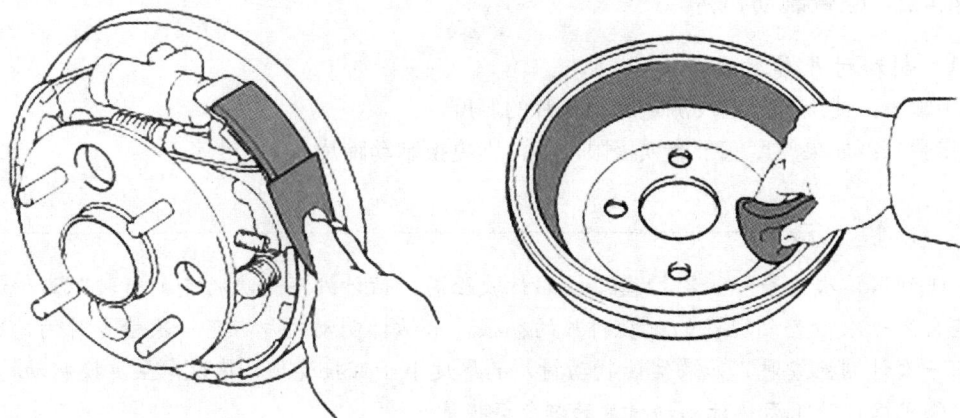

图4-32　清洁制动蹄片和制动鼓

8．制动蹄片间隙调整

（1）运用制动踏板自动调整类型。

步骤一：安装制动鼓。

步骤二：临时安装轮毂螺母。

步骤三：拆卸孔塞。

步骤四：使用一把螺钉旋具，转动调节器并扩展制动蹄片直到制动鼓锁定，如图 4-33 所示。

步骤五：通过一把平头螺钉旋具推动自动调节杆并且使调节器返回 8 个缺口。

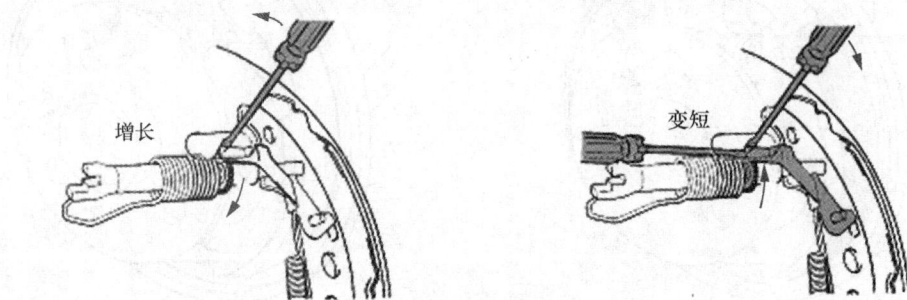

图4-33　转动调节器方法

步骤六：安装孔塞。

💡 **提　示**

踏压制动踏板，如果后制动器中没有"咔嗒"声，制动蹄片间隙会自动调整。

（2）应用自动调节器类型。

步骤一：测量制动鼓内径。

步骤二：转动调节器，将制动蹄片外径调整到大约比制动鼓内径小 1 mm，测量制动蹄片外径方法如图4-34所示。

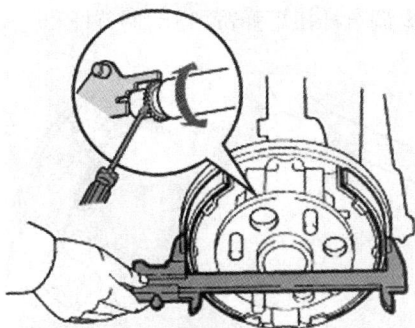

图 4-34　测量制动蹄片外径方法

步骤三：安装制动鼓。

💡 提　示

如果使用驻车拉杆时后制动器中没有"咔嗒"声，制动蹄片间隙会自动调整。

（3）手动调整类型。

步骤一：测量制动鼓内径。

步骤二：转动调节器将制动蹄片外径调整到大约比制动鼓内径小 1 mm。

步骤三：安装制动鼓。

步骤四：拆卸孔塞。

步骤五：使用一把螺钉旋具，转动调节螺母并扩展制动蹄片直到制动鼓锁定，如图 4-35 所示。

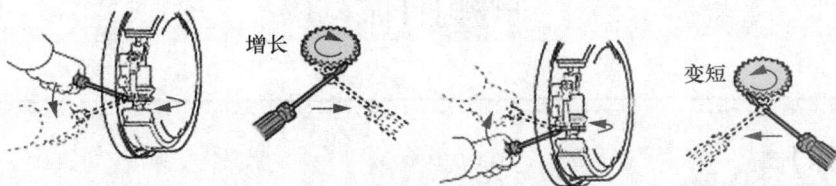

增长　变短

图 4-35　转动调节螺母方法

步骤六：将调整螺母转回到规定的缺口数。规定的缺口数量请参照维修手册。

步骤七：安装孔塞。

4.4.3　更换制动蹄片

1．拆卸制动蹄片

步骤一：拆卸回位弹簧（见图 4-36）、制动蹄片压紧弹簧，然后拆卸制动蹄片。

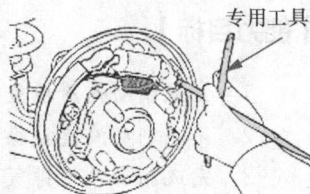

专用工具

图 4-36　拆卸回位弹簧

⚠ 注　意

切勿损坏制动分泵胶套（活塞皮碗）。

步骤二：分离调节器，如图 4-37 所示。

步骤三：从制动蹄片上分离调节杆扭矩弹簧、自动调节杆和驻车制动蹄拉杆，如图 4-38 所示。

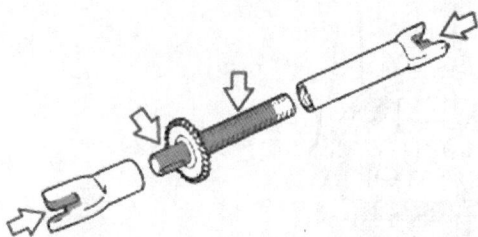

图 4-37　分离调节器

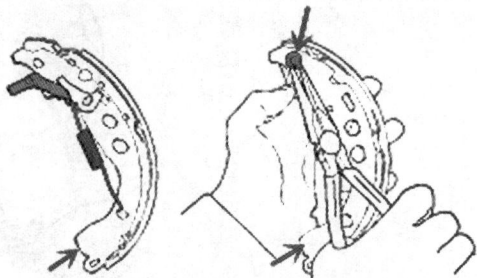

图 4-38　分离调节杆扭矩弹簧、自动调节杆和驻车制动蹄拉杆

2. 安装新的制动蹄片

新的制动蹄片的安装与拆卸过程相反。

💡 **提　示**

①使用一个新的 C 形圈重新安装驻车制动蹄拉杆。

②更换制动蹄片时，所有的制动蹄片都必须同时更换。

任务 4.5　制动拖滞检查与制动液更换

学习目标

"

【知识目标】

1. 掌握制动拖滞检查项目。
2. 掌握制动液更换注意事项。
3. 掌握制动液排气的顺序。

【能力目标】

1. 完成制动拖滞检查操作。
2. 完成制动液更换操作。
3. 完成制动系统排气操作。

【素质目标】

制动性能关乎行车安全，作为一名合格的汽车维修专业技师，实施检查、维护作业时一定要全面、细致，切不可敷衍，应体现工匠精神。

"

任务导入

有一辆行驶了约 60000 km 的家用轿车，车主近期驾驶车辆时，发现制动距离明显增加，而且制动踏板明显偏软。车主担心会影响行车安全，咨询专业维修企业的服务顾问，服务顾问了解到该车已使用了约 5 年，其间没有对制动系统进行过全面维护与制动液的更换。建议车主将车辆开至专业维修企业进行制动液检测并更换制动液。如果你是一名专业的维修技师，你知道制动拖滞检查操作方法吗？该如何更换制动液？

技能操作

4.5.1　检查制动拖滞

制动拖滞检查需要两人配合操作，一人在驾驶室内操纵驻车制动器和制动踏板，维修技师负责车辆制动拖滞检查。

步骤一：操作驻车制动杆几次并且踩制动踏板几次，以便允许制动蹄片下陷。

> **提　示**
>
> 使用驻车制动杆或者制动踏板直到后制动器自动调节器的"咔嗒"声音消失。

步骤二：拉起驻车制动杆（驻车制动踏板）或驻车制动器控制开关，手动转动制动盘或者制动鼓，检查后轮是否有拖滞现象。

步骤三：踩下制动踏板，手动转动制动盘或者制动鼓，分别检查各个车轮是否有拖滞现象。

4.5.2　更换制动液

制动液使用 2 年或车辆行驶 40000 km 就要强制更换。换制动液的要点是边放旧制动液边加新制动液（将新制动液添加设备一直与制动液储液罐相连），始终确保储液罐中的制动液液位不低于 MIN 线，目的是防止空气进入制动系统中。

1．手动更换制动液

更换制动液最好由 3 人配合完成，一人负责加注新制动液，一人负责踩制动踏板，另外一人负责制动液排放（建议佩戴防溅护目镜，防止制动液溅入眼睛）。排放制动液前，建议将制动灯熔丝拔下，延长制动灯使用寿命。

步骤一：清理储液罐周围的灰尘，打开储液罐盖，车外人员负责观察制动液液位并加注新制动液。确认制动液液位始终处于 MIN 线上。

步骤二：一人在车下，摘掉放液口上的橡胶防尘帽，将预备的透明软管两端分别装在放液口和旧制动液收集瓶中，之后用扳手逆时针方向松开排放螺钉，同时车上的人反复踩制动踏板。此时制动液会从放液口喷出，注意制动液储液罐内的液面，要随液面下降添加新制动液。待出液清亮后拧紧排放螺钉。

步骤三：车上人反复踩制动踏板到最高点并踩住制动踏板不要松脚，车下人松开排放螺钉，待制动液喷净后拧紧并通知车上人松开制动踏板。以上操作反复数次直到放出的制动液中无气泡。注意制动液储液罐内的液面，要随液面下降添加新制动液，否则会有空气进入制动系统。

步骤四：排完一个轮的制动液后，对另一个轮重复上面步骤二、三的操作。

步骤五：为了避免新、旧制动液混合，换制动液、放气可以从左前轮开始，下一个放左后轮，然后右后轮，最后右前轮。

步骤六：4个轮更换完成后路试，如发现制动不灵敏，请进行制动系统排气操作。

💡 提 示

在排放旧制动液过程中始终要确保储液罐中的制动液液位不低于 MIN 线，边排放旧制动液边观察储液罐，当储液罐中的制动液液位接近 MIN 线时，补加新制动液直至液位到达 MAX 线处。

2．专用工具更换

采用专用工具，制动液更换更为彻底。人工更换不够彻底，更换量为总量的 2/3 左右。

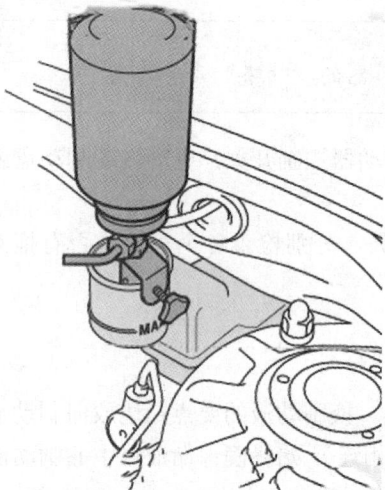

图 4-39　制动液添加工具

步骤一：将制动液添加工具安装到制动液储液罐上，如图 4-39 所示。

步骤二：将专用扳手放置在制动液排放螺钉上，轻轻拧松排放螺钉。

步骤三：将制动液更换工具出液管与制动液排放螺钉相连，打开压缩空气。

步骤四：继续拧松制动液排放螺钉，使制动液吸出，直至有新制动液流出，拧紧制动液排放螺钉。

步骤五：依次排放各轮制动液，一般按左前轮→左后轮→右后轮→右前轮的顺序进行。

⚡ 注 意

某些类型的制动器，比如带有液压制动助力器或者 ABS 的类型，可能要求特殊的操作。

4.5.3　制动系统排气

若制动系统管路进入空气，会造成制动距离增加，严重的可能导致制动失效，因此应对制动系统管路进行排气。操作过程中，需两个人进行配合工作。制动系统排气前，必须将制动系统原件安装到位。

制动管路的排气原则是由远及近，即排气顺序是先对距制动主缸距离最远的右后制动轮缸进行排气，再分别对左后、右前、左前制动轮缸进行排气。

制动管路的排气操作如下。

步骤一：操作时一人在驾驶室内操作制动踏板，另一人在车辆下部进行操作。举升车辆至规定高度（可根据便于车辆下部操作人员操作的高度确定）。

步骤二：向制动主缸的储液罐加注制动液，并保证排气过程中制动液量不得少于储液罐半满状态的制动液量（液面位于 MIN 线以上）。

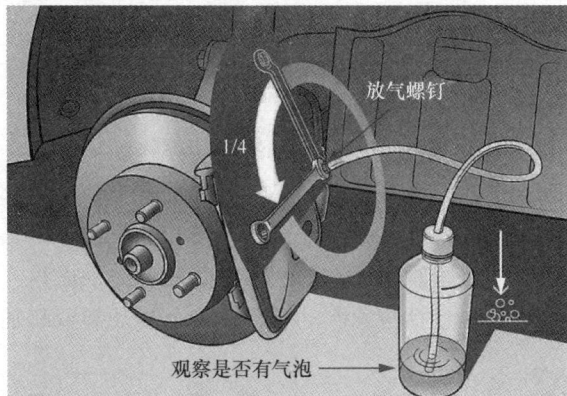
图 4-40　制动系统放气

放气螺钉
1/4
观察是否有气泡 →

步骤三：一人拆下放气螺钉的防尘帽，把透明导液管接到制动轮缸的放气螺钉上，导液管的另一端插入容器，如图 4-40 所示。

步骤四：另一人踩动几次制动踏板，保持制动踏板处于工作状态不动。使总泵和储液罐中的部分制动液进入制动管路，拧松放气螺钉 1/4～1/2 圈，使部分制动液流入收集容器。

步骤五：排气操作人员拧紧放气螺钉后，制动踏板操作人员方可抬起制动踏板。反复踩动制动踏板，直到透明导液管流出的制动液无任何气泡为止，最后将放气螺钉拧紧至规定力矩。

⚡ 注　意

在排气过程中，要随时加注制动液，使储液罐中的制动液液位保持在 MIN 线以上，以防止空气进入制动主缸。

步骤六：取下制动液导液管，安装放气螺钉防尘帽。

步骤七：继续向储液罐里加注制动液，并使液位达到储液罐的 MAX 线；但不宜超过该线，以免制动液溢出腐蚀车体零件。

知识链接　制动系统

1．制动系统概述

（1）制动系统的功用。

汽车制动系统的功用是按照需要使汽车减速或在最短距离内停车；下坡行驶时保持车速稳定，使停驶的汽车可靠驻停。

汽车行驶过程中会遇到复杂多变的路面状况，如进入弯道、经过不平道路、两车交会、突遇障碍物等，为了保证行驶安全，就要求汽车在尽可能短的距离内将车速降低，甚至停车。

此外，汽车下长坡时，在重力产生的下滑力作用下，汽车有不断加速到危险车速的趋势，此时应将车速限定在安全值内，并保持相对稳定。对停驶的车辆，特别是在坡道上停驶的汽车，应使之可靠地驻留在原地不动。

（2）制动系统的基本组成。

①供能装置。供能装置包括供给、调节制动所需能量以及改善传能介质状态的各种部件，如气压制动系统中的空气压缩机、液压制动系统中人的肌体（即需要人踩下踏板）。

②控制装置。控制装置包括产生制动动作和控制制动效果的各种部件，如制动踏板等。

③传动装置。传动装置包括将制动能量传输到制动器的各个部件，如制动主缸、制动轮缸等。其作用是将驾驶员或其他动力源的作用力传到制动器，同时控制制动器的工作，从而

获得所需的制动力矩。

④制动器。制动器是指产生阻碍车辆的运动或运动趋势的力的部件。

较为完善的制动系统还包括制动力调节装置以及报警装置、压力保护装置等。

（3）制动系统的分类。

按功能的不同，汽车制动系统可以分为行车制动系统，驻车制动系统，应急制动、安全制动和辅助制动系统。

为发挥汽车制动系统的作用，现代汽车上一般设有以下几套独立的制动系统。

①行车制动系统。行车制动系统用于使行驶中的车辆减速或停车，其制动器安装在全部车轮上，通常由驾驶员用脚操纵。

②驻车制动系统。驻车制动系统用于使停驶的汽车驻留原地，通常由驾驶员用手操纵。

③应急制动、安全制动和辅助制动系统。该系统包括应急制动装置、安全制动装置和辅助制动装置。

a. 应急制动装置是指用独立的管路控制车轮的制动器作为备用系统，其作用是在行车制动系统失效的情况下保证汽车仍能实现减速或停车。

b. 安全制动装置当制动气压不足时起制动作用，使车辆无法行驶。

c. 辅助制动装置是为了下长坡时减轻行车制动器的磨损而设，其中利用发动机排气制动应用较广。

（4）对制动系统的要求。

为保证汽车能在安全的条件下发挥出高速行驶的能力，制动系统必须满足下列要求。

①具有良好的制动效能：迅速减速直至停车的能力。

②操纵轻便：操纵制动系统所需的力不应过大。

③制动稳定性好：制动时，前、后车轮制动力分配合理，左、右车轮上的制动力矩基本相等，使汽车在制动过程中不跑偏、不甩尾。

④制动平顺性好：制动力矩能迅速而平稳地增大，也能迅速而彻底地减小。

⑤散热性好：连续制动时，制动鼓和制动蹄上的摩擦片因高温引起的摩擦因数下降要小，水湿后恢复要快。

2. 制动器

制动器的作用是将气压或液压转换为制动器的制动力，以迫使车轮停转，从而使路面给车轮一个与汽车行驶方向相反的制动力，使汽车迅速减速，达到汽车以给定车速行驶或停车的目的。

无论车轮制动器如何变化，其结构都由旋转元件和固定元件两大部分组成。旋转元件与车轮相连接，固定元件与车桥相连接。制动器利用旋转元件和固定元件之间的摩擦，产生制动器制动力。

常用的制动器有盘式和鼓式。当摩擦蹄片压紧旋转的制动盘或制动鼓时，两者接触面之间产生摩擦，通过摩擦将汽车的动能转换为热能，并将热量散发到空气中，最终使车辆减速直至停车。

（1）盘式制动器。

盘式制动器被广泛应用在轿车和轻型货车上。它的优点是散热良好，热衰退小，热稳定性好，适合作为对制动性能要求较高的前轮制动器。近年来，前、后轮都采用盘式制动器的结构日渐增多。

①盘式制动器组成。

盘式制动器的旋转元件是制动盘，它和车轮固装在一起旋转，以其端面为摩擦工作表面。其固定元件是制动块、导向支销、轮缸及活塞，它们均被安装于制动盘两侧的钳体上，总称为制动钳。制动钳用螺栓与转向节或桥壳上的凸缘固装，并用调整垫片来调整制动钳与制动盘的相对位置。盘式制动器主要的组成元件位置如图4-41所示。

图4-41　盘式制动器主要的组成元件位置

②盘式制动器的类型。

盘式制动器根据其固定元件的结构形式的不同，可分为全盘式制动器和钳盘式制动器。

全盘式制动器的固定元件的金属背板和摩擦片都做成圆盘形，因而其制动盘的全部工作面可同时与摩擦片接触。全盘式制动器由于制动钳的横向尺寸较大，主要应用在重型汽车上。钳盘式制动器按制动钳固定在支架上的结构形式的不同，可分为定钳盘式和浮钳盘式。

盘式制动器的优点如下。

a. 散热能力强，热稳定性好。受热后，制动盘只径向膨胀，不会影响制动间隙。

b. 抗水衰退能力强。受水浸后，在离心力作用下很快被甩干，摩擦衬片上的剩水也由于压力高而容易挤出，一般仅需要1～2次制动后即可恢复正常。

c. 制动时的平顺性好。

d. 结构简单，维修方便。

e. 制动间隙小，便于自动调节。

盘式制动器的不足之处如下。

a. 制动时无助势作用，故要求管路液压较高。

b. 防污性差，制动衬片磨损较快。

（2）鼓式制动器。

①鼓式制动器组成。

鼓式制动器主要由制动鼓、制动底板、制动蹄、制动轮缸、回位弹簧以及连接部件所组成，如图 4-42 所示。

②鼓式制动器的类型。

鼓式制动器按其制动蹄促动装置的形式的不同，可分为轮缸式制动器和凸轮式制动器。

根据制动时两制动蹄对制动鼓的径向作用力之间的关系的不同，鼓式制动器可分为简单非平衡式、平衡式和自增力式。

3．其他元件

（1）真空助力器。

真空助力器的作用是利用发动机的真空（负压）来增加驾驶员施加于制动踏板上的力。

（2）制动主缸。

制动主缸也称为制动总泵，它的作用是使制动踏板机构输入的机械能转换成液压能，推动制动液传输至各个制动轮缸，控制各个制动器。制动主缸和真空助力器如图 4-43 所示。

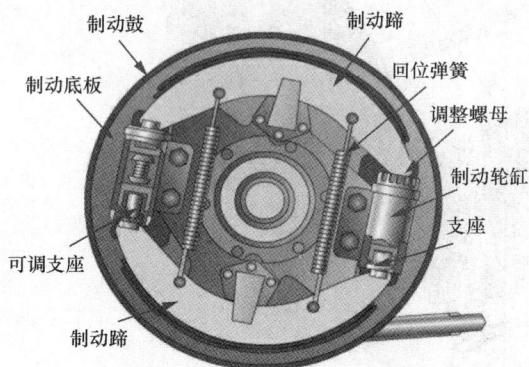

图 4-42　鼓式制动器主要元件

图 4-43　制动主缸和真空助力器

（3）制动轮缸。

制动轮缸的功用是将制动主缸输入的液力转换为机械推力。制动轮缸有单活塞和双活塞两种形式，主要由放气螺钉、进油口、防尘罩、顶块等组成。

| 工作页和练习题 |

完成本书附带的实训手册上的工作页和练习题。

项目 5
举升降至低位维护

|任务 5.1　起动前检查、维护|

学习目标

【知识目标】

1. 掌握车辆起动前检查项目。
2. 掌握起动前检查结果不符合要求时的处理方法。

【能力目标】

1. 完成车辆起动前冷却系统检查操作。
2. 完成车辆起动前的传动皮带检查操作。
3. 完成车辆起动前点火系统检查操作。
4. 完成车辆起动前蓄电池检查操作。
5. 完成车辆起动前发动机舱制动系统再次检查操作。
6. 完成车辆起动前离合器液检查操作。
7. 完成车辆起动前空气供给系统检查操作。
8. 完成车辆起动前活性炭罐检查操作。
9. 完成车辆起动前的其他部件检查操作。

【素质目标】

车辆维护操作基本完成的情况下，需要进行车辆起动前的检查，对此要仔细，切勿疏忽大意，以免造成车辆损坏。

任务导入

有一辆入厂维护的车辆，前期工作基本完成，维修技师要对其进行起动前检查，如果你是一名专业的维修技师，你知道车辆起动前还需要做哪些检查、维护吗？又该如何实施检查操作？

技能操作

5.1.1 检查冷却系统

1．冷却液更换

按照保养手册（多数车辆更换标准为 40000 km 或两年）的要求，当冷却液到保养期后需要更换。更换冷却液需要待发动机冷却后方可进行。更换冷却液的步骤如下。

步骤一：打开膨胀水箱盖（如果发动机刚刚停止运行，冷却液温度较高时，首先应该用抹布盖住膨胀水箱盖，旋转 45° 以排放热气，切勿佩戴线制手套进行此操作，防止烫伤）。

步骤二：举升车辆，在车下面放一个集液盘用来收集冷却液。打开散热器和发动机缸体的冷却液排放开关，排出冷却液。若散热器或发动机缸体没有冷却液排放开关，可拆下散热器下方的水管以排放冷却液。

步骤三：关闭冷却液排放开关。

步骤四：从膨胀水箱盖处加入冷却液，不要超过上限标线。

步骤五：加注完成后拧紧冷却液膨胀水箱盖。

步骤六：使发动机怠速运转至冷却风扇开始工作，膨胀水箱中冷却液液面会有所下降，继续补加冷却液至合适位置即可。

步骤七：检查车下有无冷却液泄漏（主要是管路接头处），如有泄漏，应检查并排除故障。

2．冷却系统密封性的检查

检查冷却系统的密封性，看有无渗漏，可用专用工具——冷却系统测试仪进行测试。

步骤一：选择合适的膨胀水箱盖接口，将冷却系统测试仪安装在膨胀水箱上，如图 5-1 所示。

步骤二：用冷却系统测试仪的手动泵使压力达到规定压力，维持 3 min，压力值应无明显变化。如果压力下降，即表明冷却系统有渗漏故障，应找出渗漏处，并予以维修。

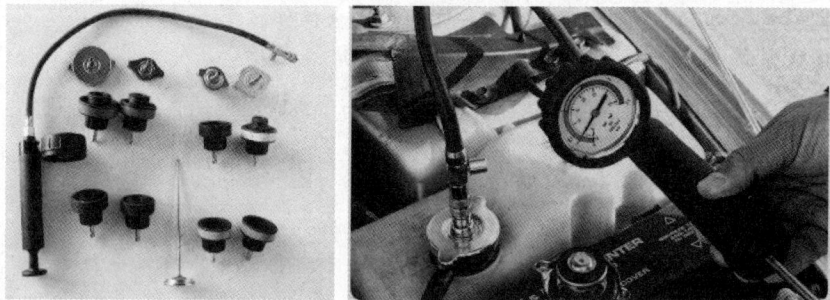

图 5-1　将冷却系统测试仪装在膨胀水箱上

3．膨胀水箱盖安全阀（限压阀）及其密封性检查

步骤一：将膨胀水箱盖安装到冷却系统测试仪上。

步骤二：如图 5-2 所示，用冷却系统测试仪使压力上升，达到规定压力时，膨胀水箱盖安全阀应能打开并泄压。如果未达到规定压力便泄压或者达到规定压力仍不泄压，则更换膨胀水箱盖。

步骤三：检查膨胀水箱盖密封垫状况，如图 5-3 所示。密封垫是否有老化、裂纹和损坏，如果出现以上状况，建议更换。

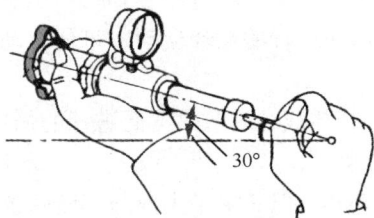

图 5-2　检查膨胀水箱盖安全阀的功能

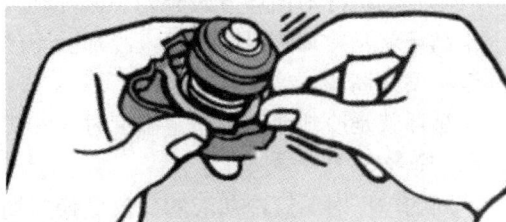

图 5-3　膨胀水箱盖密封垫检查

知识链接　冷却系统

1．冷却系统介绍

（1）冷却系统作用。

冷却系统的作用主要是将发动机工作时产生的热量散发到空气中以防止发动机过热，但冷却系统还有其他重要作用。汽车中的发动机在适当的高温状态（一般为 80～105℃）下运行状况最好。如果过度冷却，发动机燃烧室内的温度将降低，导致混合气雾化不良，动力下降，经济性变差，气缸磨损加剧；如果冷却不足，发动机燃烧室内的温度上升，将导致发动机负荷增大，易发生爆震，加剧发动机的磨损，缩短发动机的寿命。

（2）冷却系统组成。

冷却系统主要零部件有节温器、水泵、散热器、散热风扇、冷却液温度传感器、冷却液储液罐膨胀水箱（有的维修手册也称为副水箱或冷却壶等）、暖风装置等，如图 5-4 所示。

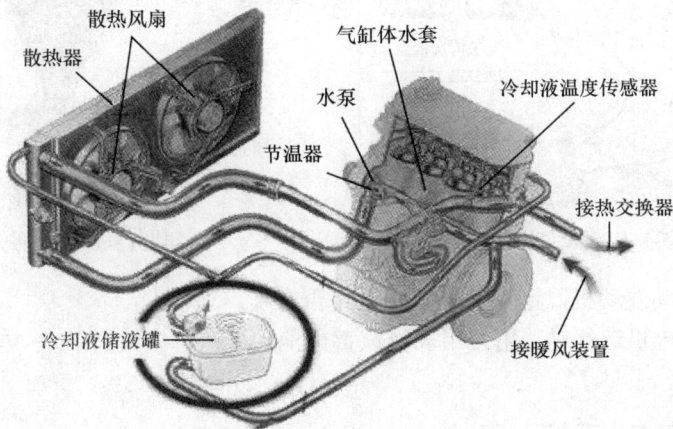

图 5-4　冷却系统组成

（3）冷却系统原理。

发动机工作时带动水泵工作，水泵从散热器出水管将冷却液加压后，强行打入发动机气缸体内水道中。由于水泵处于连续工作状态，不断地向缸体内挤压冷却液，升高冷却液压力并通过节温器将其输送到散热器出水管。在这一强制循环系统中，水泵泵液量的大小取决于串联在水道中的节温器，水泵装在进水道中，节温器装在出水道中。水泵从散热器抽冷却液并泵入气缸水道，节温器控制着出液流的大小。轿车中常见的一种简单的布置方式为节流器装在水泵前端，控制进液流的大小。

（4）循环方式。

汽车发动机冷却循环方式分为小循环和大循环。

小循环就是冷却液温度低时，冷却液不经过散热器而进行的循环流动，可使发动机内的冷却液温度升高。

大循环就是冷却液达到一定温度时（80℃左右），冷却液经过散热器而进行的循环流动。

2．冷却液更换周期

不同的车厂对原厂冷却液的建议更换周期会有所差异，但其中绝大部分厂商建议车主每2年或车辆行驶40000 km更换一次车辆冷却液，也有部分厂商表示其原厂冷却液更换周期为4年或5年。不同车型，参照各自保养手册的不同要求执行冷却液更换。

5.1.2 检查传动皮带

步骤一：检查发电机皮带（传动皮带），如图5-5所示。

（1）张紧度检查。通过用手指按压传动皮带检查弯曲程度［通过在维修手册中规定的区域施加一个98 N的力检查松紧程度，检查皮带张紧度的另外一个方法是使用一个皮带张力计（见图5-6）］。

（2）磨损状况检查。检查传动皮带的整个外围是否有磨损、裂纹或者其他损坏（如果无法检查皮带的整个外围，则通过在发动机转动方向转动曲轴带轮来检查皮带）。

（3）安装情况检查。检查皮带以确保其已被正确地安装在皮带轮槽内。

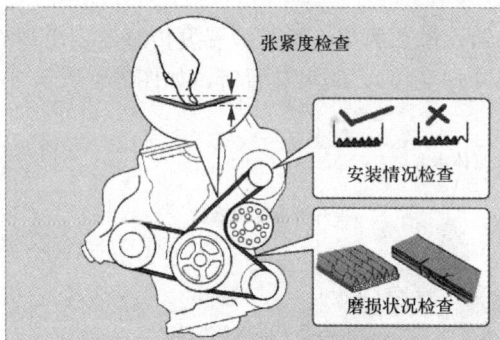

图5-5 传动皮带检查

图5-6 皮带张力计

步骤二：起动发动机，检查发电机轴承是否有噪声。

步骤三：发电机运行时，用万用表测试蓄电池端电压，如果高于13 V，则说明发电机及其连接线束正常。

5.1.3 检查点火系统

1．点火线圈检查

步骤一：检查点火线圈线束插接器有无松动，断开点火线圈线束插接器，查看针脚有无锈蚀。

步骤二：拆卸点火线圈，有些车型的点火线圈由螺栓固定，需要将固定螺栓拆下。

步骤三：使用点火线圈拆卸专用工具取下点火线圈（如果没有专用工具，可以采用一字螺钉旋具将其轻轻撬起）。

步骤四：检查点火线圈外壳有无损坏，如有损坏，需更换。

步骤五：按与拆卸相反的顺序安装点火线圈，连接线束插接器，起动发动机，检查车辆工作状况。

2．火花塞的拆卸

步骤一：工具准备。拆卸火花塞需要使用扳手、长接杆和六角套筒。汽车上的火花塞一般用 16 mm（部分轿车使用 19 mm）的六角套筒拆卸。

步骤二：发动机冷却后方可拆卸。先清理点火线圈及其附近的灰尘和油污，然后拔下点火线圈的线束插头，再用套筒拧下点火线圈的固定螺栓（有些车型没有点火线圈固定螺栓）。

步骤三：拔出点火线圈。一些车型的点火线圈和缸体之间用橡胶密封，拔出时需要用一点力。

步骤四：取下点火线圈后，用套筒把火花塞拧松。

步骤五：取出火花塞。将之前拆下来的点火线圈插入已拧松的火花塞上，将火花塞取出，按序摆放，以方便下一步检查时评估各个气缸的工作状况。也可使用专用火花塞拆卸工具或带磁性的套筒在拆卸火花塞时把旋出的火花塞带出。如果没有带磁性的套筒，在套筒内塞一段较厚的双面胶，也能够把旋出的火花塞带出。

3．火花塞的检查

火花塞的检查部位如图 5-7 所示，具体检查步骤如下。

步骤一：火花塞螺纹检查，如果火花塞螺纹有损坏，需更换。

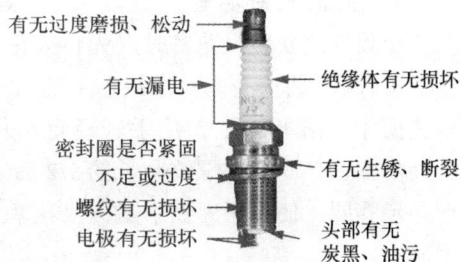

图 5-7 火花塞的检查部位

步骤二：检查火花塞陶瓷部分，若出现裂纹、损坏，需更换。检查火花塞外观，如有破损、明显缺陷，应更换新的火花塞。

火花塞上如有积炭、黑色油迹等，应用清洗剂进行清理，必要时更换新的火花塞。

步骤三：火花塞电极部分检查，如图 5-8 所示。火花塞电极部分有积炭、熏黑，或形成釉层等其他不正常现象时，应用清洗剂进行清理，必要时更换新的火花塞。

图 5-8 火花塞电极部分检查

步骤四：检查火花塞电极间隙。火花塞电极间隙因车型而异，可以从保养手册中查找。火花塞电极间隙过小，火花塞跳火能量变弱，电极容易烧蚀；火花塞电极间隙过大，发动机高速运转时易出现断火。

如图 5-9 所示，使用火花塞间隙规（也可用塞尺）测量电极间隙。

步骤五：调整火花塞电极间隙。如果火花塞电极间隙不符合要求，应进行调整。调整间隙时，只能调整侧电极，不能调整中心电极，以免损坏绝缘体。

火花塞间隙太大时，可用螺钉旋具柄轻轻敲打侧电极来调整，但不要用力过大，否则侧电极可能因过度弯曲而损坏；如果间隙过小，可用一字头的螺钉旋具插入电极间扳动，把间隙调整到规定值。

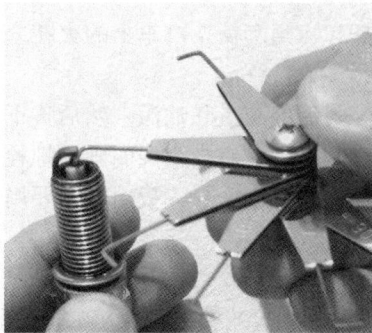

图 5-9　火花塞电极间隙的测量

4. 火花塞的安装

步骤一：安装火花塞时，先将火花塞放到套筒里。

步骤二：将火花塞对准缸盖上的火花塞座孔（注意不要使火花塞电极与发动机缸盖磕碰，以免损坏火花塞电极），用手轻轻旋入火花塞。

步骤三：旋入约螺纹全长的 1/2 后，再用套筒初步旋紧。

步骤四：使用扭力扳手紧固火花塞至规定力矩，不同车型对于火花塞拧紧力矩规定可能不同。

步骤五：拧紧火花塞时，注意套筒及扭力扳手要对正火花塞，同时注意拧紧力矩不能过大，防止损坏火花塞及缸盖火花塞座孔的螺纹。

步骤六：若拧动时手感不畅，应退出检查是否对正螺口或螺纹中有无夹带杂质，切不可盲目加力紧固，以免损伤螺孔，甚至损坏缸盖（现在多数轿车采用铝合金缸盖）。

步骤七：按要求力矩拧紧，过松会造成漏气，过紧会使密封垫失去弹性，同样会造成漏气。锥座型火花塞由于不用密封垫，一定要用规定力矩拧紧。

在安装点火线圈时，注意不要把顺序弄错，需按每个缸原来的位置对应安装。

知识链接　点火系统

1. 点火系统的功用

在汽油发动机中，气缸内的可燃混合气是靠高压电火花点燃的。而产生电火花的功能是由点火系统来完成的，现代汽车多采用独立点火方式。

点火系统的作用是将汽车电源供给的低压电转变为高压电，并按照发动机的做功顺序与点火时刻的要求，适时、准确地将高压电送至各缸的火花塞，使火花塞跳火，点燃气缸内的混合气。

点火系统

2. 点火系统的组成

现代汽车发动机点火系统主要由传感器、ECU、点火线圈及火花塞等组成，如图 5-10 所示。

3. 火花塞

（1）火花塞的作用。

汽油发动机通过燃料和混合气体的适时燃烧产生动力，但是作为燃料的汽油即使处于高温环境下也很难自燃，在火花塞的中心电极和接地电极之间施加由点火装置所产生的高电压，电极间的绝缘状态被破坏而产生电流，放电生成电火花即可点燃混合气。

（2）火花塞的构造。

火花塞及其构造如图 5-11 所示。中心电极用镍铬合金制成，具有良好的耐高温、耐腐蚀性能。中心电极做成两段，中间加有导电玻璃，由于导电玻璃和瓷绝缘体的膨胀系数相近，因此，导电玻璃主要起密封作用。火花塞间隙多为 1.0～1.2 mm。

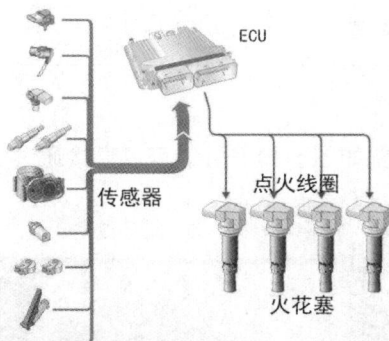

图 5-10 点火系统的组成

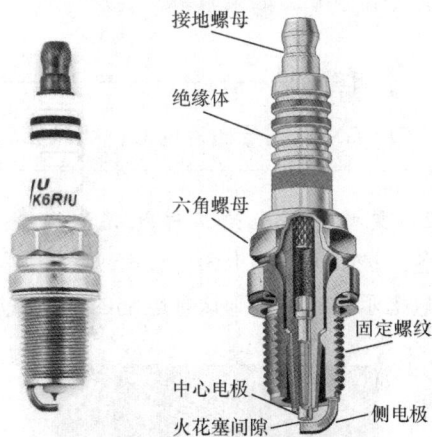

图 5-11 火花塞及其构造

（3）火花塞的维护周期。

对火花塞实行强制保养，保养周期到了就要强制更换，具体保养里程以保养手册为准。

火花塞的使用寿命取决于火花塞电极的材料。一般情况下，镍合金火花塞更换周期为行驶里程达到 20000 km，镍钇合金火花塞更换周期为行驶里程达到 30000 km，单铂金火花塞更换周期为行驶里程达到 40000 km，双铂金火花塞更换周期为行驶里程达到 60000 km，铱金火花塞更换周期为行驶里程达到 80000 km，铂铱合金火花塞更换周期为行驶里程达到 100000 km。

4．点火线圈

单独点火方式是指为每一个气缸分配一个点火线圈，点火线圈直接安装在火花塞上的顶上，这样还取消了高压线，如图 5-12 所示。这种点火方式通过凸轮轴传感器或通过监测气缸压缩来实现精确点火，它适用于任何缸数的发动机，特别适合每缸 4 气门的发动机使用。因为火花塞点火线圈组合可安装在双顶置凸轮轴（DOHC）的中间，充分利用了间隙空间。由于取消了分电器和高压线，能量传导损失及漏电损失极小，没有机械磨损，而且各缸的点火线圈和火花塞装配在一起，外用金属包裹，大幅减少了电磁干扰，可以保障发动机电控系统的正常工作。

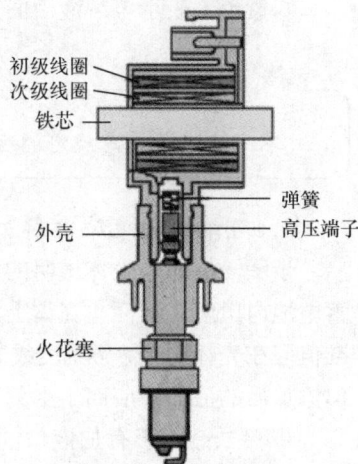

图 5-12 点火线圈结构

5.1.4 检查蓄电池

1．蓄电池基本检查

步骤一：蓄电池外观检查。检查蓄电池外壳是否有裂纹或者渗漏，如果有裂纹或渗漏请及时更换蓄电池。

步骤二：端子腐蚀检查。检查蓄电池端子是否腐蚀或损坏，如果有腐蚀，可以用碱性溶液进行清洁；根据端子损坏程度，维修或更换。

步骤三：电源导线连接松动检查。检查蓄电池端子导线是否松动，如果松动，应及时紧固。

步骤四：通风孔检查。通风孔位置如图 5-13 所示，检查蓄电池的通风孔塞是否损坏或者通风孔是否阻塞。如果阻塞，要及时清理。

> 💡 **提 示**
>
> 不同品牌和型号的蓄电池，通风孔的位置可能不同。

2. 免维护蓄电池工作状况的检查

免维护蓄电池的上面都设有观察窗，观察窗的位置如图 5-14 所示，可以直接通过观察窗中电量指示器的颜色确认蓄电池的工作状况。

图 5-13 通风孔位置

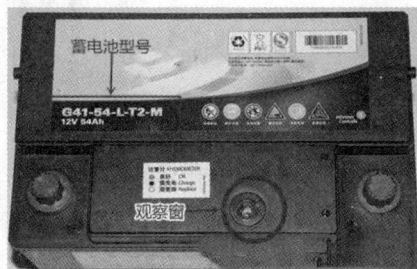

图 5-14 免维护蓄电池上观察窗的位置

观察窗中电量指示器的颜色说明如下。

①绿色，表示蓄电池的技术状况良好。

②黑色，表示电解液密度偏低，应对蓄电池进行补充充电。

③黄色，表示电解液液面过低，蓄电池已不能继续使用。

> 💡 **提 示**
>
> 不同品牌蓄电池规定的观察窗中电量指示器颜色代表含义可能也不同。

3. 可维护蓄电池电解液液面高度的检查

步骤一：对于壳体透明的可维护蓄电池，壳体均标有上、下刻度线，可以从外部观察到蓄电池内电解液液面与壳体上、下刻度线的相对位置，如图 5-15 所示。电解液液面高度的标准值应在壳体的上、下刻度线之间，若液面接近或低于下刻度线，一般可以直接加入蒸馏水，但添加后的液面不应高于上刻度线。

步骤二：对于有加液口的蓄电池，液面高度可用玻璃管测量。电解液液面应高出极板 10～15 mm，电解液不足时应加注电解液补充液（蒸馏水，若无特殊要求一般不允许加入硫酸溶液）。

4. 可维护蓄电池电解液相对密度测量

所需测量工具为蓄电池密度测量仪和吸管，如图 5-16 所示。

图 5-15　电解液液面高度刻度线

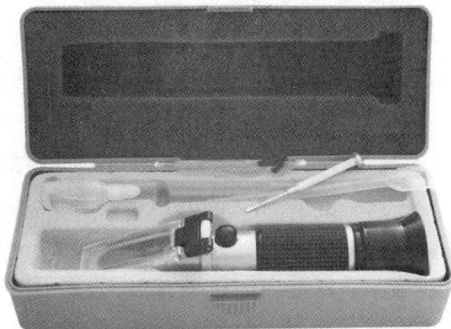
图 5-16　密度测量工具

先旋下加液孔盖，用吸管吸取少量电解液，将电解液涂在密度测量仪的玻璃板上，观察电解液的密度值，如图 5-17 所示。数值偏低，应及时为蓄电池补充充电，一般应保证在 25℃时，电解液密度值为 1.25 g/cm³ 以上。

5．用高率放电计测量放电电压

高率放电计如图 5-18 所示，它模拟接入起动机负荷，测量蓄电池在大电流（接近起动机起动电流）放电时的端电压，用以判断蓄电池的放电程度和起动能力。高率放电计由一个电压表和一个定值负载电阻组成。

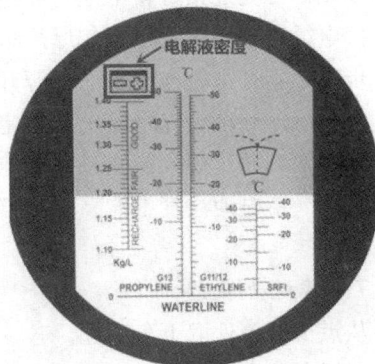
图 5-17　观察电解液的密度值

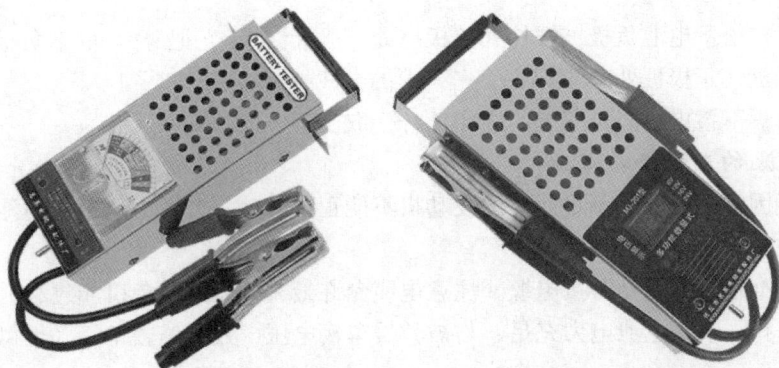
（a）指针式高率放电计　　　　（b）数字式高率放电计
图 5-18　高率放电计

测量时将两叉尖或夹子与蓄电池的正、负极桩连接，历时不超过 5 s，观察大负荷放电情况下蓄电池所能保持的端电压。一般技术状况良好的蓄电池，用高率放电计测量时，蓄电池电压应为 9.6 V 以上，并在 5 s 内保持稳定；若电压稳定在 10.6～11.6 V，说明存电充足。

如果 5 s 内电压迅速下降，电压值低于 9.0 V，并且这个低电压值很长时间保持不变，说明该蓄电池已损坏。

不同厂牌的高率放电计负荷电阻值不同，放电电流和电压表读数也就不同，使用时应参照器具原厂说明书规定。

6．蓄电池充电

蓄电池充电的安全要求如下。

（1）充电时，对于可维护蓄电池，应打开蓄电池的加液孔盖，并保持室内通风良好，以免充电结束时释放大量的气体造成危险。

（2）充电时，严禁烟火，防止充电时释放的气体产生燃烧。

（3）充电机避免在阳光直射或露天落雨时使用，避免在较大灰尘或腐蚀性气体的环境中工作。

步骤一：将蓄电池极桩和表面清理干净，液面高度调整至正常水平（对于可维护蓄电池，如果电解液液面高度低于标准要求，就在充电时，将蓄电池负极断开，防止充电过程中出现意外，损坏车辆电气设备）。

步骤二：先连接好蓄电池与充电机间的正、负极电缆，再接通充电机电源，否则可能会在连接电缆时产生火花，引起爆炸事故。

步骤三：打开充电机上的电源开关，调节电压旋钮，观察电流表读数，直到电流表读数达额定电流，旋至被充电蓄电池规定的最大充电电流（充电电流一般是 1/10 容量的电流）。

步骤四：通过观察窗观察蓄电池的内部情况，充电过程中，应随时检查蓄电池的温度，切勿过热（蓄电池温度不能高于 40℃）。当无气泡冒出或连续 3 h 电压不变时，应立即停止充电。

7．蓄电池更换

从点火开关处取下车钥匙。

在拆卸蓄电池之前，应检查音响的防盗密码并做好记录，以备安装蓄电池后使用。

在取下蓄电池导线时，应先断开蓄电池负极导线，再断开蓄电池正极导线。复装时，按拆卸相反顺序进行。

步骤一：拧松蓄电池负极桩螺栓（负极桩处一般标注"–"记号），取下负极桩导线，再将蓄电池正极桩（正极桩处一般标注"+"）上的导线拆下。

步骤二：拆下蓄电池固定座上的固定压杆，取出蓄电池。

8．蓄电池的应急跨接起动

如果车辆因蓄电池电量不足而导致发动机不能正常起动，可考虑采用蓄电池应急跨接起动的方法使被救援的车辆顺利起动。

步骤一：准备一对起动跨接电缆（注意电缆允许最大电流，以免引起过载）。

步骤二：找一辆蓄电池电力充足、与被救援车辆电压一致的施救车辆（也可以是一块电量充足的蓄电池）。

步骤三：将两辆车靠近，直到跨接电缆能够连接到两块蓄电池的正、负极。

步骤四：确定好两车蓄电池的正极和负极，使用跨接电缆先将施救车辆正极与被救援车辆正极连接（正极夹子金属部分不能与车身任何地方接触），然后连接施救车辆负极与被救援车辆负极，如图 5-19 所示。

图 5-19 连接跨接电缆

注　意

布置好跨接电缆的走向，防止起动时跨接电缆与皮带或散热风扇等旋转部件剐蹭。

步骤五：两车分别将与发动机起动无关的电气设备关闭，施救车辆先起动运转几分钟，并保持发动机转速为 2000 r/min 左右，之后起动被救援车辆。

步骤六：待被救援车辆发动机起动并运转平稳后，先将两车跨接电缆的负极电缆取下，再取下正极电缆，蓄电池的应急跨接起动过程结束。

知识链接　蓄电池和发电机

1．蓄电池

（1）功用。

蓄电池（俗称"电瓶"）是汽车上的两个电源之一，在汽车上与发电机并联，共同向用电设备供电。

蓄电池类型与功用

蓄电池既是一种能将化学能转换为电能的装置，也是能将电能转换为化学能的可逆低压直流电源，当蓄电池放电时，其储存的化学能被转换为电能；当蓄电池充电时，电能被转换为化学能储存起来，直到化学能储存满时充电结束。汽车上蓄电池的功用如下。

①在发动机起动时，向起动机和点火系统供电。

②在发电机不发电或电压较低的情况下向用电设备供电。

③当发电机超载时，协助发电机供电。

④蓄电池存电不足，而发电机负载又较小时，它可将发电机的电能转换为化学能储存起来（即充电）。

⑤过载保护。蓄电池相当于一个大容量电容器，在发电机转速和负载发生比较大的变化时，能够保持汽车电气系统电压的相对稳定。同时，蓄电池还可吸收发电机产生的瞬间过电压，保护汽车电子元件不被损坏，所以，发电机不允许脱开蓄电池运转。

（2）蓄电池的结构。

蓄电池由多个单格电池组成，每个单格电池由正、负极板，隔板，电解液和壳体等组成，蓄电池结构如图 5-20 所示。蓄电池壳体一般分为 3 格、6 格或 12 格等，每格均填充电解液，正、负极板浸入电解液中成为单格电池。3 个单格电池串联在一起成为 6 V 蓄电池，6 个单格电池串联在一起成为 12 V 蓄电池。

（3）使用蓄电池时的注意事项

①汽车行驶时，发动机每次起动时间不能超过 5 s，两次起动时间间隔必须在 15 s 以上。

②经常检查蓄电池的安装是否牢靠，检查起动电缆线与极桩的连接是否紧固，检查电缆线的线夹与极桩上是否有氧化物，若有，应及时清除。

③经常检查蓄电池盖表面是否清洁，及时清除盖上的灰尘、电解液等脏物，保持加液口盖上的通气孔畅通。

④定期检查电解液的液面高度（可维护蓄电池），当液面降低到一定程度时，应及时补加电解液。

⑤定期对蓄电池进行充电，以保证蓄电池始终保持充足电的状态。

⑥经常检查蓄电池的放电程度，不符合规定时应立即进行充电。

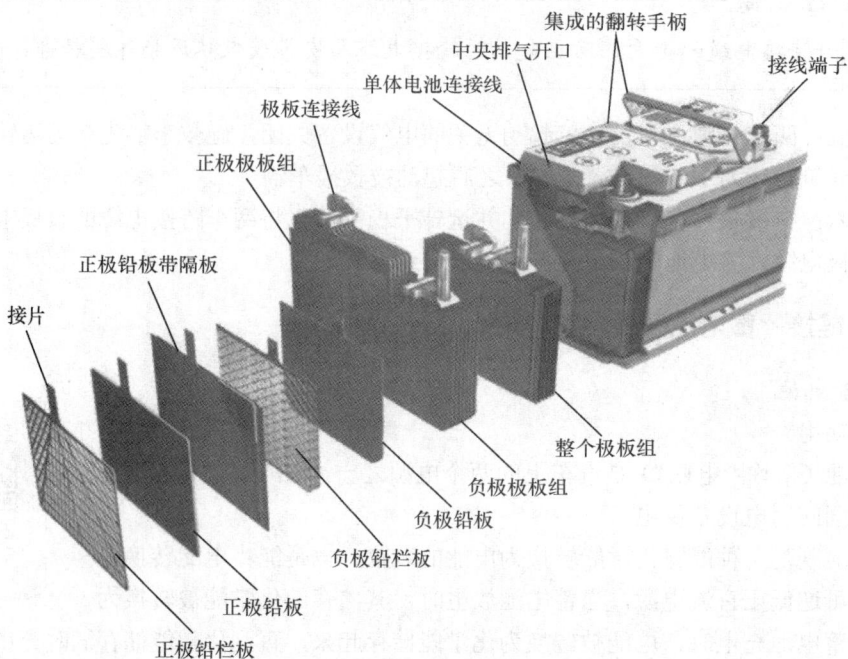

图 5-20 蓄电池结构

2．发电机

（1）功用。

汽车发电机是汽车的主要电源，其功用是在发动机正常运转时，向所有用电设备（起动机除外）供电，同时为蓄电池充电。

（2）交流发电机的工作原理。

当外电路通过电刷使励磁绕组通电时，便产生磁场，使爪极被磁化为 N 极和 S 极。当转子旋转时，磁通交替地在定子绕组中变化，根据电磁感应原理可知，定子的三相绕组中便产生交变的感应电动势。这就是交流发电机的发电原理。

由原动机（即发动机）拖动直流励磁的同步发电机转子，以转速 n（r/min）旋转，三相定子绕阻便感应交流电动势。定子绕阻若接入用电负载，电机就有交流电输出，经过发电机内部的整流桥将交流电转换成直流电从输出端子输出。

交流发电机分为定子绕组和转子绕组两部分，三相定子绕组按照彼此相差 120° 电角度分布在壳体上，转子绕组由两块爪极组成。当转子绕组接通直流电时即被励磁，两块极爪形成 N 极和 S 极。磁力线由 N 极出发，透过空气间隙进入定子铁芯再回到相邻的 S 极。转子一旦旋转，转子绕组就会切割磁力线，在定子绕组中产生互差 120° 电角度的正弦电动势，即三相交流电，再经由二极管组成的整流元件变为直流电输出。

5.1.5 再次检查制动系统

1．制动液液位检查

检查制动总泵的制动液储液罐中的液位是否在最高线和最低线之间。

> **提　示**
>
> ①如果制动衬片或者制动器摩擦片磨损，制动液液位就会下降。
> ②如果制动液液位明显偏低，则需要检查制动系统是否渗漏。

2．液体渗漏检查

检查制动总泵是否有渗漏。

3．制动管路检查

（1）液体渗漏。

检查制动管路是否有制动液渗漏。

（2）损坏检查。

检查制动软管和管道是否有裂纹和老化。

（3）安装检查。

检查制动软管和管道的安装是否正确。

> **提　示**
>
> ①需要在各软管和管道上安装管箍。
> ②软管和管道不得干扰其他部件。

5.1.6　检查离合器液

> **注　意**
>
> 如果离合器液（大部分车型使用的是制动液）溅到油漆表面，立即用水漂洗，否则，离合器液将损坏油漆表面。

1．离合器液液位检查

检查总泵离合器液储液罐中的液位是否在最高线和最低线之间。

> **提　示**
>
> ①离合器液液位不会因离合器磨损而下降，低液位说明可能存在漏液。
> ②某些汽车有一个离合器接头和总泵储液罐。

2．离合器液渗漏检查

检查离合器的各部分零件是否有液体渗漏。

检查离合器各连接管路接头处是否有液体渗漏。

5.1.7　检查空气供给系统

1. 空气滤清器检查

一般汽车每行驶 10000 km（风沙较大或者空气质量不好的地区可以缩短更换里程），应对空气滤清器进行一次维护。

步骤一：维护空气滤清器时，先拆下空气滤清器盖。有的车型的空气滤清器盖采用螺钉固定，有的车型用卡扣来固定空气滤清器盖。拆卸空气滤清器盖前注意将空气滤清器盖周围附件断开，如真空管、进气温度传感器连接线等。

步骤二：取出空气滤清器滤芯。

步骤三：检查空气滤清器滤芯，若沾有油污或破损，应更换新件。对于未到更换里程能继续使用的空气滤清器滤芯，可以轻轻拍打将灰尘振掉；也可以使用压缩空气从里向外（与进气方向相反）吹掉空气滤清器滤芯内的灰尘（此操作需在开阔场地进行），如图 5-21 所示。注意选择合适的气压进行此步骤操作，以免气压过高损坏滤芯。

步骤四：用干净的抹布清洁空气滤清器内的底板，清理脏物。

步骤五：如图 5-22 所示，安装新的或清洁后的空气滤清器滤芯。安装时应注意滤芯安装方向，安装完毕后检查滤芯安装是否到位。

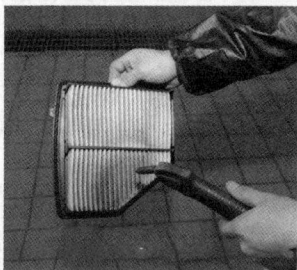

图 5-21　用压缩空气清洁空气滤清器滤芯

图 5-22　空气滤清器滤芯安装

步骤六：安装空气滤清器盖，紧固盖上的固定螺钉或卡扣，连接附件。

2. 节气门体维护

节气门体是空气供给系统的重要部件，在汽车例行保养过程中，对节气门清洗不做强制规定，一般可视情况（每行驶 40000 km 最好清洁一次）而定。如果发动机有怠速不稳的故障现象出现，则可以进行节气门清洗处理，如果故障现象没有消失，则需要对怠速阀做进一步检测。

汽车节气门体的维护工作主要内容就是清洗节气门，在维修时应检查节气门体内是否有积垢或结胶，必要时可用化油器清洗剂进行清洗，如图 5-23 所示。

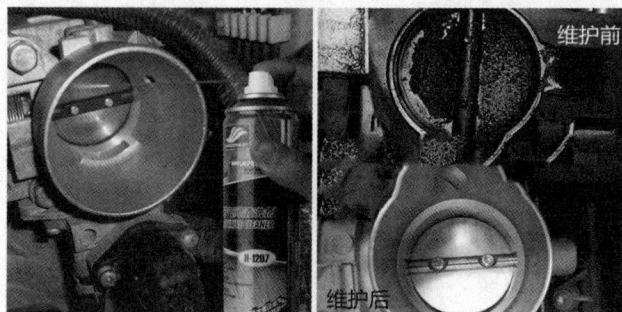

维护前

维护后

图 5-23　用化油器清洗剂清洗节气门体

清洗节气门时最好将节气门体拆下来进行彻底清洗。清洗节气门的步骤如下。

⚠️ **注　意**

> 绝对不允许用砂纸或刮刀等清理积垢和结胶，以免损伤节气门体内腔，导致节气门关闭不严或改变怠速空气道尺寸，影响发动机正常工作。

步骤一：拧松连接在节气门体上的进气软管的卡箍螺栓。

步骤二：取下带空气滤清器壳体的进气软管总成。

步骤三：拔下节气门体上的线束插头。有的老旧车型上有节气门拉索和加热水管等，将其一并拆除。

步骤四：拆下固定节气门体的螺栓或螺母，拆下节气门体总成。

步骤五：用化油器清洗剂清洗节气门体。对着节气门阀片、节气门轴、节气门内壁等喷清洗剂，节气门阀片正反两面都要清洗干净。

⚠️ **注　意**

> 清洗时，应将节气门位置传感器朝上，不要使清洗剂进入传感器电气部件等的内部，否则会造成电气部件损坏；不要用清洗剂清洗橡胶密封垫。

步骤六：清洗结束后，按照与拆卸相反的顺序装回节气门体。

3．节气门匹配

节气门清洗后，发动机在怠速运转时节气门的开度发生了变化，从而引起发动机转速的变化，因此，节气门在清洗后需要进行初始化匹配。把节气门最新状态数据写入发动机 ECU，使发动机 ECU 按新数据调整工作方式。各种车型的匹配方法不一，一般有以下几种。

（1）手动匹配。

①拉线式节气门。有些汽车采用的是拉线式节气门，在更换节气门后，可以手动匹配。用钥匙把点火开关连续开关几次，发动机 ECU 就会把原节气门的数据删除，储存新节气门的数据，起动发动机，车辆运转正常，即完成匹配。

②电子节气门。当电子节气门更换好后，打开点火开关，可以听到节气门电动机动作的响声。等待 1 min 左右（有些车辆可能需要更长的时间，但是不会超过 30 min），当节气门电动机再次动作的时候，就可以直接起动发动机，如果发动机怠速运转正常，说明节气门匹配成功。

（2）断电匹配。

步骤一：在更换节气门后，把蓄电池负极断开（或拔下对应熔丝）。

步骤二：等待 1 min（有些车辆可能需要更长的时间，但是不会超过 30 min）后再装回蓄电池负极（或装回熔丝）。

在这个过程中会清除车载计算机原有的数据，将其恢复到出厂设置，起动车辆运转正常后，即匹配成功。如果采用这个方法，车辆的时钟、车窗、天窗、音响等可能都要重新设定，故很少采用。

（3）故障诊断仪匹配。

现在大多数发动机采用的是电子节气门，电子节气门匹配一般都需要使用专用或通用故障诊断仪（简称诊断仪）进行操作，按故障诊断仪提示清空发动机 ECU 原有数据，并识别新数据。匹配方法如下。

步骤一：起动发动机，使发动机达到正常工作温度，发动机 ECU 中无故障码，关闭所有用电设备及空调。

步骤二：进行故障诊断仪匹配。连接故障诊断仪，选择车型，选择发动机电控系统，进入"发动机控制单元"界面，找到节气门初始化选项（有些车型的专用诊断仪具有引导型功能，可以按照相应提示进行操作）。

步骤三：按照故障诊断仪屏幕显示的提示内容操作，此时节气门调节器进入最大及最小位置运行，发动机 ECU 将最大及最小的节气门角度存储到永久存储器中，该过程持续 10 s 左右，紧接着节气门短时间处于起动位置，然后关闭。节气门初始化匹配即可完成。

图 5-24　清洗设备

4. 进气歧管与发动机燃烧室的清洗

步骤一：关闭清洗设备调压阀，如图 5-24 所示。将进气系统免拆清洗液倒入专用清洗吊瓶中。

步骤二：起动发动机至正常温度，将发动机真空管拆开，接上清洗设备的出油管。

步骤三：打开清洗设备调压阀，发动机在怠速运转中，即可将清洗液慢慢吸入发动机进气道中，开始进行进气歧管与发动机燃烧室的免拆清洗（清洗时注意流量控制，如果清洗液流速过快，尾气容易产生黑烟或者熄火）。

步骤四：清洗完毕后关闭发动机，拆下清洗设备，恢复发动机至原来的状况。

步骤五：再次起动发动机，将发动机转速快速提高至 3000 r/min 左右，然后降回到怠速，反复操作 5～10 次，整个清洗过程完成（清洗一般需要 30～50 min）。

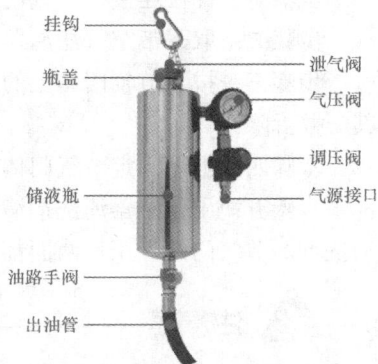

5.1.8　检查活性炭罐

步骤一：活性炭罐外观检查。检查活性炭罐外观是否有裂纹或其他损坏，活性炭罐外观如图 5-25 所示。

步骤二：止回阀工作状况检查。检查各状态下的止回阀工作性能。

（1）关闭接口 B 和 C，然后在接口 A 处引入真空，活性炭罐应无泄漏，止回阀工作状况检查如图 5-26 所示。

（2）关闭接口 C，然后在接口 A 处引入真空，空气应从接口 B 处进入，如图 5-27 所示。

图 5-25　活性炭罐外观　　图 5-26　止回阀工作状况检查　　图 5-27　在接口 A 处引入真空（接口 C 关闭）

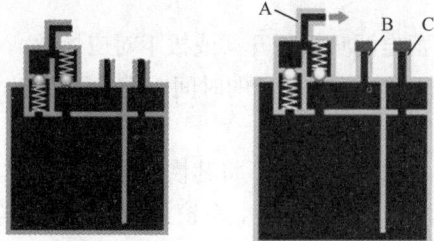

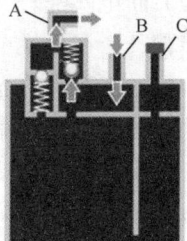

（3）关闭接口 C，然后在接口 A 处吹入压缩空气，空气应从接口 B 处流出，如图 5-28 所示。

（4）打开接口 C，在接口 A 处吹入压缩空气，空气应从接口 B 和 C 处流出，如图 5-29 所示。

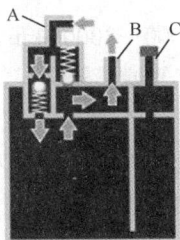

图 5-28　在接口 A 处吹入压缩空气（接口 C 关闭）　　图 5-29　在接口 A 处吹入压缩空气（接口 C 打开）

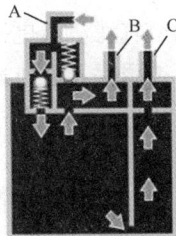

知识链接　燃料供给系统

1. 燃料供给系统介绍

（1）燃料供给系统组成。

燃料供给系统由油箱、油管、燃油泵、燃油滤清器、空气滤清器、喷油器、活性炭罐、进气管、排气管等组成，如图 5-30 所示。

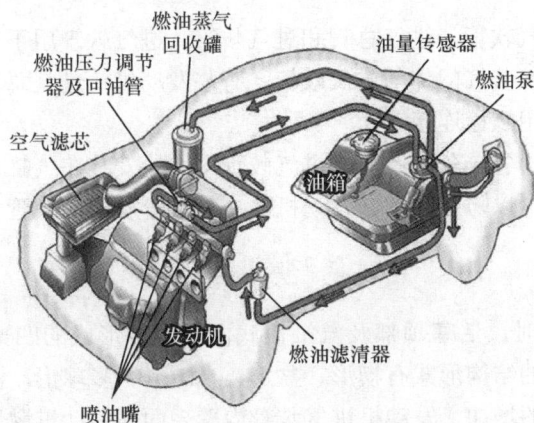

图 5-30　燃料供给系统组成

（2）燃料供给系统功用。

汽油机燃料供给系统的功用是将汽油经过雾化和蒸发（汽化）并和空气按一定比例均匀混合成可燃混合气，再根据发动机各种不同工况的要求，向发动机气缸内供给不同质（即不同浓度）和不同量的可燃混合气，以便在临近压缩终了时点火燃烧而放出热量，燃气膨胀做功，最后将气缸内废气排至大气中。

柴油机燃料供给系统的功用是不断供给发动机经过滤清的清洁燃料和空气，根据柴油机不同工况的要求，将一定量的柴油以一定压力和喷油量定时喷入燃烧室，使其与空气迅速混合并燃烧，做功后将燃烧废气排出气缸。

2. 燃料供给系统各元件讲解

本部分内容以汽油机燃料供给系统为例，柴油机燃料供给系统本部分不做介绍。

（1）空气滤清器。

①功用：空气滤清器是空气供给系统的主要组成部分，其功用是滤除空气中的杂质，以减轻发动机磨损。同时，空气滤清器可减少发动机进气噪声。

②更换周期：空气滤清器在使用过程中不需要维护，按照车辆保养手册规定的维护周期定期更换即可。

不同车型的空气滤清器更换里程不同，一般更换里程为 5000～30000 km。在风沙或灰尘较大的地区，可按照保养手册规定的更换里程适当提前更换空气滤清器。

（2）节气门体。

节气门体安装在进气管中，用以控制发动机正常工况下的进气量，可分为直动式和旁通气道式两种。节气门体主要由节气门、怠速控制阀（怠速控制装置）、怠速空气道和节气门位置传感器等组成。

节气门是发动机电控系统中重要的部件，它上接空气滤清器，下接发动机缸体，是汽车发动机的"咽喉"。发动机加速是否灵活，与节气门的清洁度有直接关系。发动机在运转过程中，气缸内燃烧产生的废气会有一小部分通过进气门、进气管道在节气门体处生成积炭。

此外，空气经过空气滤清器（特别是使用时间较长的空气滤清器）后，会有杂质残留在节气门中。这些污物积累下来，时间长了就会在节气门体处形成污垢，造成节气门开关阻力增大，节气门关闭不符合设定的标准值等，导致发动机怠速不稳、怠速抖动等故障，所以要定期清洗节气门体。

（3）进气歧管。

进气管一般包括进气软管、进气总管和进气歧管。进气软管用于连接空气滤清器与节气门体，进气总管用于连接节气门体与进气歧管。有些发动机的进气总管与进气歧管被制成一体，有些则分开制造并用螺栓连接。

进气歧管的功用是给各缸分配空气。进气歧管用螺栓安装在气缸盖上，并在进气歧管与气缸盖之间装有密封垫，以防止漏气。发动机的进气歧管与排气歧管一般被制成一体，称为整体式进排气歧管。

（4）发动机燃烧室。

当活塞位于上止点时，活塞顶部及气缸盖底面以下所形成的凹部空间称为发动机燃烧室。发动机燃烧室常见的结构形式有楔形、盆形、半球形、多球形、浅篷形等。

随着汽车行驶里程的增加，发动机进气歧管内壁表面和发动机燃烧室内会形成积炭。这些地方的轻微积炭可以采用免拆的方法进行清洗，如果积炭严重，免拆清洗的方法也是无效的，就需要进一步拆卸清洗。

（5）曲轴箱强制通风装置。

①功用：利用气缸中进气的真空度将漏入曲轴箱中的高温、高压废气及可燃混合气强制吸入气缸，可以将窜入曲轴箱内的混合气回收利用，有利于提高发动机的经济性。现代汽车发动机曲轴箱一般都采用强制通风装置。

②结构：曲轴箱强制通风装置主要由曲轴箱强制通风（PCV）阀、真空胶管（PCV 软管）和平衡管等组成。发动机工作时，利用进气歧管内的真空度将窜入曲轴箱的气体经 PCV 阀和真空胶管吸入进气歧管，使其随新鲜空气一起进入气缸参加燃烧。PCV 阀安装在气门室盖上。

③工作原理：PCV 阀也叫流量控制阀，用于防止发动机怠速时有过多的气体流入气缸，造成怠速不稳或熄火。PCV 阀是一个单向阀，其工作原理如图 5-31 所示。当发动机怠速小负荷

或减速运转时，进气歧管内真空度大，气缸中的真空度将 PCV 阀吸向阀座，PCV 阀开度减小，通风量较少，既保证了通风效果，又保证了怠速稳定；当节气门开度加大时，进气歧管内真空度减小，PCV 阀阀门在弹簧作用下开度增大，曲轴箱的通风量增加，保证了曲轴箱内的气体抽出和空气的更新；大负荷时，阀门全开，通风量大，保证了曲轴箱内新旧气体的大量对流。

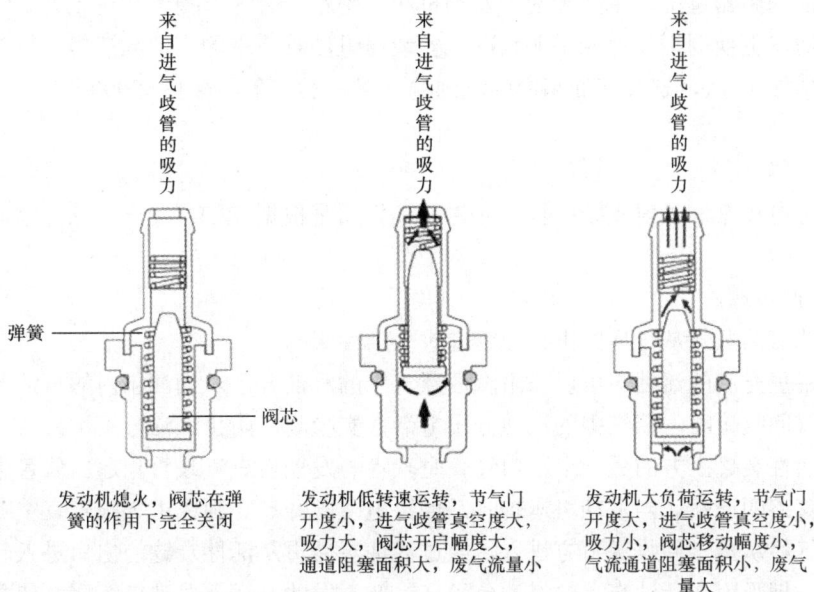

图 5-31　PCV 阀工作原理

当发动机怠速不稳或易熄火时，应检查曲轴箱强制通风装置。

（6）三元催化转化器。

①安装位置：三元催化转化器也称三元催化器，还可称为尾气净化器，它安装在发动机排气管中。

②功用：三元催化转化器以陶瓷为载体，在多孔陶瓷表面覆盖着一层铂、钯、铑等 3 种贵金属作为催化剂，进行氧化和还原作用，将尾气排出的一氧化碳（CO）、碳氢化合物（C_xH_y）和氮氧化物（NO_x）等有害气体通过催化反应转变为无害的水（H_2O）、二氧化碳（CO_2）和氮气（N_2）。

③缺少维护的影响：若长时间不维护三元催化转化器，可能会失去催化的活性（俗称中毒）或堵塞，给车辆造成诸多危害，会影响以下几个方面。

a. 汽车氧传感器感应数据异常。

b. 尾气排放不合格，影响车辆年审。

c. 排气不畅，背压提高，发动机油耗增加，动力下降。

d. 严重堵塞时，燃烧产生的高温不能释放出去，堵塞在三元催化转化器处，甚至可能引起车辆自燃。

（7）电动燃油泵。

电动燃油泵将汽油自油箱内吸出，经燃油滤清器（有的车型的燃油滤清器与燃油泵一起装在油箱内）过滤后，由油压调节器对燃油压力进行调节，将其通过燃油分配管输送给喷油器，喷油器根据发动机 ECU 的指令向进气管喷油。最后燃油泵供给的多余汽油经回油管流回油箱（注：有些车型采用无回油管燃油供给系统）。

燃油泵一般装在油箱内，喷油器由发动机 ECU 控制。油压调节器通过控制回油量来调节燃油分配管内的燃油压力，以使喷油器的喷油压差保持恒定。

（8）汽油滤清器。

汽油滤清器简称汽滤，其主要功能是滤除汽油中的杂质。汽油滤清器安装位置有两种，一种是安装在油箱内与汽油泵组装在一起，另一种是安装在油箱外的进油管路中。

如果汽油滤清器过脏，主要表现为发动机起动困难、怠速不稳或加速无力。

汽油滤清器更换周期以保养手册为准，安装在进油管路中的汽油滤清器一般在车辆行驶 30000 km 时更换一次，安装在油箱内的汽油滤清器一般在车辆行驶 60000～100000 km 时更换一次。

（9）喷油器。

喷油器是电控燃油喷射系统的执行元件，其作用是根据 ECU 发出的脉冲喷油信号控制燃油喷射量。

（10）活性炭罐。

油箱内的汽油蒸气从分离阀出口经管道进入活性炭罐。

活性炭罐里充满的活性炭可以吸附汽油蒸气中的汽油分子。当油箱内的汽油蒸气经蒸气管道进入蒸气回收罐时，蒸气中的汽油分子被活性炭吸附，防止汽油分子进入大气。

另外，活性炭罐上方的另一个出口经真空软管与发动机进气歧管相通。软管中部有一个电磁阀控制管路的通断。当发动机运转时，如果电磁阀开启，则在进气歧管真空吸力的作用下，新鲜空气将从蒸气回收罐下方进入，经过活性炭后再从活性炭罐的出口进入软管的发动机进气歧管，把吸附在活性炭上的汽油分子（重新蒸发的）送入发动机燃烧，使之得到充分利用；活性炭罐内的活性炭则随之恢复吸附能力，不会因使用太久而失效。

总之，活性炭罐可以防止汽油分子进入空气而造成污染，也可以将其吸附的汽油分子回收利用。

5.1.9 检查其他部件

1．前减振器上支承的松动检查

使用扭力扳手检查前减振器上支承固定螺母是否松动。

2．玻璃清洗液液位检查

检查玻璃清洗液液位，要求玻璃清洗液液位达到规定位置。

| 任务 5.2 起动发动机和发动机暖机期间检查 |

学习目标

【知识目标】

1．掌握起动发动机和发动机暖机期间检查项目。

2．掌握起动发动机和发动机暖机期间检查项目的结果不符合要求时的处理方法。

【能力目标】

1. 完成曲轴箱通风系统检查操作。
2. 完成冷却系统再次检查操作。
3. 完成空调系统检查、维护操作。
4. 完成动力转向液检查操作。

【素质目标】

　　进行车辆起动运行中的检查操作时，一定要注意安全，保护好个人安全，不要接触旋转部件，切勿因为马虎大意造成人身伤害。

任务导入

　　对于车辆起动暖机过程中实施的检查、维护，作为一名专业维修技师，你掌握了哪些项目？需要在此过程中操作吗？是如何操作的？

技能操作

5.2.1　检查曲轴箱通风系统

1. 曲轴箱强制通风装置就车检查（一）

步骤一：起动发动机，将其预热至正常工作温度（需要 3～5 min）。

步骤二：使用鲤鱼钳（管路上需要放置抹布，防止损坏管路），夹住 PCV 阀连接管路。

步骤三：观察发动机运行状况，如果发动机出现抖动（工作噪声），说明 PCV 阀及管路连接正常。

2. 曲轴箱强制通风装置就车检查（二）

步骤一：从发动机气门室盖上拆下 PCV 阀（PCV 阀与真空胶管处于连接状态）。

步骤二：保持 PCV 阀另一端通过真空胶管与发动机进气室相连。

步骤三：起动发动机，使其怠速运转。

步骤四：如图 5-32 所示，将手指轻轻压在 PCV 阀开口处，感觉手指是否有吸力作用，确认进气歧管真空度。若真空度足够，抬起手指时应有气流响声。

步骤五：如果未感觉到有吸力作用，则应清洁或更换 PCV 阀。

3. PCV 阀工作情况的检查

步骤一：检查 PCV 真空胶管和平衡管，若有老化或损坏现象，应更换新的软管。安装时应将各接管紧固，各接管不得有漏气、堵塞现象。

图 5-32　将手指压在 PCV 阀开口处

步骤二：拆下 PCV 阀，使用清洁软管从曲轴箱侧吹气应畅通，从进气歧管侧吹气应不通，否则应清洗或更换 PCV 阀。在清洗 PCV 阀时，应用煤油清洗，并用压缩空气吹净。

5.2.2 再次检查冷却系统

步骤一：检查散热器是否有冷却液泄漏。

步骤二：检查冷却液橡胶软管是否泄漏。

步骤三：检查冷却液连接软管夹周围是否泄漏。

步骤四：检查散热器盖是否泄漏。

步骤五：检查冷却液橡胶软管是否有裂纹、凸起和硬化。

步骤六：检查冷却液橡胶软管连接是否松动。

步骤七：检查冷却液管卡箍安装是否松动。

冷却系统检查位置如图 5-33 所示。

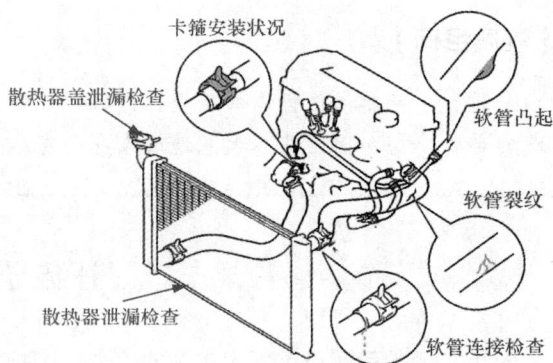

图 5-33　冷却系统检查位置

5.2.3 检查、维护空调系统

1．空调系统空调制冷剂量检查

（1）通过观察窗检查

空调制冷剂量的检查（有观察窗）。通过观察窗观察制冷剂的流量，并检查制冷剂的量。此项检查最好两人配合进行，一人在驾驶室内操作，另外一人在车辆前部进行观察。

步骤一：起动发动机，并使发动机转速为 1500 r/min。

步骤二：将鼓风机速度控制开关置于"高"位，A/C 开关置于 ON，温度控制设为"最凉"，完全打开所有车门。

步骤三：空调系统运行 3～5 s 时，观察观察窗内部气泡状况，如图 5-34 所示。若观察窗内只剩少量气泡，说明空调系统内的制冷剂量正常；如果还有大量气泡，说明空调系统内制冷剂量不足；如果观察窗内无气泡，说明空调系统内制冷剂过量或无制冷剂。

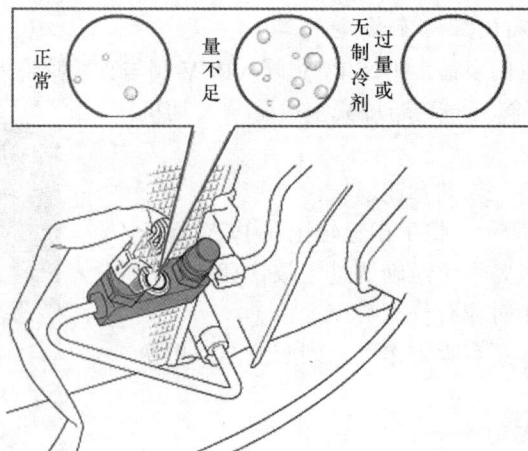

图 5-34　观察气泡

（2）歧管压力表检查。

使用仪器对空调系统进行操作时，注意防护（佩戴防溅护目镜和手套），防止冻伤。

步骤一：完全关闭歧管压力表的低压侧和高压侧的阀门。

步骤二：蓝色软管接低压侧，红色软管接高压侧，如图 5-35 所示。

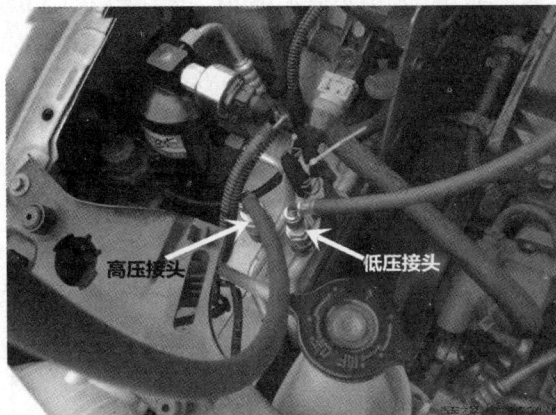

彩图 5-35

高压接头   低压接头

图 5-35 歧管压力表的连接方法

⚠ **注 意**

连接软管时不要接反；不要使用任何工具紧固软管；如果加注软管的连接密封件损坏，需要更换。

步骤三：起动发动机，在空调运行时检查歧管压力表所显示的压力。

步骤四：观察歧管压力表上的低压表和高压表的示数，两侧压力必须符合维修手册标准（不同车型，空调系统压力值不尽相同）。

步骤五：如果压力测量值不符合标准，压力过低，应该补充制冷剂；压力过高，应释放掉部分制冷剂。但是需在操作前确保空调系统无其他故障。

2．空调系统维护中的泄漏检查

制冷剂检漏仪的特点是用闪烁和蜂鸣音检查泄漏，越靠近泄漏区域，闪烁和蜂鸣音的间隔越短，提高灵敏度能够检测到轻微的泄漏。

利用制冷剂检漏仪（见图 5-36），检查泄漏部位的方法如下。

步骤一：使发动机停止运转。

步骤二：将制冷剂检漏仪置于管道较低一侧，并随着管道移动实施检查，轻微地振动管道会有较好的效果。

步骤三：如果有部位制冷剂泄漏，到泄漏位置时，蜂鸣器会发出报警声，同时二极管指示灯也会闪亮。

3．空调系统制冷剂充注操作

（1）制冷系统的检漏。

检漏是对制冷系统进行维护作业时非常重

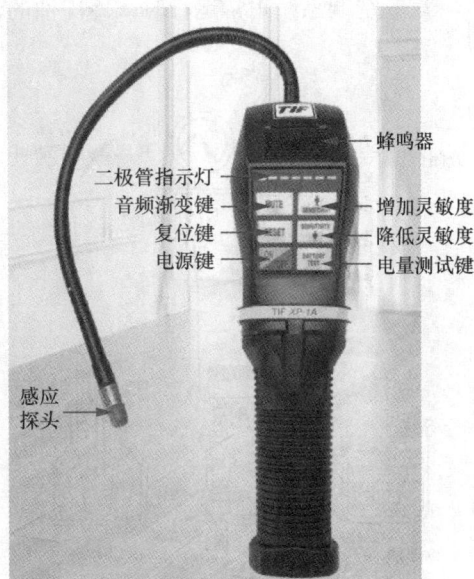

蜂鸣器

二极管指示灯
音频渐变键   增加灵敏度
复位键   降低灵敏度
电源键   电量测试键

感应探头

图 5-36 制冷剂检漏仪

要的环节。对系统进行检漏时，可以采用以下方法。

①选择合适的制冷剂检漏仪，按照说明书指导进行操作。

②当没有制冷剂检漏仪时，可利用肥皂水对可能产生泄漏的部位进行直接检查，方法是把肥皂水涂在需要检查的部位，如各连接头、焊缝等，如发现有排气声或吹出肥皂泡，则说明该处有泄漏。这种方法简单、实用、安全，但灵敏度较差，操作完毕后应将肥皂水清除干净。

③在抽真空作业完成之后，不要急于加注制冷剂，而应保持系统真空状态一定的时间（一般数十分钟至数小时）后，观察歧管压力表上的低压表真空度是否发生变化。如真空度没有变化，则说明系统无泄漏；如压力回升，则说明系统有泄漏。但这种方法只能判断系统有无泄漏，而无法具体指示泄漏部位，因此，只适用于加注制冷剂前的初步检漏。

④采用油迹法，当发现系统管路某处有油迹时，此处可能为渗漏点。这种方法简便易行，成本低，但是有很大缺陷。因为通常渗漏的地方非常细微，而看到的油迹是冷冻润滑油的痕迹，除非系统突然断裂出现大漏点，并且系统泄漏的是液态有色介质，否则油迹法检漏无法定位渗漏点。

（2）制冷系统抽真空。

抽真空时，由于压力越来越低，为使空气被彻底抽出，可采用重复抽真空法，即在第一次抽完后，再重复抽一两次。抽真空的具体操作步骤如下。

①将压力表组的高、低压软管分别与空调系统的高、低压检修阀连接，中间软管与真空泵连接。

②打开高、低压手动阀，并起动真空泵，注意观察两个压力表，经 30 min 以上的时间后，抽真空至负压为 0.1 MPa（低压表上的绿色刻度段）。

③关闭高、低压手动阀，观察压力表 5 min，若压力不回升，便可结束抽真空（也可再重复抽一两次）。

④先关闭高、低压手动阀，然后关掉真空泵。

（3）加注冷冻油。

汽车空调系统正常运行时，冷冻油的消耗非常少，不需要进行补充，只要按规定每两年更换一次即可。冷冻油的加注在系统抽真空前、后均可进行，具体方法有 3 种：直接加注、抽真空加注、压缩机吸入加注。

①在抽真空前加注冷冻油，就可采用直接加注法，其方法很简单。先用量杯量取所需要的冷冻油量，然后从压缩机的旋塞口将所量取的冷冻油倒入即可。

②抽真空加注时，也是在抽真空之前进行，加注完后还需要对系统进行抽真空。其步骤如下。

a. 先按抽真空法对系统抽真空，抽完后关闭真空泵和高、低压手动阀。

b. 将所要加注的冷冻油倒入量杯中，计算冷冻油量时要将加注管中的残余油量考虑进去。

c. 按图 5-37 所示连接整个系统，即将低压软管从表组一端卸下并伸进冷冻油中，高压软管

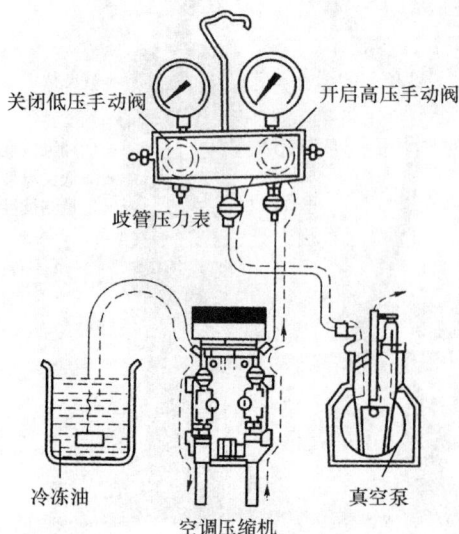

关闭低压手动阀　　开启高压手动阀
歧管压力表
冷冻油　　空调压缩机　　真空泵

图 5-37　抽真空法加注冷冻油

接高压检修阀，中间软管接真空泵。

d. 开启真空泵，打开高压手动阀，冷冻油便被徐徐吸入压缩机中。加注完毕后，关闭真空泵及高压手动阀。

③压缩机吸入加注时，起动发动机，开启空调，使压缩机运转，利用压缩机本身的抽吸作用，可从低压手动阀处将冷冻油吸入。

（4）加注制冷剂。

当对空调系统进行抽真空并经检查确实不存在泄漏部位后，便可进行制冷剂的加注作业。加注制冷剂的方法有两种：低压侧加注、高压侧加注。

①从低压侧加注制冷剂时，步骤如下。

a. 抽完真空后，关闭高、低压手动阀，将中间软管从真空泵改接到制冷剂罐，用手拧紧接头。

b. 先顺时针方向转动注入阀旋转手柄，使阀针扎破罐口，然后逆时针方向转动旋转手柄使阀针抬起。

c. 拧松歧管压力表中间接头，待听到有气体流出声，最好是有白气冒出时，立即将其拧紧（目的是排出中间软管内的空气）。

d. 起动发动机，开启空调系统，打开低压手动阀，即开始加注。

e. 加注过程中制冷剂罐外表应很凉且结霜，否则说明罐内制冷剂已加完。若一罐不够，可换罐再加，直到注入规定量为止。

f. 加注完毕后，先关闭低压手动阀，再关闭空调系统及发动机，最后迅速卸下软管。低压端加注的是气态制冷剂，在加注过程中制冷剂罐必须保持正立，不能倒置，否则液态制冷剂进入压缩机，将造成压缩机的"液击"损坏。在从低压侧加注的过程中，罐中的制冷剂不断吸热汽化，因此罐子的外表很凉且结霜，手拿制冷剂罐时最好戴上手套。

这种加注方法适于补充制冷剂，其优点是安全性好，但速度较慢。

②从高压侧加注制冷剂时，前 3 步与从低压侧加注时相同，接着进行以下操作。

a. 将制冷剂罐倒置，打开高压手动阀，当从表组观察窗观察到一股液态制冷剂（淡黄色）流入空调高压管内时，立即关闭高压手动阀。

b. 开启空调，使压缩机低速运转几分钟，然后停机。

c. 重复 a、b 两步，直到加注足量为止。

从高压侧加注的是液态制冷剂，在加注时罐子应倒置。加注时，空调系统必须停机，否则高压倒冲制冷剂罐易造成爆炸伤人。

4．空调滤清器更换

不同车型的空调滤清器安装位置不同，有的车型将其安装在车辆排水槽右侧，有的车型将其安装在车辆驾驶室内杂货箱内或下部。具体更换方法以维修手册为准。下面以安装在排水槽右侧的空调滤清器更换为例。

（1）拆卸。

步骤一：从排水槽盖板右侧向上提起橡胶密封条 3 至车辆中间位置，如图 5-38 所示。

步骤二：拧出螺钉 1，取出排水槽盖板 2，如图 5-38 所示。

步骤三：沿箭头方向压下空调滤芯壳体的固定卡子 A，如图 5-39 所示。向上提出带框架的空调滤清器，从框架中取出空调滤清器。

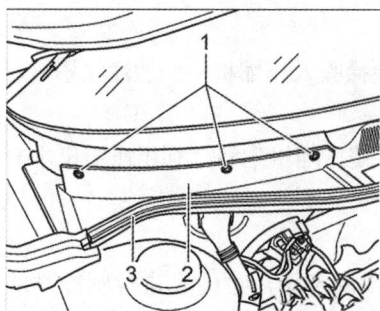

1—螺钉；2—排水槽盖板；3—橡胶密封条

图 5-38　取出排水槽盖板

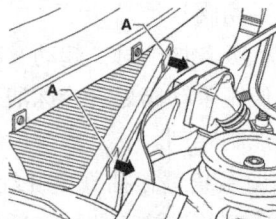

A—固定卡子

图 5-39　取出空调滤芯壳体

（2）安装。

步骤一：按箭头所示，把左右边框插入新的空调滤芯的第一个薄片中，如图 5-40 所示。

步骤二：将带边框的空调滤清器插入进风口中，向下压带框架的空调滤清器，使其到达止位。

步骤三：装上排水槽盖板，用螺栓紧固。

步骤四：压入橡胶密封条。

5．空调出风口温度检查

打开空调，将空调风量开至最大、温度调至最低，出风模式选择对人体直吹，将循环调至内循环状态，用红外温度计或其他温度计检测空调出风口温度，如图 5-41 所示，出风口温度越低越好，应以维修手册为准。

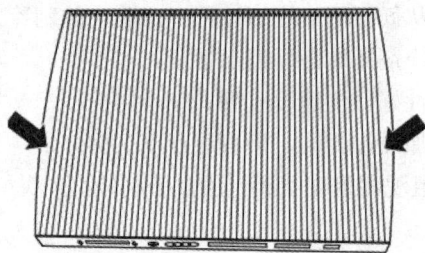

图 5-40　安装空调滤芯

图 5-41　检测出风口温度

知识链接　汽车空调制冷系统

1．汽车空调制冷系统的功能

汽车空调制冷系统的功能就是人为地对驾驶室及车厢内的空气温度、空气湿度、空气流动速度和空气洁净度等进行调节，将其控制在合适范围内，从而创造一个合适的工作及乘坐环境。汽车空调的主要调节内容包括温度、湿度、空气洁净度、空气流动速度等的调节。

2．汽车空调的类型

（1）按驱动方式分。

按驱动方式不同，汽车空调可分为非独立式空调和独立式空调两种类型。

（2）按布置方式分。

按布置方式不同，汽车空调可分为整体式空调、分体式空调和分散式空调 3 种类型。

（3）按控制方式分。

按控制方式不同，汽车空调可分为手动空调、半自动空调、普通自动空调、电控空调等。

此外，除了普通自动空调所用的传感器之外，电控空调还利用发动机冷却液温度、车速和节气门位置等传感器信号。现代轿车上用得较多的就是电控空调。

3．汽车空调制冷循环系统

汽车空调制冷循环系统主要由压缩机、冷凝器、膨胀阀、蒸发器、储液干燥器及连接管路等部件组成，如图 5-42 所示。

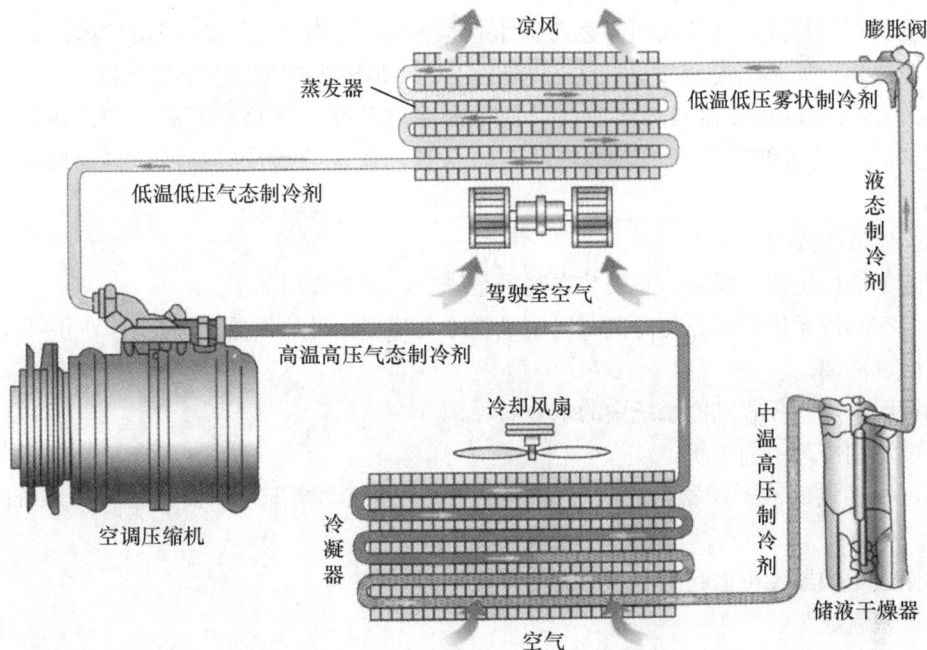

图 5-42　汽车空调制冷循环系统

发动机带动压缩机运转，将蒸发器送来的低温低压的制冷剂蒸气吸入压缩机内压缩后，将其变成高温高压的气体送给冷凝器，使气态制冷剂液化并放出热量，成为中温高压的液态制冷剂。从冷凝器出来的液态制冷剂流经膨胀阀时从其小孔喷出成为低温低压雾状制冷剂进入蒸发器，在蒸发器内由于容积变大、压力降低，制冷剂汽化，由液态变为气态，同时从蒸发器周围空气中吸收大量热量。与此同时，被鼓风机从车内吸入的热空气不断流过蒸发器，被冷却后又送回车内，使车内温度下降。从蒸发器出来的气态制冷剂又进入压缩机，重新进行新一轮制冷循环。如此周而复始，不断地将车厢内的热量经制冷剂转移到大气中去，达到降低车厢内空气温度的目的。

4．主要元件功用

（1）压缩机。

压缩机是制冷系统的"心脏"，在制冷系统中，它主要起两方面作用。

①作为动力源，促使制冷剂在系统内循环流动。

②提高制冷剂的温度和压力，有利于其在冷凝器中液化放热。

汽车空调压缩机的类型多样，目前汽车上大多采用斜盘式压缩机和涡旋式压缩机。

（2）热交换器。

汽车空调系统用到的热交换器有冷凝器、蒸发器和加热器 3 种，它们的作用都是实现两种不同温度的流体之间的热量交换。

①冷凝器。冷凝器的芯子有管片式、管带式、鳍片式和多元平行流式 4 种。

②蒸发器。蒸发器与膨胀阀、鼓风机等组成蒸发箱，是整个空调系统产生制冷作用的中心。由鼓风机吹来的暖气流通过散热器的散热片和管子，从膨胀阀喷出的低温低压制冷剂进入蒸发器后，从暖气流中吸收大量的热量而沸腾，转变成气态制冷剂，从而使流过散热器的暖气流冷却，达到车内降温目的。

蒸发器有管片式、管带式和层叠式 3 种基本结构，结构形式与冷凝器的类似。

③加热器。加热器是将发动机的冷却液引入，使冷却液流过一个加热器芯，再使用鼓风机将冷空气吹过加热器芯加热空气，使车内温度升高。加热器芯的结构由水管和散热器片组成，发动机的冷却液进入加热器芯的水管，通过散热片散热后，再返回发动机的冷却系统。

（3）储液干燥器。

储液干燥器也叫干燥罐，它安装在制冷系统中，主要作用如下。

①储存制冷系统的部分制冷剂，以满足制冷负荷变化时的流量变化要求，同时可以补充系统的微量渗漏。

②利用干燥剂吸收制冷系统中的水分。

③过滤制冷剂中的杂质。

④可以通过储液干燥器上的观察窗观察制冷剂的流动情况，从而判断制冷系统的工作状况。

⑤储液干燥器也可以起到气液分离的作用。

（4）节流膨胀装置。

节流膨胀装置对从冷凝器出来的高压液态制冷剂进行减压处理，使其变成低压的雾状制冷剂。常用的节流元件主要是热力膨胀阀和节流膨胀管。

5.2.4　检查动力转向液

1. 动力转向液储液罐油面的检查

步骤一：将车辆停放在平坦的地面上，使前轮处于直行位置。

步骤二：起动发动机后，使其达到正常的工作温度。

步骤三：使发动机怠速运转大约 2 min，左、右打几次转向盘，使动力转向液的温度达到 40～80℃，关闭发动机。

图 5-43　动力转向液储液罐液面的检查

⚡ **注　意**

不要使转向盘完全停留在任何一侧超过 10 s。

步骤四：观察储液罐的液面，此时液面应处于 MAX（上刻度线）与 MIN（下刻度线）之间，液面低于 MIN 时，应将其补加至 MAX，如图 5-43 所示。

💡 **提 示**

检查发动机运行和停止时的液位偏差是否在 5 mm 以内。此时，检查液体是否起泡或者乳化。

步骤五：有些车辆配置了油尺，拧下带油尺的封盖，用布将油尺擦净，将带油尺的封盖插入储液罐内拧好，然后重新拧出，观察油尺上的液面位置，液面应处于 MAX 与 MIN 之间，必要时将动力转向液加至 MAX 处。

2．动力转向液渗漏检查

检查与动力转向液储液罐相连的软管是否渗漏。

任务 5.3 发动机停机后检查、维护

学习目标

【知识目标】

1. 掌握发动机停机后检查、维护项目。
2. 掌握发动机停机后检查、维护项目的结果不符合要求时的处理方法。

【能力目标】

完成发动机停机后检查、维护操作。

【素质目标】

车辆运行检查结束，需要进一步确认车辆是否存在其他安全隐患，需要维修技师全面、细致进行操作，不要因为疏忽大意导致出现安全事故。

任务导入

车辆二级维护操作基本结束，那么对于发动机停机后的检查项目还有哪些？作为一名专业的维修技师，你知道吗？

技能操作

5.3.1 检查发动机机油液位

停止发动机 5 min 或者更长时间以后，检查油尺以确保液位处于规定的范围内。

提　示

①在汽车停放在一个平面上时检查液位。

②在发动机已经停止 5 min 或者更长的时间之后，检查液位，目的是使发动机各个区域的机油完全沉积在油底壳中。

③未更换发动机机油时需要检查的项目：液位和油质。

5.3.2　再次检查冷却液液位

关闭发动机后，再次检查储液罐的冷却液液位是否正常。如液位过低，再次检查冷却系统管路连接等部分是否有泄漏。

5.3.3　更换汽油滤清器

（1）更换安装在油箱外的汽油滤清器

步骤一：准备接油杯、拆装工具等。

步骤二：进行燃油的泄压。由于燃油供给系统内有 30000～35000 kPa 的压力，为避免在拆卸汽油滤清器时发生喷油，在断开燃油管路前需释放燃油供给系统中的压力。

先将发动机起动，使其怠速运行，拆下汽油泵的熔丝、继电器或断开汽油泵的连接线束，等到发动机自动熄火为止。对于熔丝、继电器或汽油泵的连接线束，断其中一个即可，在插拔以上器件前一定确认以不影响发动机工作为原则，有些车型的熔丝和继电器还控制车辆其他部件，可能导致发动机无法运行，操作时合理选择。

步骤三：举升车辆，找到汽油滤清器的安装位置，如图 5-44 所示。

步骤四：将接油杯放在进油管下方。用手指或旋具往下按油管上的卡扣，分别拆下进油管和出油管。

步骤五：拆下固定螺栓，将汽油滤清器从安装支架上拆下来。

步骤六：将新的汽油滤清器按拆卸的相反顺序安装到原来的位置，确保进、出油管连接紧固。

步骤七：起动发动机，使之怠速运转，检查汽油滤清器管路连接部位，不应有泄漏处。

（2）更换安装在油箱内的汽油滤清器

步骤一：将车辆燃油系统泄压。

步骤二：拆下后排座椅（多数车型燃油泵安装位置在驾驶室后排座椅下部，也有少数车型的在行李舱内）。

步骤三：拆卸燃油泵保护盖，拔下油泵线束，断开油泵管路，拆卸油泵固定螺栓。

步骤四：将汽油泵与汽油滤清器总成一起从油箱中取出（取出时，要注意液位传感器，切勿用蛮力导致液位传感器损坏），如图 5-45 所示。然后分解汽油泵与汽油滤清器。

步骤五：将汽油滤清器进油口处的管子拔下（用拇指与食指两面同时按下），这时管内的汽油会溢出来，将里面的油引入杯子中。

步骤六：将汽油滤清器的另一端拔下，拆下旧的汽油滤清器，换上新的汽油滤清器并安装到位，用旋具拧紧管箍。

步骤七：起动汽车并使发动机怠速运转一段时间，观察更换汽油滤清器后是否有发动机运转不良的现象，若没有，则表明安装良好，车辆就可以上路行驶了。

图 5-44　外置式汽油滤清器安装位置

图 5-45　内置式汽油滤清器结构

| 任务 5.4　维护操作后确认与恢复/清洁 |

学习目标

【知识目标】

掌握维护操作后确认与恢复/清洁项目。

【能力目标】

完成维护操作后确认与恢复/清洁操作。

【素质目标】

车辆检查、维护操作完毕后，注意确认无遗漏项目，并对车辆进行恢复/清洁，全程体现 6S 管理精神。

任务导入

作为一名专业的维修技师，本着对车主、企业和个人负责的态度，必须对作业车辆进行操作后确认，并对车辆实施相应设置恢复，对车辆内外进行全面清洁。

技能操作

5.4.1　最终检查

将车辆再次举升至高位，在车辆底部检查以下项目。

①发动机机油泄漏检查。

②制动器液泄漏检查。

③更换零件等的安装状况检查。

5.4.2 恢复/清洁

将车辆再次降至地位，进行车辆维护后恢复与清洁。

①将保养灯归零。大部分车辆保养灯归零操作可以通过车辆仪表按钮直接完成，但是还有部分车辆需要使用专用诊断仪进行保养灯归零操作。

②调整收音机、时钟、座椅位置等。

③拆卸车辆外部防护并关闭发动机舱盖。

④车身、驾驶舱清洁（仪表盘、烟灰缸等）。

⑤拆卸转向盘套、座椅套和地板垫。

⑥工作环境按 6S 管理理念清洁。

｜工作页和练习题｜

完成本书附带的实训手册上的工作页和练习题。

项目6
汽车外部美容维护

学习目标

【知识目标】

1. 了解车身污垢的种类和形成原因。
2. 掌握去除不同残留杂物的施工方法及注意事项。
3. 了解车身塑料件维护方法。
4. 掌握汽车外部清洗方法。
5. 掌握车蜡的分类、手工打蜡的操作流程和注意事项。

【能力目标】

1. 能够清除车身树胶、鸟粪等污物。
2. 能够进行车身塑料件清洁护理。
3. 能够完成车身外部清洗。
4. 能够进行漆面手工打蜡。

【素质目标】

车辆外部清洁是日常中经常操作的项目，作为一名专业维修技师，对车辆的外部进行简单清洁也是为客户提供全面服务的一个项目，细心、专业的处理方法，能提升客户对企业的认可度。

任务导入

一辆新车的车主发现最近车辆表面经常有污垢出现，而且很难清理，将车辆送至大型维修企业。经过维修技师初步检查，发现车辆表面污垢是树木的油脂，需要细心处理，否则将影响漆面。你知道车辆外部维护有哪些项目吗？都该如何操作？

技能操作

6.1　车身表面污染物的清除

使用火山泥去除车身上的颗粒状顽固污染物，如图 6-1 所示。

沥青、重油脂、蜡质等化学异物是非常让人头疼的车身污染物，不易擦洗掉，若处理不好会越来越严重，甚至会把漆面弄坏，使用专用的脱脂溶剂清洗就可以迅速将其去除，如图 6-2 所示。

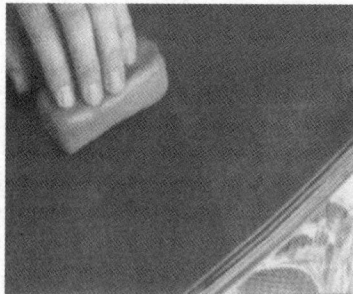

图 6-1　去除颗粒状顽固污染物

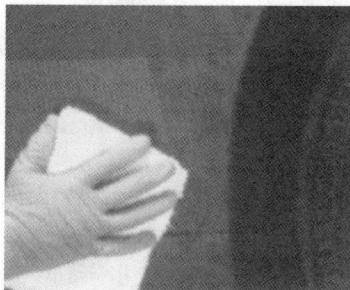

图 6-2　去除沥青等

知识链接　车身表面的污垢

1．车身表面污垢的形成

汽车车身表面的污垢主要是由尘土和泥水形成的。一些泥沙和油污也容易溅洒到车身上，它们再黏附另一些尘土和污物，就会使车身变得越来越脏。尘埃黏附过程大概可分 3 个阶段：尘土扩散、传播和颗粒分离。污垢程度以每平方厘米面积上的污垢毫克数来度量。

2．车身表面污垢的种类

车身表面污垢包括外部沉积物、附着物、水渍等，它们往往具有很大的附着力，牢固地附着在零件的表面。由于这些污垢各有不同的性质，因此清除它们的难易程度也不同。

（1）外部沉积物。外部沉积物可以分为尘埃沉积物和油腻沉积物。大气中经常含有一定数量的尘埃，在运动着的车辆附近，当尘埃的颗粒度为 5～30 mm 时，其含量就会达到 0.05 g/m^3 左右。当尘埃颗粒的含量增加时，它在金属表面的凝聚和沉积也就会加快。在潮湿的空气中，由于吸附在汽车表面的水膜会增大尘粒间的附着力，从而使尘粒加速凝聚，其附着在汽车表面上的牢固程度主要取决于表面的清洁程度、尘粒的大小和空气的湿度。而油腻沉积物是由于污泥和尘埃落到被机油污染了的零件上而形成的。也可能相反，是由于润滑油落到了被污泥污染了的表面上，此时润滑油浸透了污泥并附着在车身表面。

（2）附着物。汽车在行驶中，容易沾上不同的附着物，如柏油、沥青、鸟粪（见图 6-3）、虫尸等。这些附着物能牢固地黏附在车身表面，一般很难用水清洗干净，要用有机溶剂去除、清洗。并且这些附着物在车漆表面停留时间过长，会侵蚀到油漆的内部，甚至会对车身的基材造成损害，所以这些附着物一定要及时清除掉。

还有一种附着物是车身与其他物体相互刷碰而附着的，如图 6-4 所示。它可能会对车身的漆面和基材造成损害，只有专业的汽车美容技师才能处理。

图 6-3　车门上的鸟粪

图 6-4　剐碰附着物

（3）水垢。由于落到汽车表面的水滴中含有颜料、化学溶剂等会损坏漆面的物质，时间长了，水分蒸发干了，就会在车身上形成很难去掉的水垢。有些水垢甚至会浸透到油漆里，威胁到车身钢板。车身打蜡过度，或蜡的质量不好，蜡融化后也会形成难以去除的水垢。

6.2　车身塑料件的清洁护理

对车身塑料件要使用专用的塑料清洁剂进行表面清洁，干燥后应在表面涂抹塑料保养剂并擦匀。

步骤一：先用 P240 号砂纸将划痕打磨掉。

步骤二：如果损伤部位情况严重，可以刮涂塑料腻子以填平损伤。

步骤三：用 P400 号的砂纸将饰条全部打磨。

步骤四：清洁并除油。

步骤五：对与饰条相邻的部位进行遮护。

步骤六：均匀地喷涂 2 遍合适颜色的手喷漆，等油漆干燥后撤除遮护。塑料饰条划痕修复后的效果如图 6-5 所示。

若饰条发生断裂等特别严重变形的情况，只能更换新件。

知识链接　车身塑料件的损伤

车身塑料件损伤以老化为主，多表现为表面褪色、出现裂纹、容易断裂等。车身外部的塑料饰条不但起到美观的作用，而且更重要的是它可以保护蒙皮和车辆。因为它处在车身最外的边缘部分，首先受到剐碰的就是它。饰条被剐碰后，会产生划痕、附着污物，如图 6-6 所示。严重时甚至会变形。

图 6-5　塑料饰条划痕修复后

图 6-6　受到剐碰的饰条

6.3 车身清洗操作

步骤一：车身表面检查

（1）检查车身损伤，如图 6-7 所示。在对车辆进行美容操作前一定要做好检查记录工作。尤其是当客户要给车辆进行涂膜、内饰、玻璃等部位的美容装饰时，产生的费用会比较高，为了避免与客户之间产生误会，做好记录就显得非常重要了。同时还可以保留客户记录，便于以后的联系和沟通，提高自身的工作规范程度。

（2）仔细检查车门、车窗等部位是否关严，如图 6-8 所示。车门、车窗、行李舱盖等部位是否关严，一定要仔细检查，否则洗车时高压水流会通过未关严的缝隙冲进驾驶室内，有可能会造成严重的后果（真皮座椅、电子元件等被损坏）。在清洗车辆前及时关好这些部位。

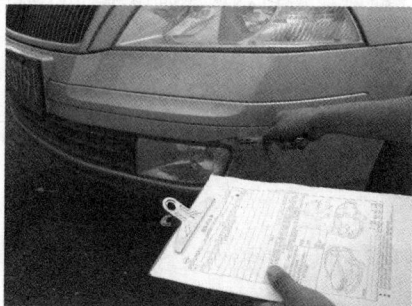

图 6-7　检查车身损伤

图 6-8　车窗没有关严

步骤二：相关设备的准备与调整

（1）泡沫机的加液与调整

①按比例加水和清洗液，如图 6-9 所示。观察混合液的加入量。

②调整气压。打开空气阀，将泡沫机的进气压力调整到 2～4 kPa，在此段压力范围内泡沫喷出的效果非常好，如图 6-10 所示。压力过低吹不出泡沫，压力过高会把泡沫吹得到处都是，造成不必要的浪费。

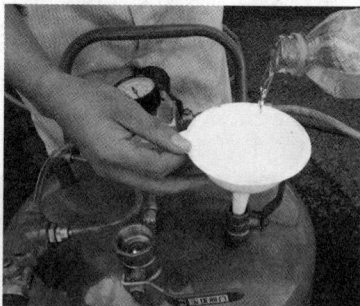

图 6-9　加水和清洗液

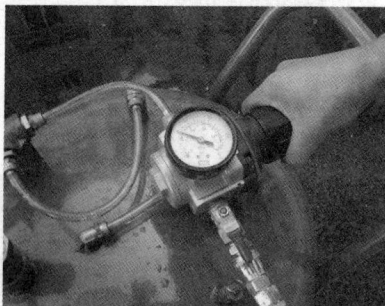

图 6-10　调整气压

（2）高压水枪水流的调整。

①洗车水压的要求。接通水源和电源后，打开洗车机，调整高压水枪的水流形状，使水压达到要求。洗车时的水压值没有绝对的要求，我们也无法准确地判断，只要能把污物冲掉同时还不能损坏涂膜和其他车身零件就可以。一般来说，车身预冲洗时水压要高一些，二次冲洗时水压要适当调小。由于高档的汽车涂膜和车身零件质量要好于低档的汽车，因此冲洗

时可以适当调高水压，但是当洗微型汽车等低档车辆时，尽量调低水压，否则很容易把涂膜冲掉。

②水压的调整。现在市场上大部分高压水枪水压的调整都要人为进行，调整方法有两种：一种是通过改变枪嘴与被喷淋物的距离来调整水压，距离近则压力高，距离远则压力低；另一种是通过改变水流的形状来调整，扇形大则压力小，扇形小则压力大。具体使用哪种方法，根据实际情况灵活调整。

③水流形状的调整。柱状水流水压高、冲力大，适合缝隙、污泥堆积严重的地方，如图 6-11 所示。大扇面水流的冲洗面积大、水压低，适合外表淋湿和二次冲洗，如图 6-12 所示。

图 6-11　柱状水流

图 6-12　大扇面水流

步骤三：车身预冲洗

车身预冲洗时一定要把水压适当调高，通过改变水枪与车身的距离来调整水压，初次冲洗时水枪与车身的距离在 0.5 m 左右，水流扇面角度为 15°～20° 为宜，缝隙和拐角等处用柱状水流。因为脏污的车身上会有大量的尘土和沙粒，通过各种方式牢固地黏附在车身上，水压小的话很难把它们冲洗掉，会为下一道工序埋下隐患。但是水压也不要调得太高，否则会损伤涂膜和其他零件。

（1）冲洗的顺序一定要遵循由上到下、从前到后的原则，从车顶（见图 6-13）到底盘，从发动机罩到行李舱盖仔细冲洗，不要放过任何一个缝隙和拐角等容易积存沙土的地方。车身通体均用高压水枪打湿，涂膜无大颗粒泥沙或污物后，才能确保下一步骤的顺利进行。

（2）车轮上方的车身圆弧里，由于车轮滚动甩上来大量的泥沙和污物，一定要将其清洗干净，如图 6-14 所示。

图 6-13　从车顶开始冲洗

图 6-14　车身隐蔽处要仔细清洗

步骤四：喷洒泡沫并擦匀

（1）喷洒的泡沫要均匀、适量，喷洒泡沫的顺序也是从上到下。喷完车身清洗剂以后，戴上浸泡过的干净毛手套，轻轻将车身擦拭一遍，以便彻底去除顽固的油渍。用毛手套擦拭的部位是车身上有油漆的表面和汽车玻璃表面，如图 6-15 所示。

（2）对于轮胎和轮辋等车体下部，一定要用专用的海绵或刷子单独清理。防止工具混用对车漆和玻璃造成意外损伤，如图 6-16 所示。

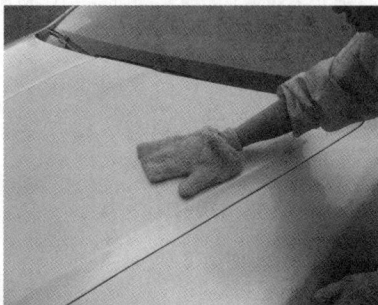

图 6-15　擦拭

图 6-16　清理轮胎和轮辋

步骤五：二次冲洗

二次冲洗的目的是把清洗剂泡沫和污水完全冲掉。所以这时冲洗的水压不用过高，水流扇面角度为 30°～45° 为宜，水枪与车身的距离仍然保持在 0.5 m 左右。依然按从上到下、从前到后的顺序进行。当车身上的水自然流下时，呈现帘幕状，没有油珠的感觉，说明车身已经清洗干净了。

步骤六：擦干

（1）车身清洗用的刮水板是经过专业设计的，它就像风窗玻璃刮水器一样，能适应车身的不同流线形，并且与车身表面的接触非常严密。刮水操作快捷彻底，省时省力，如图 6-17 所示。

（2）用鹿皮精细擦拭。擦拭一定要仔细、彻底，不要忽略了车门、行李舱盖内边缘和门框等边角部位，如图 6-18 所示。

（3）对于钥匙孔、门缝、车窗密封条、倒视镜壳、油箱盖等部位用压缩空气辅助吹干，尤其是钥匙孔里的水分更要吹干净，如图 6-19 所示。在北方的冬季，经常会发生洗车后车锁被冻住而无法开、锁车门的事情，有时还会因为油箱盖打不开而无法加油。

图 6-17　刮水

图 6-18　边角位置不要遗漏

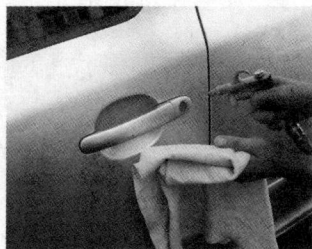

图 6-19　吹干钥匙孔

知识链接　车辆外部清洗

汽车车身工作环境复杂，不但要经受日晒、雨淋、石击、冰雪、严寒、炎暑这样多变的环境条件的影响，同时行驶中经常接触酸、碱、盐等腐蚀性的物质，更容易使车身表面被碰撞划伤，材料老化，甚至被腐蚀。再加上不正确的保养护理，更缩短了汽车车身的使用寿命。

一辆外表脏污的汽车，不仅破坏汽车的美感，影响观者的心情，而且也直接影响着乘客的乘坐舒适性和健康。所以要对汽车车身定期进行专业的清洗和保养，保持车辆外貌的美观，延长车辆的使用寿命，提高驾驶安全性。

1.个人安全与防护

劳动防护用品指为防止一种或多种有害因素对自身的直接危害所穿用或佩戴的器具的总称。劳动防护用品的正确使用，可以保证员工避免受到生产过程中的直接危害，对员工的身体健康及生命安全都起着重要的作用。要根据工作性质的不同，合理佩戴劳动防护用品。

（1）棉布工作服：用天然植物纤维织物制作，具有隔热、耐磨、扯断强度大、透气等特点。

（2）工作帽：用于保护劳动者头部，防止劳动者头发过长或掉落对操作施工产生影响。

（3）安全眼镜：用来保护眼部，防止飞屑、尘粒、化学物质等伤害眼部。安全眼镜的质量一定要好，否则眼镜受到冲击损坏，会对眼睛造成更为严重的二次伤害。

（4）防护口罩：防止将烟雾、化学物质、有毒气体吸入肺部，有防尘口罩和防毒面具之分。烟尘严重的环境中佩戴防尘口罩，有溶剂挥发的环境中佩戴防毒面具。

（5）手套：防止手部伤害，有皮手套、线手套、防水手套、耐溶剂手套等。

（6）安全鞋：保护脚部，安全鞋的性能有防滑、绝缘、防砸、耐溶剂、防水、抗高压等。

汽车美容行业经常接触各种清洗液和溶剂等液体，基本的防护用品一定要准备齐全，防水鞋、防水手套等是必不可少的。同时还要有规范的工作服，并要求工作服上不能有尖锐的饰物，防止刮坏车身涂层。进行底盘装甲操作时会有胶粒喷出，所以要佩戴安全眼镜和防护口罩等。

2.车身清洗液

好的车身清洗液呈中性，含阴离子表面活性剂，能同时达到去除车身静电、油污和涂膜保养等多重目的。一般洗涤剂是无法替代的。使用时要按照使用说明来做，绝大多数的车身清洗液（见图6-20）都需要跟水按一定的比例混合使用，根据车身污垢程度的不同随时调整混合比例。

（1）清洗液的除渍原理。

清洗液除渍是一个比较复杂的过程，一般都认为水基清洗液主要通过"润湿—吸附—悬浮—脱（冲）落"等不断循环的过程来除去物体表面污渍。

图6-20　车身清洗液

①润湿作用。当清洗液与表面上的污渍接触后，使表面污渍及空隙被清洗液湿润，产生充分接触，造成污渍与被清洗表面结合力的减弱，使污渍松动。

②吸附作用。清洗液中的电解质形成的无机离子吸附在物体表面污渍的质点上，改变对污渍质点的静电吸引力。清洗汽车外表面时，既产生物理吸附作用（分子间相互吸引），又有化学吸引作用（类似化学键的相互吸引）。

③悬浮作用。污渍经过清洗液的润湿、吸附作用，使物体表面上的污渍质点脱落，悬浮于水基清洗液中。

④脱（冲）落作用。水基清洗液通过流动，再将已悬浮于物体表面的污渍冲离该物体。

（2）清洗液的主要成分。

汽车表面清洗液的主要成分有如下几类。

①表面活性物质。表面活性物质也称表面活性剂或界面活性剂，是一类能显著减小液体表面张力的物质，常用的表面活性物质有油酸、三乙醇胺、醇类、合成洗涤剂等。

②碱性电解质。碱性电解质即在水溶液中能电离出金属离子的化合物，在汽车清洗中常见的是弱碱性的水溶液，主要有碳酸钠、水玻璃、磷酸盐等。

③溶剂。溶剂作为清洗工作介质的主体，它能溶解表面活性剂等添加剂，能共同与污渍起化学反应，从而达到清除污渍的目的。溶剂主要有：油基溶剂类，如煤油、松节油、溶剂汽油等；水基溶剂类，主要是水，它应用得最多。

④摩擦剂。它用以增加与清洗物体表面的接触和摩擦的物质，如硅藻土等。

3．清洗工具和设备

（1）手工清洗工具。

手工清洗工具包括喷水壶、刷子、毛手套等。

①喷水壶。喷水壶用于盛放调配好的车身清洗液，用于清洗遗漏部位，以及车轮和保险杠等难清洗部位。

②刷子。刷子用于清洗车身橡胶饰条，以及车轮和保险杠等难清洗部位。

③毛手套。毛手套用于喷涂清洗液后擦拭车身，便于油污去除，不伤涂膜，如图 6-21 所示。

（2）手工擦拭工具。

手工擦拭工具包括刮水板、鹿皮、毛巾、甩干桶等。

①刮水板（见图 6-22）。刮水板适用于大面积地清洁车身水珠，可快速刮掉车身残留水珠。但要注意，不能用它代替毛巾或鹿皮，用刮水板后，仍要用毛巾或鹿皮彻底擦拭。

图 6-21　毛手套

图 6-22　刮水板

②鹿皮（见图 6-23）。鹿皮用于玻璃的精细擦拭，吸水性好。

③毛巾（见图 6-24）。毛巾用于车身擦拭，吸水性好，不掉纤维，不伤涂膜。

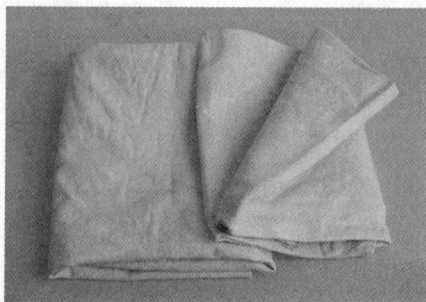

图 6-23　鹿皮

图 6-24　毛巾

④甩干桶。甩干桶用于快速甩干鹿皮和毛巾和清洗后的脚垫等。

（3）洗车机。

洗车机主要由电动机、水泵、管路、喷枪等组成。电动机通过弹性联轴器或传动带直接驱动柱塞泵。水泵由壳体、曲轴、柱塞、压力表以及进、出水口等组成。水泵出水口经胶管与喷枪相连，喷枪由枪体、手柄、扳机及喷嘴等组成。喷嘴有一般喷嘴和喷水枪 2 种。通过喷枪的尾部可以调节出口水流的形状，常用的为柱状和雾状 2 种。喷嘴有扇形和强力圆形。柱状水流或圆形喷嘴的水流冲击力强，可以除去汽车轮胎及底盘上的干泥土。雾状或扇形喷嘴的水流覆盖面积大，除污效率高，适于去除车身上的一般污渍。

（4）泡沫机。

泡沫机利用机体内高压空气（一般通过外界注入），将其中的清洗液经过连接的管道压出，并喷射于待清洗物体的表面。泡沫机的结构比较简单，一般由压力罐及一组阀门组成，如图 6-25 所示。

图 6-25 泡沫机

4. 车身清洗的注意事项

（1）注意水质。在汽车清洗作业中水的质量往往容易被忽视，用质量较差的水清洗车身表面，不但不能起到清洁的作用，相反还会对涂膜造成损害。洗车作业用水要求清洁无污垢，严禁使用未经过滤或受污染的水，以免影响清洗效果，或对汽车外表产生损伤。但在通常情况下，只要使用自来水或符合标准的循环水就基本符合要求。

根据可持续发展的战略，为了节约城市用水，在用水清洗车辆时必须配置循环水设备，但使用循环水设备之后水的质量将直接关系到汽车的清洗质量。因此，为了真正使洗车污水经处理后达到可再循环使用的程度，关键要解决处理后的水质标准问题。首先，对于汽车清洗，尤其是采用高压水清洗汽车时，对车身危害最大的是水中的固体悬浮物。水中固体悬浮物在高压力的夹带下，会对汽车涂膜造成一定的损伤。其次是水中的矿物油，如果含量过多，也将对汽车造成污损。再次，为了防止对车体的腐蚀，水源的 pH 值应保持为 6～8。最后，从保护人体健康的角度出发，水中细菌的总数也应当控制在一定的范围之内。另外，色度、臭味这些水感指标，也要求达到不能使人有不快感。为此，国家标准 GB/T 18920—2020《城市污水再生利用 城市杂用水水质》中对洗车用水的水质标准做了详细规定。应当说，经处理后的污水只要符合国家标准，就完全能放心地用于清洗车辆了。

（2）注意车身清洗液。严格来说，使用的清洗用品应为中性，也就是 pH 值为 7，或者稍偏碱性。因为中性的洗车液不但能保护车身涂膜，还不会损伤从业人员的皮肤，同时车身污垢大部分都为酸性，所以洗车液可以稍显碱性。目前，有些从业人员仍在使用洗衣粉等生活用或工业用的洗涤剂洗车。轻者会使涂膜失去原有光泽，重者使涂膜被严重腐蚀，局部产生变色、干裂，还会加速局部涂膜脱落部位的金属腐蚀。

（3）注意擦洗用品。擦洗时，应根据擦洗部位的不同选用不同的擦洗材料，当清洁车身涂膜时，应该使用干净柔软的毛巾或鹿皮，切不可使用硬质的清洁工具，以免在涂膜上留下擦伤痕迹。擦洗车身下部和轮胎等部位的工具及水桶要专用。各个不同部位的擦洗用品不得混用。许多人洗车喜欢用一些旧毛巾或劣质毛巾，殊不知旧毛巾和劣质毛巾上的纤维容易脱落，有的劣质毛巾由于过薄，针织密度很小，也容易损伤涂膜。此外，这些毛巾晒干后会变得很硬，用来擦车也会造成涂膜划痕。

（4）注意工作环境。不要在阳光照射下洗车，有些不规范的洗车店由于场地的限制，到了夏季就直接在烈日下洗车，而且根本不等待发动机冷却。在这一状况下进行汽车清洗作业时，车身上的水分会很快被蒸发，此时，车身上原来的水滴会留下许多斑点，影响清洗效果。由于夏季环境温度本身很高，再加上在汽车行驶后发动机温度更高，此时直接洗车会使汽车发动机提前老化。此外，在烈日下洗车，还会产生透镜效应。所谓透镜效应是指当车表涂膜上存在小水滴时，由于水滴呈扁平凸透镜状，在阳光的照射下，这些小小的水滴对日光有聚焦作用，焦点处的温度会高达 800～1000℃，从而导致涂膜被灼蚀，出现肉眼所看不见的小孔洞，这些小孔洞有的还会深达金属基材。当涂膜由于透镜效应被灼伤，或灼伤的范围较大时，一些分布密度较高的涂膜就会出现严重的失光。所以在夏季，洗车打蜡一定要在有遮蔽的环境下进行。

此外，进入冬季，不要在寒冷的环境中洗车，以防水滴在车身上结冰，造成涂膜破裂。北方严寒季节时，洗车应在室内进行，车辆进入工位后，先停留 5～10 min，然后冲洗。

（5）注意洗车的时机。如果天气一直晴好，车身没有特殊的脏污时，大约 1 周做 1 次全车清洗工作即可。连续雨雪天时，用湿布或湿毛巾擦拭全车所有的玻璃即可，等到天气放晴之后，对全车进行一次清洗。

6.4　漆面打蜡操作

步骤一：上蜡。

将少量蜡挤在海绵上，保证每次处理的面积一定，不可大面积涂抹。上蜡时力度一定要均匀，用拇指和小指夹住海绵，以手掌和其余的 3 根手指按住海绵进行上蜡，如图 6-26 所示。

上蜡操作时应按一定的顺序，一般从车顶开始上起，再到发动机罩、翼子板、车门，最后到尾部，遵循先上后下的原则。蜡膜尽量做到薄而均匀，并且将车身上由漆面覆盖的表面都涂到。上蜡时可以按直线往复也可以按螺旋线的方式进行，但是不可把蜡液倒在车上乱涂。一次作业要连续完成，不可涂涂停停。

步骤二：褪蜡。

上蜡完成并停留几分钟后，手工擦拭或用抛光机将其打亮。手工擦拭时应先用手背感觉车蜡的干燥程度，以刚刚干燥且不粘手为宜。褪蜡时按上蜡的顺序进行就可以，手掌放平，垫上柔软的毛巾，掌心微用力，反复擦拭直到将蜡粉褪净，漆面明亮、光滑，如图 6-27 所示。

图 6-26　上蜡

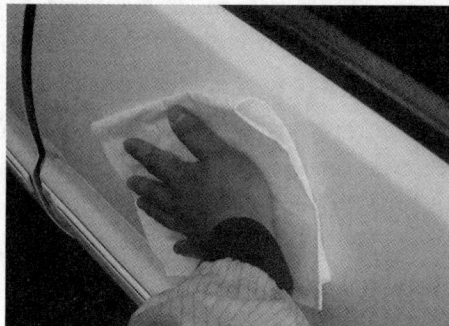

图 6-27　褪蜡

从侧面观察漆面光泽一致，没有未褪掉车蜡的地方。使用抛光机处理时应在车蜡完全干燥后再处理，将抛光机转速控制为 1000 r/min 以下。

车身打蜡后，在车灯、车牌、车门和行李舱等处的缝隙中会残留一些车蜡，使车身显得很不美观。这些地方的蜡垢若不及时擦干净，还可能产生锈蚀。因此，打完蜡后一定要将蜡垢彻底清除干净，这样才能得到完美的打蜡效果。

知识链接　漆面的手工打蜡

1. 车蜡的种类

车蜡按作用的不同可以分为保养蜡、修护蜡、综合蜡。

①保养蜡，如图6-28所示。保养蜡能均匀地渗透到漆面的细小空隙中，使漆面上多了一层保护膜，可以隔绝紫外线、灰尘、油烟以及其他杂质，保持漆面的光泽和持久性。

②修护蜡。修护蜡主要是在蜡中加入氧化铝、碳化硅等研磨成分，能够修复漆面上的划痕，但是同时漆面也会变薄。

③综合蜡。综合蜡是将修护蜡和保养蜡综合在一起，可以使抛光和保护一次完成。如常听到的三合一美容蜡等。

图6-28　保养蜡

2. 车蜡选择

市场上车蜡种类繁多，分类标准也五花八门，由于各种车蜡的性能不同，其作用效果也不一样，所以在选用时必须慎重，选择不当不仅不能保护车体，反而会损伤车漆，甚至使车漆变色。

一般情况下选择车蜡时，要根据车蜡的作用特点、车辆的新旧程度、车漆颜色及行驶环境等因素综合考虑。

①对于高级轿车，可选用高档车蜡。

②对普通车辆，用普通的珍珠色或金属漆系列车蜡即可。

③对新车最好采用彩涂上光蜡以保护车体的光泽和颜色。

④夏天宜用防紫外线车蜡。

⑤行驶环境较差时则用保护作用突出的树脂蜡比较合适。

⑥选用车蜡时还必须考虑与车漆颜色相适应，一般深色车漆选用黑色、红色、绿色系列的车蜡，浅色车漆选用银色、白色、珍珠色系列车蜡。

|工作页和练习题|

完成本书附带的实训手册上的工作页和练习题。

[1] 黄艳玲，郭大民，王立刚. 汽车维护［M］. 北京：北京理工大学出版社，2021.

[2] 毛峰，秦挽星. 汽车维护与保养［M］. 武汉：华中科技大学出版社，2017.

[3] 夏长明. 现代汽车维护与保养［M］. 北京：机械工业出版社，2018.

[4] 范爱民，张晓雷. 汽车维护与保养［M］. 北京：清华大学出版社，2015.

[5] 丰田汽车公司. 汽车维护操作［M］. 北京：高等教育出版社，2008.

|目 录|

项目 1　任务 1.3 工作页

任务名称	任务 1.3	实训序号		日期	
学生姓名		学号		班级	
工作目标	能够完成常用工具、测量仪器和设备的使用操作				
工作内容	工具、测量仪器和设备使用				

一、工作资讯

你所分配到的工具、测量仪器和设备名称（建议授课时，提供游标卡尺、外径千分尺、扭力扳手、风动扳手、举升机、诊断仪等实验室常用且实际作业中经常出现问题的工具、测量仪器和设备）：

（1）＿＿＿＿＿＿＿＿＿＿＿＿＿＿＿＿＿＿＿＿＿＿＿＿＿＿＿＿＿＿＿＿＿＿＿＿＿

（2）＿＿＿＿＿＿＿＿＿＿＿＿＿＿＿＿＿＿＿＿＿＿＿＿＿＿＿＿＿＿＿＿＿＿＿＿＿

（3）＿＿＿＿＿＿＿＿＿＿＿＿＿＿＿＿＿＿＿＿＿＿＿＿＿＿＿＿＿＿＿＿＿＿＿＿＿

（4）＿＿＿＿＿＿＿＿＿＿＿＿＿＿＿＿＿＿＿＿＿＿＿＿＿＿＿＿＿＿＿＿＿＿＿＿＿

（5）＿＿＿＿＿＿＿＿＿＿＿＿＿＿＿＿＿＿＿＿＿＿＿＿＿＿＿＿＿＿＿＿＿＿＿＿＿

二、工作决策

选取以上工具、测量仪器、设备中的 3 个，写出其功用及使用注意事项。

1. 功用

（1）＿＿＿＿＿＿＿＿＿＿＿＿＿＿＿＿＿＿＿＿＿＿＿＿＿＿＿＿＿＿＿＿＿＿＿＿＿

＿＿＿

（2）＿＿＿＿＿＿＿＿＿＿＿＿＿＿＿＿＿＿＿＿＿＿＿＿＿＿＿＿＿＿＿＿＿＿＿＿＿

＿＿＿

（3）＿＿＿＿＿＿＿＿＿＿＿＿＿＿＿＿＿＿＿＿＿＿＿＿＿＿＿＿＿＿＿＿＿＿＿＿＿

＿＿＿

2. 使用注意事项

（1）＿＿＿＿＿＿＿＿＿＿＿＿＿＿＿＿＿＿＿＿＿＿＿＿＿＿＿＿＿＿＿＿＿＿＿＿＿

＿＿＿

（2）＿＿＿＿＿＿＿＿＿＿＿＿＿＿＿＿＿＿＿＿＿＿＿＿＿＿＿＿＿＿＿＿＿＿＿＿＿

＿＿＿

（3）＿＿＿＿＿＿＿＿＿＿＿＿＿＿＿＿＿＿＿＿＿＿＿＿＿＿＿＿＿＿＿＿＿＿＿＿＿

三、工作实施（选取工作部件进行操作，以实际工作过程记录。教师要求学生进行工具使用）

＿＿＿

＿＿＿

＿＿＿

＿＿＿

四、工作结果自评与疑惑

1. 工作过程自评：□优秀　　□良好　　□中等　　□及格　　□不及格

2. 工作结果自评：□优秀　　□良好　　□中等　　□及格　　□不及格

3. 工作疑惑：＿＿＿＿＿＿＿＿＿＿＿＿＿＿＿＿＿＿＿＿＿＿＿＿＿＿＿＿＿＿＿＿＿

＿＿＿

五、工作结果评估（教师针对过程及结果评估）

教师评语：

教师评分：□优秀　　□良好　　□中等　　□及格　　□不及格

教师签字：

日期：

练习题（任务 1.2 ~ 任务 1.4）

1. 对于维修操作技术员的着装，下面哪种说法是正确的？（　　　）

A. 工作时，技术员可戴有较大边的金属环

B. 为方便工作时的行走，技术员可以穿运动鞋

C. 在处理热的消声器时，技术员应戴手套

D. 技术员在操作钻具时，要戴手套

2. 以下是关于"技术员优化技艺的十项原则"的叙述，其中错误的一项是（　　　）。

A. 禁止在客户的车辆内吸烟

B. 正确使用工具和设备

C. 如果发现除预定工作之外的额外工作，应向维修顾问汇报

D. 根据设想使用适当的工具执行操作

3. 下列关于修理车间基本工作责任的叙述，哪一项错误？（　　　）

A. 负责人/工长将工作分配给技术员，监督他们的操作，并追踪进程

B. 技术员从事维护和修理工作，并向客户解释工作

C. 技术员组长从事维护和修理工作，并对完成的修理进行最终检查

D. 维修顾问在接待区处理客户一般的需求

4. 下列哪一项是危险操作？（　　　）

A. 不戴手套操作钻具

B. 在正在充电的蓄电池附近使用电焊机

C. 当车轮稍微离开地面时通过晃动车辆来鉴定汽车是否正确地固定在举升机上

D. 在由刚性齿条支撑的汽车下工作

5. 使用以下哪个工具时必须脱掉手套？（　　　）

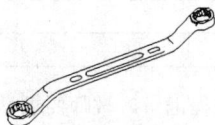
A. 梅花扳手

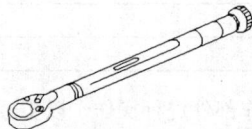
B. 扭力扳手

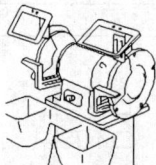
C. 研磨机

D. 千斤顶

6. 下列关于工作安全性的叙述，哪一项错误？（　　　）

A. 为保护工作人员免受创伤或烧伤，尽可能不要把皮肤暴露在外

B. 仅在指定区域丢弃汽油和机油

C. 如果在危险情况下并未受伤，则没有必要汇报

D. 由于维修场所不合适或工作人员不小心，出现事故时，及时报告，并找专业救护人员处理

7．下列关于 6S 管理概念的叙述，哪一项正确？（　　　）

A．不要丢弃任何零件、工具、维修手册或工作数据，而应将它们保存在某个地方

B．根据使用频率，有序存放零件、工具、维修手册和工作数据，以便于使用

C．不经常使用的工具和测量仪器不需要保持干净

D．为了给客户留下好印象，维修接待区应保持干净。客户看不见的工作场地不需要保持干净

8．下列关于 6S 管理概念的叙述，哪一项错误？（　　　）

A．Seiri（整理）是指区分必需和非必需的工具和零件，并将非必需的工具和零件收集在不影响工作的区域，然后丢弃

B．Seiton（整顿）是为了工具和零件的方便使用

C．Seiso（清扫）是指使工作现场的所有东西处于整洁状态，以便在任何时候都可以正常使用

D．Shitsuke（自律）是指保持组织的 Seiri、Seiton 和 Seiso 状态的过程

9．用规定扭矩最终拧紧时必须使用以下哪个工具？（　　　）

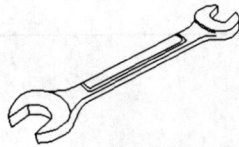
A．开口扳手

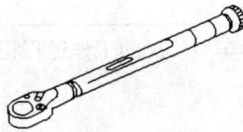
B．扭力扳手

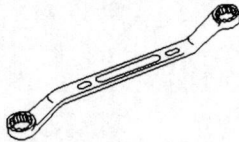
C．梅花扳手

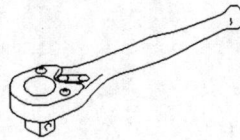
D．棘轮手柄

10．下列外径千分尺的测量值中，哪一个符合图示？（　　　）

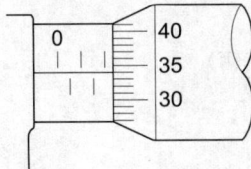

A．2.840 mm　　　　B．23.40 mm　　　　C．2.340 mm　　　　D．28.40 mm

项目 2 任务 2.1～任务 2.3（部分）工作页

任务名称	任务 2.1～任务 2.3	实训序号		日期	
学生姓名		学号		班级	
工作目标	完成举升前对应任务的检查、维护操作				

一、工作资讯

你实施工作的车辆的信息：

车辆 VIN		行驶里程	
车辆整体状况简析	□良好	□一般	□较差　　□非常差

二、工作决策

所用工具、设备：_____

_____

注意事项：_____

_____

三、工作实施（以实际车型状况的工作过程记录）

1. 驾驶舱防护

□安装座椅套

□安装地板垫

□安装转向盘套

□安装换挡杆套

2. 过渡操作项目

□拉起发动机舱盖释放杆

□打开发动机舱盖

3. 车辆外部防护

□安装翼子板布

□安装前格栅布

□安装车轮挡块（可以用举升机举起车辆）

□安装尾气排放装置

4. 发动机舱检查

□检查发动机机油　　　　　　　　　　　　　　　　□正常　□不正常

□检查发动机冷却液液位　　　　　　　　　　　　　□正常　□不正常

□检查制动液　　　　　　　　　　　　　　　　　　□正常　□不正常

□检查玻璃清洗液液位　　　　　　　　　　　　　　□正常　□不正常

5. 驾驶舱检查

（1）外部灯光检查与仪表检查。

□检查示廓灯（小灯）及指示灯点亮情况　　　　　　□正常　□不正常

□检查牌照灯点亮情况　　　　　　　　　　　　　　□正常　□不正常

□检查尾灯点亮情况　　　　　　　　　　　　　　　□正常　□不正常

□检查前照灯（近光灯）点亮情况　　　　　　　　　□正常　□不正常

续表

任务名称	任务 2.1 ~ 任务 2.3（部分）	实训序号		日期	
学生姓名		学号		班级	
工作目标	完成举升前对应任务的检查、维护操作				

☐检查前照灯（远光灯）和指示灯点亮情况　　　　　　　☐正常　☐不正常

☐检查前照灯闪光器开关和指示灯点亮情况　　　　　　　☐正常　☐不正常

☐检查转向信号灯（包含自动回位功能）和指示灯点亮情况　☐正常　☐不正常

☐检查危险警告灯和指示灯点亮情况　　　　　　　　　　☐正常　☐不正常

☐检查停车灯点亮情况（尾灯一起点亮）　　　　　　　　☐正常　☐不正常

☐检查倒车灯点亮情况　　　　　　　　　　　　　　　　☐正常　☐不正常

☐检查变光器开关自动回位功能　　　　　　　　　　　　☐正常　☐不正常

☐检查外部车灯安装状况　　　　　　　　　　　　　　　☐正常　☐不正常

☐检查外部车灯是否损坏和有污垢　　　　　　　　　　　☐正常　☐不正常

（2）内部灯光。

☐检查仪表灯点亮情况　　　　　　　　　　　　　　　　☐正常　☐不正常

☐检查顶灯点亮情况　　　　　　　　　　　　　　　　　☐正常　☐不正常

☐检查组合仪表警告灯点亮和熄灭情况　　　　　　　　　☐正常　☐不正常

（3）转向盘及喇叭检查。

①转向盘检查。

☐测量自由行程 _____mm　　　　　　　　　　　☐正常　☐不正常

☐检查松弛和摆动　　　　　　　　　　　　　　　　　　☐正常　☐不正常

☐检查 ACC 位置，转向盘可否自由移动　　　　　　　　☐正常　☐不正常

☐检查调整功能　　　　　　　　　　　　　　　　　　　☐正常　☐不正常

②喇叭检查。

☐检查音量情况　　　　　　　　　　　　　　　　　　　☐正常　☐不正常

☐检查音质情况　　　　　　　　　　　　　　　　　　　☐正常　☐不正常

四、工作结果自评与疑惑

1. 工作过程自评：☐优秀　☐良好　☐中等　☐及格　☐不及格

2. 工作结果自评：☐优秀　☐良好　☐中等　☐及格　☐不及格

3. 工作疑惑：_____

_____

五、工作结果评估（教师针对过程及结果评估）

教师评语：_____

_____

_____

_____

教师评分：☐优秀　　☐良好　　☐中等　　☐及格　　☐不及格

教师签字：

日期：

练习题［任务 2.1～任务 2.3（部分）］

1. 下列关于发动机机油的说法，哪一项是正确的？（　　）

A. 只加发动机机油而不换油将使机油性能没有任何变化

B. 发动机油变黑时，应当换机油

C. 一般情况下，发动机机油液位不降低，因此如果降低就说明漏油

D. 发动机机油根据其性能和黏性分成不同的等级，要根据等级来使用

2. 下列哪项不需要定期更换？（　　）

A. 发动机机油 B. 发动机机油滤清器

C. 节温器 D. 发动机冷却液

3. 下列关于发动机冷却液的说法，哪一项是正确的？（　　）

A. 当冷却液变质时，将不会损坏冷却系统

B. 冷却液的变质不能通过看来判断，应根据行驶距离和时间来判断是否需要更换

C. 冷却液根据颜色分为红和绿两类，每一种都具有不同的性能水平，比如凝固温度

D. 如果在冷却液中加入水，那么凝固温度就要升高，因此对冷却液只能用纯防冻液

4. 下列关于发动机机油的叙述，哪一项正确？（　　）

A. 使用高黏度的机油，发动机在寒冷的天气下更容易起动

B. 标有黏度指数范围 （10W-30，15W-40）的机油称为多级机油

C. 以字母"W"结尾的黏度指数表示在 50℃（122℉）下测得的机油黏度

D. 不能全年使用多级机油

5. 当制动液液位很低时，以下哪个指示灯点亮？（　　）

 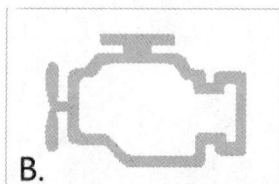

 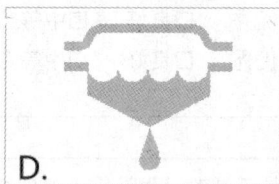

6. 作为灯光检测的一部分，当灯光控制开关拨动一个凹槽时，从下面选择 4 种发光的灯。（　　）

A. 示廓灯　　　B. 转向信号灯　　　C. 尾灯　　　D. 停车灯

E. 前照灯　　　F. 仪表盘灯　　　G. 牌照灯

7. 下列关于灯的检查的叙述，哪一项正确？（　　）

A. 将点火开关置于 ON 位置、上/下操作转向信号灯开关并检验左/右转向信号灯是否正确闪烁，以检查转向信号灯

B. 转动灯控开关一个槽口并检验倒车灯是否点亮，以检查倒车灯

C．将点火开关置于 OFF 位置、将换挡杆切换到 R 位置，并检验倒车灯是否点亮，以检查倒车灯

D．将点火开关置于 ON 位置，检验组合仪表中的故障指示灯是否点亮并立即熄灭，以检查故障指示灯

8．关于灯的检测，下面哪种说法是正确的？（　　　）

A．为检查灯的安装质量，把灯卸下以检查是否安装松动

B．为检查灯的安装质量，用手晃灯，然后检查它们是否安装松动

C．检查门控灯开关，车门开或关时车内顶灯均应关闭

D．检查门控灯开关，当车门开时，车内顶灯关闭，当车门关时，车内顶灯亮

9．以下是关于检查发动机机油液位的表述，哪一项正确？（　　　）

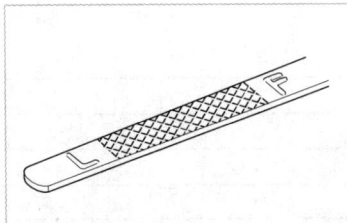

A．无须确认车辆是否水平

B．发动机运行时可以检查液位

C．液位处于液位计（油尺）的"L"和"F"标记之间为正常

D．检查液位时，无须将液位计（油尺）全部放入

项目 2 任务 2.3（部分）工作页

任务名称	任务 2.3	实训序号		日期	
学生姓名		学号		班级	
工作目标	完成举升前的检查、维护操作				

一、工作资讯

你实施工作的车辆的信息：

车辆 VIN		行驶里程	
车辆整体状况简析	□良好	□一般	□较差	□非常差

二、工作决策

所用工具、设备：_____

_____

注意事项：_____

_____

_____

三、工作实施（以实际车型状况的工作过程记录）

驾驶舱检查

（1）玻璃喷洗器及刮水器检查。

①玻璃清洗功能检查。

□检查喷射状态　　　　　　　　　　　　　　　□正常　□不正常

□检查喷射位置　　　　　　　　　　　　　　　□正常　□不正常

□喷洗器位置调整（选做）　　　　　　　　　　□正常　□不正常

②玻璃刮水器检查。

□检查工作情况（Lo）　　　　　　　　　　　　□正常　□不正常

□检查工作情况（Hi）　　　　　　　　　　　　□正常　□不正常

□检查工作情况（间歇功能）　　　　　　　　　□正常　□不正常

□检查停止位置　　　　　　　　　　　　　　　□正常　□不正常

□检查刮刷状况　　　　　　　　　　　　　　　□正常　□不正常

（2）驻车制动检查。

□检查驻车制动杆行程_____mm　　　　　□正常　□不正常

□驻车制动杆行程调整（选做）　　　　　　　　□正常　□不正常

□检查驻车制动器指示灯点亮情况　　　　　　　□正常　□不正常

（3）踏板检查。

①制动踏板检查。

□检查制动踏板应用状况（响应性）　　　　　　□正常　□不正常

□检查制动踏板应用状况（完全踩下）　　　　　□正常　□不正常

□检查制动踏板应用状况（异常噪声）　　　　　□正常　□不正常

□检查制动踏板应用状况（过度松动）　　　　　□正常　□不正常

□测量制动踏板高度_____mm　　　　　　□正常　□不正常

□制动踏板高度调整（选做）　　　　　　　　　□正常　□不正常

□测量制动踏板自由行程_____mm　　　　□正常　□不正常

□测量制动踏板行程余量_____mm　　　　□正常　□不正常

续表

任务名称	任务2.3（部分）	实训序号		日期	
学生姓名		学号		班级	
工作目标	完成举升前的检查、维护操作				

☐检查制动助力器工作情况（下沉）　　　　　　　　　　☐正常　☐不正常
☐检查制动助力器气密性（空气阀：高度变高）　　　　☐正常　☐不正常
☐检查制动助力器真空功能（控制阀：高度不变）　　　☐正常　☐不正常
②离合器踏板检查（选做）。
☐检查总泵液体是否泄漏　　　　　　　　　　　　　　☐正常　☐不正常
☐检查离合器踏板状况（踏板回弹无力）　　　　　　　☐正常　☐不正常
☐检查离合器踏板状况（异常噪声）　　　　　　　　　☐正常　☐不正常
☐检查离合器踏板状况（过度松动）　　　　　　　　　☐正常　☐不正常
☐检查离合器踏板状况（踏板沉重感觉）　　　　　　　☐正常　☐不正常
☐测量离合器踏板高度_____mm　　　　　　　　☐正常　☐不正常
☐离合器踏板高度调整（选做）　　　　　　　　　　　☐正常　☐不正常
☐测量离合器踏板自由行程_____mm　　　　　　☐正常　☐不正常
☐离合器踏板自由行程调整（选做）　　　　　　　　　☐正常　☐不正常
☐检查离合器磨损、噪声和沉重度　　　　　　　　　　☐正常　☐不正常
（4）座椅及安全带检查
①座椅检查。
☐检查驾驶员座椅（包含移动位置）　　　　　　　　　☐正常　☐不正常
☐检查左后座椅　　　　　　　　　　　　　　　　　　☐正常　☐不正常
☐检查后排中间座椅　　　　　　　　　　　　　　　　☐正常　☐不正常
☐检查右后座椅　　　　　　　　　　　　　　　　　　☐正常　☐不正常
☐检查副驾驶座椅（包含移动位置）　　　　　　　　　☐正常　☐不正常
②安全带。
☐检查驾驶员安全带（包含调整位置）　　　　　　　　☐正常　☐不正常
☐检查左后安全带（包含调整位置）　　　　　　　　　☐正常　☐不正常
☐检查后排中间安全带　　　　　　　　　　　　　　　☐正常　☐不正常
☐检查右后安全带（包含调整位置）　　　　　　　　　☐正常　☐不正常
☐检查副驾驶安全带（包含调整位置）　　　　　　　　☐正常　☐不正常
四、工作结果自评与疑惑
1. 工作过程自评：☐优秀　☐良好　☐中等　☐及格　☐不及格
2. 工作结果自评：☐优秀　☐良好　☐中等　☐及格　☐不及格
3. 工作疑惑：_____
五、工作结果评估（教师针对过程及结果评估）
教师评语：_____
_____
_____

教师评分：☐优秀　☐良好　☐中等　☐及格　☐不及格

教师签字：

日期：

练习题 [任务 2.3（部分）]

1．下列关于制动系统的叙述，哪一项正确？（　　　）

A．通过调整主缸推杆来完成制动踏板行程余量的调整

B．当调整制动踏板的高度时，必须调整制动踏板推杆

C．调整了制动踏板的自由行程后，应调整制动踏板的高度

D．为了检查制动踏板最大行程余量，应在停止发动机并设置驻车制动器时踩下踏板

2．以下是关于转向盘自由行程检查的表述，哪一项正确？（　　　）

A．起动带有动力转向系统车辆的发动机并从转向盘正前方位置轻轻转动转向盘。为了使轮胎开始转动而需要移动转向盘的量就称为"自由行程"

B．停止带有动力转向系统车辆的发动机并从转向盘正前方位置轻轻转动转向盘。为了使轮胎开始转动而需要移动转向盘的量就称为"自由行程"

C．轴向、垂直和横向转动带有动力转向系统车辆的转向盘以检查这些移动是否正常

D．起动带有动力转向系统车辆的发动机并从转向盘正前方位置将其完全转动至右端或左端，然后检查到达任一端需要转动的圈数

3．关于离合器踏板的检测，下面哪种说法是正确的？（　　　）

A．离合器释放点是一个点，离合器在该点刚好啮合，此点是以当离合器踏板被踩到底，并开始逐渐释放时的位置来测量的

B．"离合器踏板的自由行程"是指离合器踏板被踩到底时，离合器踏板和车地板的距离

C．离合器踏板的高度是从离合器踏板被踩到底并逐渐释放时的位置直至离合器刚好啮合的离合器踏板位置，即这两个位置的距离

D．检测离合器踏板的过程中，如果离合器踏板的高度正常，那么离合器踏板的自由行程和释放点就被认为是正常的

4．作为检测离合器踏板的一部分，从下面的备选项中选择与（1）～（3）图示相应的检测项目。

A．踏板自由行程　　　　B．踏板高度　　　　C．踏板行程余量

（1）（　　　）　　　　　（2）（　　　）　　　　　（3）（　　　）

5．下面是对离合器踏板的自由行程进行的说明，请选择正确的描述。（　　　）

A．如果自由行程大（由于调整不良等原因），则与始终踩下离合器踏板的状态相同，离合器片的压紧力将不足，在进行（需要较大驱动力的）起步或加速时，将出现离合器打滑的不良现象

B．如果由于离合器踏板的自由行程不良，在离合器片的压紧力不足的状态下继续使用，将引起离合器片的过早磨损及烧坏

C．如果离合器踏板没有自由行程，离合器将无法断开

D．离合器踏板的自由行程对于驾驶安全没有什么影响

6．下面是对驻车制动杆（踏板）的行程进行的说明，请选择不正确的描述。（　　）

A．驻车制动杆的行程变得极大时，即使全行程工作，力也不会被充分传递到制动器主体，导致驻车制动器的制动性能不良

B．驻车制动杆的行程检查，需要确认驻车制动蹄片的间隙、自动调整机构、拉索的磨损和伸长、杆的工作状态等

C．如果驻车制动杆的行程变大，则操作时的行程和角度增加，操作性变差

D．驻车制动拉索在每次操作时都会因受到拉伸力而逐渐伸长，所以初始的伸长量较小

7．下面是对踩下制动踏板时制动踏板与地板的间隙进行的说明，请选择正确的描述。（　　）

A．通过检查踩踏制动踏板时制动踏板与地板的间隙（行程余量）、踩踏情况，可以进行制动系统的综合判断

B．如果制动鼓与制动衬片（制动盘和制动块）的间隙较大，制动衬片（制动块）与制动鼓（制动盘）接触位置的制动踏板踩踏量变多，行程余量变大

C．如果制动器漏液，踩下制动踏板时不能保持油压，与通常相比制动踏板行程增加，行程余量也变大

D．制动踏板间隙越大，驾驶安全性越好

8．下面是对制动踏板的自由行程进行的说明，请选择不正确的描述。（　　）

A．如果制动踏板没有自由行程，将发生制动器的拖滞，所以应确认制动踏板有自由行程

B．在制动踏板处于自由的状态时，没有在制动踏板上设定任何自由行程

C．制动踏板间隙虽然不会随着时间的推移而变化，但是由于停车灯开关的调整不良等原因，如果没有间隙则会引起打滑，有可能会由于衰减现象等而降低制动器有效度

D．制动踏板的自由行程，需要在合适的范围之内，以确保制动安全

项目 2　任务 2.4 工作页

任务名称	任务 2.4	实训序号		日期	
学生姓名		学号		班级	
工作目标	完成举升前的检查、维护操作				

一、工作资讯

你实施工作的车辆的信息：

车辆 VIN		行驶里程	
车辆整体状况简析	□良好	□一般	□较差　□非常差

二、工作决策

所用工具、设备：＿＿＿＿＿＿＿＿＿＿＿＿＿＿＿＿＿＿＿＿＿＿＿＿

注意事项：＿＿＿＿＿＿＿＿＿＿＿＿＿＿＿＿＿＿＿＿＿＿＿＿＿＿＿＿

三、工作实施（以实际车型状况的工作过程记录）

车辆外部连接检查

①车门连接状况（包含门控灯点亮情况）。

□驾驶员车门连接状况　　　　　　　　　　　　□正常　□不正常

□驾驶员车门门控灯点亮情况　　　　　　　　　□正常　□不正常

□左后车门连接状况　　　　　　　　　　　　　□正常　□不正常

□左后车门门控灯点亮情况　　　　　　　　　　□正常　□不正常

□右后车门连接状况　　　　　　　　　　　　　□正常　□不正常

□右后车门门控灯点亮情况　　　　　　　　　　□正常　□不正常

□右前车门连接状况　　　　　　　　　　　　　□正常　□不正常

□右前车门门控灯点亮情况　　　　　　　　　　□正常　□不正常

②检查发动机舱盖。

□发动机舱盖连接状况　　　　　　　　　　　　□正常　□不正常

③行李舱盖检查。

□行李舱盖连接状况检查　　　　　　　　　　　□正常　□不正常

④燃油箱盖及外盖检查。

□检查燃油箱外盖　　　　　　　　　　　　　　□正常　□不正常

□检查燃油箱盖连接状况　　　　　　　　　　　□正常　□不正常

□检查扭矩限制器工作情况　　　　　　　　　　□正常　□不正常

□检查变形和损坏　　　　　　　　　　　　　　□正常　□不正常

⑤悬架初步检查。

□减振器减振力检查　　　　　　　　　　　　　□正常　□不正常

□车辆倾斜检查　　　　　　　　　　　　　　　□正常　□不正常

四、工作结果自评与疑惑

1. 工作过程自评：□优秀　　□良好　　□中等　　□及格　　□不及格

2. 工作结果自评：□优秀　　□良好　　□中等　　□及格　　□不及格

3. 工作疑惑：＿＿＿＿＿＿＿＿＿＿＿＿＿＿＿＿＿＿＿＿＿＿＿＿＿

五、工作结果评估（教师针对过程及结果评估）

教师评语：＿＿＿＿＿＿＿＿＿＿＿＿＿＿＿＿＿＿＿＿＿＿＿＿＿＿＿

教师评分：□优秀　　□良好　　□中等　　□及格　　□不及格

教师签字：

日期：

练习题（任务 2.4）

1. 下面是对悬架的安装部位、连接部位的松弛或松动（以及损伤）进行的说明，请选择不正确的描述。（　　）

A. 各悬架臂、拉杆以及钢板弹簧的连接部位不会因行驶而发生性能衰退及龟裂、磨损等

B. 如果由于安装部位和连接部位的松弛、松动或损伤，会导致车轮定位发生错乱，继续行驶的话，则轮胎会磨损，从而缩短轮胎的寿命

C. 如果经常在差路和山路上行驶，则可能会由于悬架系统的载荷增大和行驶机构干涉、大的冲击等而产生松弛和损伤，悬架臂的安装部位可能会移动，或者由于变形等原因，而导致车轮定位发生偏差

D. 悬架控制轮胎保持在正确的位置，如果安装部位或连接部位发生松动、损伤，则轮胎的保持状态及移动会变得不稳定，会产生行驶不稳定或异响

2. 关于张力调节器，请选择正确的描述。（　　）

A. 由于碰撞导致一定的负荷被施加到座椅安全带时，安全带会逐步松开，以免施加额外的负荷，从而减小施加到驾乘人员身体上的负荷

B. 如果将安全带拉出超过一定程度，则该设备将会锁止座椅安全带

C. 该设备可以调节安全带的缠绕强度，通过分别使用具有不同缠绕强度大小的弹簧来减轻系上座椅安全带时的压迫感

D. 对于各个位置上的安全带，张力调节器都是可以调整的

3. 关于刮水器的检测，下面哪种说法是正确的？（　　）

A. 把发动机机油涂抹到风窗玻璃使其润滑，检测刮水器的性能

B. 不要在干燥的风窗玻璃上喷清洗液，检测刮水器的性能

C. 检查刮水器开关转到 OFF 时，刮水器是否立即停止

D. 检查刮水器开关转到 OFF 后，刮水器是否自动停在规定停止位置

4. 关于悬架的检查，下面哪种说法是正确的？（　　）

A. 在检查过程中，发现汽车倾斜，给汽车加上重量来消除倾斜

B. 为检查汽车的倾斜，用举升机升起汽车

C. 为检查减振器的减振力，用举升机升起汽车

D. 为检查减振器的减振力，当轮胎在地面上时，上下摇晃几下并观察晃动后汽车的表现

5. 以下是关于悬架检查的表述，哪一项正确？（　　）

A. 悬架检查过程中，如果故障不严重可以不做处理

B. 如果前部或后部的同轴悬架出现同样程度的损坏，基本不会影响车辆正常使用

C. 要检查减振器的减振力，只要不是减振器损坏，就不会有大问题

D. 在检查减振器的减振力时，在轮胎着地的状态下上下摇晃车辆，要仔细检查每个减振器的情况

6. 关于座椅的作用，请选择不正确的描述。（　　）

A. 座椅乘坐起来必须令人感到舒适，即使驾乘人员久坐也能保证舒适度

B. 车辆座椅可以稳住身体，吸收路面产生的振动，并防止身体左右晃动

C．座椅每一部分的位置和硬度均无法调节

D．座椅的安全性，必须符合相关生产标准

7．以下哪个关于座椅安全带的描述是正确的？（　　　）

A．当紧急制动或者出现突然撞击时，为了防止安全带作用在驾乘人员身上的力不适当，安全带的规定长度可被调整

B．座椅安全带的 ELR 机构会锁住安全带以防止安全带在突然制动或出现碰撞时放松

C．当紧急制动或者出现突然撞击时，座位安全带的预紧装置就会锁住安全带以防止安全带放松

D．当作用于安全带的力超过预定值时，座椅安全带的预紧装置就会放松安全带

8．关于配备乘客 SRS 空气囊的车辆的注意事项，请选择不正确的描述。（　　　）

A．为了保证儿童安全，一定要抱着儿童

B．请勿靠在仪表盘上

C．如果无法避免将儿童约束座椅安装到乘客座椅等处，则将儿童约束座椅朝前安装，并将座椅移至最靠后位置

D．请勿坐在座椅的前端

9．关于座椅安全带，请选择不正确的描述。（　　　）

A．如果座椅安全带使用了可调肩式安全带锚定器，则可以向上或向下调节前排座椅安全带肩锚以将安全带置于最佳位置

B．座椅安全带的作用是在紧急情况下将驾乘人员固定在座椅中，防止驾乘人员撞到把手、前车窗等或被完全甩出车外

C．车辆中采用了两点式座椅安全带（仅支撑腰部）和三点式座椅安全带（支撑腰部和胸部）。两点式座椅安全带通常用于驾驶员座椅

D．现阶段所有车辆均配备安全带，是因为安全带能快速、有效地保护驾驶室内的人员安全

项目 3 任务 3.1 ~ 任务 3.4 工作页

任务名称	任务 3.1 ~ 任务 3.4	实训序号		日期	
学生姓名		学号		班级	
工作目标	完成任务 3.1～任务 3.4 项目维护操作				

一、工作资讯

你实施工作的车辆的信息：

车辆 VIN		行驶里程	
车辆整体状况简析	□良好	□一般	□较差	□非常差

二、工作决策

所用工具、设备：_____

_____

注意事项：_____

_____

_____

三、工作实施（以实际车型状况的工作过程记录）

1. 举升机使用安全

（1）举升前安全确认。

□车辆停放位置检查 　　　　　　　　　　□正常 □不正常

□车辆周围安全确认 　　　　　　　　　　□正常 □不正常

（2）支撑点检查确认。

□支撑车辆位置是否合理 　　　　　　　　□正常 □不正常

□支撑安全检查（轮胎离开地面 5～10 cm） □正常 □不正常

（3）举升车辆。

□举升中安全检查（两侧支臂是否同步上升） □正常 □不正常

□举升高度合理性检查 　　　　　　　　　□正常 □不正常

□举升机锁止

□安全确认（作业前再次确认车辆安全，方可实施作业） □正常 □不正常

2. 下臂球节检查

（1）球节的上下滑动间隙检查。

□左前球节的上下滑动间隙检查 　　　　　□正常 □不正常

□右前球节的上下滑动间隙检查 　　　　　□正常 □不正常

（2）球节防尘罩损坏检查。

□左前球节防尘罩损坏检查 　　　　　　　□正常 □不正常

□右前球节防尘罩损坏检查 　　　　　　　□正常 □不正常

3. 机油及机油滤清器更换

□检查是否漏油（发动机各部位的配合表面） □正常 □不正常

□检查是否漏油（油封） 　　　　　　　　□正常 □不正常

□检查是否漏油（排放塞） 　　　　　　　□正常 □不正常

□排放发动机机油

□更换机油滤清器

□安装排放塞

□加注机油

□机油液位确认检查 　　　　　　　　　　□正常 □不正常

任务名称	任务 3.1～任务 3.4	实训序号		日期	
学生姓名		学号		班级	
工作目标	完成任务 3.1～任务 3.4 项目维护操作				

4. 传动桥油液检查与更换（手动传动桥和自动传动桥任选其一）

（1）手动传动桥油液检查与更换。

□检查是否漏油（壳配合面）　　　　　　　　　　　　　□正常　□不正常

□检查是否漏油（轴和拉索伸出的区域）　　　　　　　　□正常　□不正常

□检查是否漏油（油封）　　　　　　　　　　　　　　　□正常　□不正常

□检查是否漏油（排放塞和加注塞）　　　　　　　　　　□正常　□不正常

□检查手动传动桥油液位　　　　　　　　　　　　　　　□正常　□不正常

□手动传动桥油液更换

（2）自动传动桥油液检查与更换。

□检查是否漏油（壳配合面）　　　　　　　　　　　　　□正常　□不正常

□检查是否漏油（轴和拉索伸出的区域）　　　　　　　　□正常　□不正常

□检查是否漏油（油封）　　　　　　　　　　　　　　　□正常　□不正常

□检查是否漏油（排放塞）　　　　　　　　　　　　　　□正常　□不正常

□检查是否漏油（管件和软管连接）　　　　　　　　　　□正常　□不正常

□检查 ATF 冷却器软管是否损坏　　　　　　　　　　　□正常　□不正常

□自动传动桥油液位检查　　　　　　　　　　　　　　　□正常　□不正常

□自动传动桥油液更换

5. 转向系统检查与维护操作

（1）动力转向液检查操作。

□检查是否泄漏（齿轮箱）　　　　　　　　　　　　　　□正常　□不正常

□检查是否泄漏（转向助力泵）　　　　　　　　　　　　□正常　□不正常

□检查是否泄漏（液体管路和接头处）　　　　　　　　　□正常　□不正常

□检查动力转向软管的裂纹或其他损坏　　　　　　　　　□正常　　不正常

（2）转向连接机构检查操作。

□检查是否松动和摇摆　　　　　　　　　　　　　　　　□正常　□不正常

□检查有无弯曲和损坏　　　　　　　　　　　　　　　　□正常　□不正常

□检查防尘罩是否开裂和撕破　　　　　　　　　　　　　□正常　□不正常

□检查是否损坏（左右两侧转向节）　　　　　　　　　　□正常　□不正常

（3）动力转向液的更换。（选做，对于电动助力转向车辆，此部分口述）

□动力转向液更换

□动力转向液液位检查　　　　　　　　　　　　　　　　□正常　□不正常

四、工作结果自评与疑惑

1. 工作过程自评：□优秀　　□良好　　□中等　　□及格　　□不及格

2. 工作结果自评：□优秀　　□良好　　□中等　　□及格　　□不及格

3. 工作疑惑：_____

五、工作结果评估（教师针对过程及结果评估）

教师评语：_____

教师评分：□优秀　　　□良好　　　□中等　　　□及格　　　□不及格

教师签字：

日期：

练习题（任务 3.1～任务 3.4）

1．下列关于转向系统的叙述，哪一项正确？（　　）

A．带有动力转向系统的车辆，检查液体泄漏时，在发动机运转时转向盘必须保持在极限位置超过 10 s

B．在转向轮处于正前方位置时测量转向盘自由行程

C．如果采用循环球式手动转向，必须定期更换转向器壳体中的油

D．当转向传动机构的球节严重磨损时，转向盘自由行程将变小

2．下列关于检查自动传动桥油液位的叙述，哪一项正确？（　　）

A．当发动机停止并冷机时，检查自动传动桥油液位

B．当发动机停止并暖机时，检查自动传动桥油液位

C．在发动机怠速运转且自动传动桥油液温度大约为 75℃（167℉）时，检查自动传动桥油液位

D．当发动机怠速运转并暖机时，检查自动传动桥油液位

3．关于 ATF，下面哪种说法是正确的？（　　）

A．ATF 的老化是和使用的时间成比例的，所以必须在规定的时间内更换

B．如果不更换 ATF，换挡时会有更大的振动，但是燃料经济性提高了

C．一般情况下，ATF 不会减少

D．ATF 可以用来替代手动变速器油

4．关于手动传动桥油的液位检查，下面哪种说法是正确的？（　　）

A．为了检查手动传动桥油的液位，卸下加注塞，把螺钉旋具或同类工具插入塞孔内

B．为了检查手动传动桥油的液位，拆下加注塞，把手指插入塞孔，检查在什么位置油能接触到手指

C．为了检查手动传动桥油的液位，拆下排放塞，放出油，测量油量

D．没有必要检查手动传动桥油的液位，因为油不减少

5．以下哪一项关于液体的描述是对的？（　　）

A．自动传动桥油液可以作为制动液的替代品，因为其质量高、纯度高

B．减振器液必须定期更换

C．制动液中混入水后，其沸点提高，从而改善了性能

D．液体用于动力传输、液压控制和润滑

6．下列关于一辆 FF（前发动机，前轮驱动）手动变速车动力传递顺序的描述，哪一项是正确的？（　　）

A．发动机→离合器→手动变速器→差速器→传动轴→车桥→车轮

B．发动机→离合器→手动变速器→传动轴→差速器→车桥→车轮

C．发动机→离合器→手动传动桥→驱动轴→车轮

D．发动机→驱动轴→手动传动桥→离合器→车轮

7．关于传动系统中所用油液类型，请选择正确的描述。（　　）

A．对于前置后驱车辆，用于差速器的齿轮也用于变速器，因此所用油液与变速器的相同

B．对于前置前驱车辆，主动小齿轮和齿圈采用一种特殊类型的齿轮，此齿轮称为准双曲面齿轮，因此需要使用特殊类型的准双曲面齿轮油

C．对于 CVT 发动机，务必使用其他公司生产的 CVT 油

D．ATF 是主要用于自动变速器（A/T）的油液

8．关于自动变速车辆，请选择不正确的描述。（　　）

A．由于无须换挡，因此提高了操纵性能。但是，这意味着布局会更复杂

B．变速器由变矩器（可转换传输自发动机的动力）和行星齿轮（可自动切换挡位）组成

C．必须通过离合器踏板切断发动机和变速器之间的驱动力，并通过换挡杆选择（切换至）满足驾驶条件的挡位

D．有效传递来自发动机的驱动力，从而实现了快速踏板响应

9．关于发动机机油 SAE 黏度等级分类，请选择正确的描述。（　　）

A．必须保持适合发动机的机油黏度，且温度变化对黏度变化的影响较大

B．SAE 黏度等级分类通常用作机油黏度标准

C．黏度低会导致阻力增加，使发动机起动更加困难，增加功率损失

D．机油温度低时，其黏度降低，机油温度高时，其黏度较大

项目 3　任务 3.5 工作页

任务名称	任务 3.5	实训序号		日期	
学生姓名		学号		班级	
工作目标	完成任务 3.5 项目维护操作				

一、工作资讯

你实施工作的车辆的信息：

车辆 VIN		行驶里程	
车辆整体状况简析	□良好	□一般	□较差	□非常差

二、工作决策

所用工具、设备：＿＿＿＿＿＿＿＿＿＿＿＿＿＿＿＿＿＿＿＿＿＿＿＿＿＿＿＿＿＿＿＿＿＿＿

注意事项：＿＿＿＿＿＿＿＿＿＿＿＿＿＿＿＿＿＿＿＿＿＿＿＿＿＿＿＿＿＿＿＿＿＿＿＿＿＿＿

三、工作实施（以实际车型状况的工作过程记录）

1. 举升机使用安全

（1）举升前安全确认。

□车辆停放位置检查　　　　　　　　　　　　　　　　　　　□正常　□不正常

□车辆周围安全确认　　　　　　　　　　　　　　　　　　　□正常　□不正常

（2）支撑点检查确认。

□支撑车辆位置是否合理　　　　　　　　　　　　　　　　　□正常　□不正常

□支撑安全检查（轮胎离开地面 5～10 cm）　　　　　　　　□正常　□不正常

（3）举升车辆。

□举升中安全检查（两侧支臂是否同步上升）　　　　　　　□正常　□不正常

□举升高度合理性检查　　　　　　　　　　　　　　　　　　□正常　□不正常

□举升机锁止

□安全确认（作业前再次确认车辆安全，方可实施作业）　　□正常　□不正常

2. 底盘其他部件检查操作

（1）驱动轴及护套检查操作。

①左前。

□检查驱动轴有无弯曲和其他损坏　　　　　　　　　　　　□正常　□不正常

□检查是否有裂纹和其他损坏（外侧）　　　　　　　　　　□正常　□不正常

□检查润滑脂是否渗漏（外侧）　　　　　　　　　　　　　□正常　□不正常

□检查是否有裂纹和其他损坏（内侧）　　　　　　　　　　□正常　□不正常

□检查润滑脂是否渗漏（内侧）　　　　　　　　　　　　　□正常　□不正常

②右前。

□检查驱动轴有无弯曲和其他损坏　　　　　　　　　　　　□正常　□不正常

□检查是否有裂纹和其他损坏（外侧）　　　　　　　　　　□正常　□不正常

□检查润滑脂是否渗漏（外侧）　　　　　　　　　　　　　□正常　□不正常

□检查是否有裂纹和其他损坏（内侧）　　　　　　　　　　□正常　□不正常

□检查润滑脂是否渗漏（内侧）　　　　　　　　　　　　　□正常　□不正常

（2）制动管路检查操作。

□检查是否有液体泄漏　　　　　　　　　　　　　　　　　□正常　□不正常

□检查制动管路上的压痕或其他损坏　　　　　　　　　　　□正常　□不正常

□检查制动管路软管扭曲、裂纹和凸起　　　　　　　　　　□正常　□不正常

□检查制动器管道和软管的安装状况　　　　　　　　　　　□正常　□不正常

（3）燃油管路检查操作。

□检查燃油是否泄漏　　　　　　　　　　　　　　　　　　□正常　□不正常

□检查燃油管路是否损坏　　　　　　　　　　　　　　　　□正常　□不正常

（4）排气管道及安装件检查操作。

□检查排气管是否损坏　　　　　　　　　　　　　　　　　□正常　□不正常

□检查消声器是否损坏　　　　　　　　　　　　　　　　　□正常　□不正常

续表

任务名称	任务 3.5		实训序号		日期	
学生姓名			学号		班级	
工作目标	完成任务 3.5 项目维护操作					

□检查排气安装件的 O 形圈是否损坏或脱落	□正常	□不正常
□检查密封垫片是否损坏	□正常	□不正常
□检查排气管是否泄漏	□正常	□不正常

（5）悬架检查操作。

左前

□检查是否损坏（减振器）	□正常	□不正常
□检查是否损坏（减振器螺旋弹簧）	□正常	□不正常
□检查减振器是否损坏	□正常	□不正常
□检查减振器机油是否泄漏	□正常	□不正常
□检查悬架接头连接杆是否摆动	□正常	□不正常

右前

□检查是否损坏（减振器）	□正常	□不正常
□检查是否损坏（减振器螺旋弹簧）	□正常	□不正常
□检查减振器是否损坏	□正常	□不正常
□检查减振器机油是否泄漏	□正常	□不正常
□检查悬架接头连接杆是否摆动	□正常	□不正常
□后部悬架检查	□正常	□不正常

后部悬架技术状况评估：＿＿＿＿＿＿＿＿＿＿＿＿＿＿＿＿＿＿＿＿＿＿＿＿＿＿＿＿＿＿

3. 车辆底盘螺栓、螺母紧固操作（以丰田卡罗拉轿车为例，建议操作时将拧紧力矩减半，工单按标准力矩填写。其他车型可根据实际操作手册项目进行操作）

下臂 × 横梁	＿＿＿＿＿＿＿N·m
球节 × 下臂	＿＿＿＿＿＿＿N·m
横梁 × 车身	＿＿＿＿＿＿＿N·m
制动卡钳 × 转向节	＿＿＿＿＿＿＿N·m
球节 × 转向节	＿＿＿＿＿＿＿N·m
减振器 × 转向节	＿＿＿＿＿＿＿N·m
稳定杆连接杆 × 减振器	＿＿＿＿＿＿＿N·m
稳定杆 × 稳定杆连接杆	＿＿＿＿＿＿＿N·m
转向器壳体 × 横梁	＿＿＿＿＿＿＿N·m
稳定杆 × 横梁	＿＿＿＿＿＿＿N·m
横拉杆端头锁止螺母	＿＿＿＿＿＿＿N·m
横拉杆端头 × 转向节	＿＿＿＿＿＿＿N·m
拖臂和后桥 × 车身	＿＿＿＿＿＿＿N·m
拖臂和后桥 × 后桥轮毂	＿＿＿＿＿＿＿N·m
制动分泵 × 背板	＿＿＿＿＿＿＿N·m
控制杆 × 拖臂和后桥	＿＿＿＿＿＿＿N·m
减振器 × 拖臂和后桥	＿＿＿＿＿＿＿N·m
减振器 × 车身	＿＿＿＿＿＿＿N·m
排气管	＿＿＿＿＿＿＿N·m
燃油箱	＿＿＿＿＿＿＿N·m

四、工作结果自评与疑惑

1. 工作过程自评：□优秀　　□良好　　□中等　　□及格　　□不及格

2. 工作结果自评：□优秀　　□良好　　□中等　　□及格　　□不及格

3. 工作疑惑：＿＿＿＿＿＿＿＿＿＿＿＿＿＿＿＿＿＿＿＿＿＿＿＿＿＿＿＿＿＿＿＿＿＿＿

＿＿＿

五、工作结果评估（教师针对过程及结果评估）

教师评语：＿＿＿＿＿＿＿＿＿＿＿＿＿＿＿＿＿＿＿＿＿＿＿＿＿＿＿＿＿＿＿＿＿＿＿

＿＿＿

教师评分：□优秀　　□良好　　□中等　　□及格　　□不及格

教师签字：

日期：

练习题（任务 3.5）

1．下面是对排气管、消声器的安装松弛、损伤、腐蚀进行的说明，请选择不正确的描述。（　　）

A．使用穿孔的排气管，不仅产生排气噪声，而且还存在因废气进入室内，进而引起一氧化碳中毒的危险

B．如果反复进行冷机起动后的近距离行驶，在排气管及消声器等还没有变热时，水分就会聚集在排气管及消声器的内部，从而导致生锈，并最终导致穿孔

C．即使频繁在盐害路（融雪剂散布路、海岸路等）行驶，也不会加快消声器等的腐蚀

D．排气管、消声器的安装松弛原因有很多，其中 O 形圈老化或异常损坏是主要原因之一

2．下面是对拉杆、臂类的球头防尘罩龟裂、损伤进行的说明，请选择不正确的描述。（　　）

A．如果发生松动，将无法顺畅进行转向盘操作；如果球头部脱落，车辆将无法行驶

B．球头中封入了特殊润滑液，以进行润滑

C．如果防尘罩发生损伤，会因润滑脂流出而发生润滑不良，或因沙子、水的侵入而导致磨损急速加剧，从而发生严重的松动

D．当碰到了飞溅的石头或车底受到强烈撞击时，拉杆以及臂类的球头防尘罩有时会发生损伤

3．关于非独立悬架，以下哪一项是正确的？（　　）

A．用独立臂支承左/右轮的非独立悬架是通过弹簧安装在车身上的

B．用单车桥连接左/右轮的非独立悬架是通过弹簧安装在车身上的

C．有一种非独立悬架是麦弗逊滑柱型悬架

D．有一种非独立悬架是半拖臂型悬架

4．下面是对制动软管及管道的泄漏、损伤、安装状态进行的说明，请选择不正确的描述。（　　）

A．如果软管及管道与其他部分（可动部分等）发生干涉，软管及管道会发生损伤，液体将会泄漏，制动器将失效

B．如果制动器的使用次数及操纵转向盘所导致的制动软管的弯曲次数变多，将会加快制动软管的老化

C．制动软管不会因为受热而受到影响

D．如果长时间对龟裂或损伤置之不理，则有可能会使制动液泄漏或渗出，导致制动力降低

5．下面是对驱动轴的万向节部位的防尘罩的龟裂、损伤进行的说明，请选择不正确的描述。（　　）

A．如果防尘罩在损伤的状态下继续使用，则泥、沙等进入，会导致万向节部位磨损从而产生晃动，最终会导致传动轴破损而无法行驶

B．由于防尘罩反复弯曲，因此会逐渐劣化。长期使用会产生龟裂，从细小的龟裂开始逐渐恶化，最终破损

C．另外，在差路和砂砾路等恶劣道路上，由于下部干涉和飞石等原因，防尘罩会受到损伤而逐渐劣化

D．驱动轴的万向节部位的防尘罩轻微损伤，对于车辆短期行驶，几乎没有影响

6．关于制动液管路泄漏的描述中，请选择不正确的描述。（　　　）

A．制动液泄漏是导致制动液量不足的原因

B．由于泄漏，制动液量减少不会加速制动液的老化。　但是，由于液面变化而引起的制动不良，会导致制动失灵

C．由于制动系统各部分所使用的密封件是由橡胶制的油封，长期使用所造成的磨损有时会导致泄漏

D．制动液泄漏之后，会导致制动距离增加，要及时维修

7．下文是对传动轴、驱动轴的连接部位松弛进行的说明，请选择不正确的描述。（　　　）

A．传动轴和驱动轴的螺栓在通常的使用过程中不会松弛，但在与路面发生干涉或碰到飞溅的石头等异物时，有时会发生松弛

B．即使螺栓发生松弛，也感觉不到异响及振动

C．如果在螺栓松弛的状态下继续行驶，传动轴、驱动轴将脱落，从而导致无法行驶

D．传动轴、驱动轴的连接部位松弛，会影响车辆行驶，甚至引起行车安全问题

8．下面是关于转向齿轮箱的安装松弛进行的说明，请选择正确的描述。（　　　）

A．转向齿轮箱的安装部位在通常的行驶过程中不会松弛，但对齿轮箱施加强烈的撞击时（如车底与路面发生干涉等），则会发生松弛

B．即使齿轮箱的安装存在松弛，转向盘的直行位置也不会有误

C．转向齿轮箱只要安装正常，即使齿轮箱内无油，也不会影响转向

D．转向齿轮箱的安装松弛不严重，基本不会影响转向

9．关于悬架的功能，请选择正确的描述。（　　　）

A．为了提高车辆行驶期间的驾乘舒适性，车身上下移动时，悬架会吸收行驶期间的振动

B．悬架的设计是为了在保持轮胎与地面接触的同时始终保持车身稳定

C．悬架弹簧会吸收轮胎的运动，从而减轻传递至车身的振动

D．悬架连接车身和轮胎并支撑车辆

项目 4 任务 4.1～任务 4.3 工作页

任务名称	任务 4.1～任务 4.3	实训序号		日期	
学生姓名		学号		班级	
工作目标	完成任务 4.1～任务 4.3 项目维护操作				

一、工作资讯

你实施工作的车辆的信息：

车辆 VIN		行驶里程	
车辆整体状况简析	□良好	□一般	□较差 □非常差

二、工作决策

所用工具、设备：＿＿＿＿＿＿＿＿＿＿＿＿＿＿＿＿＿＿＿＿＿＿＿＿＿＿＿＿

＿＿＿＿＿＿＿＿＿＿＿＿＿＿＿＿＿＿＿＿＿＿＿＿＿＿＿＿＿＿＿＿＿＿＿＿

安全注意事项：＿＿＿＿＿＿＿＿＿＿＿＿＿＿＿＿＿＿＿＿＿＿＿＿＿＿＿＿

＿＿＿＿＿＿＿＿＿＿＿＿＿＿＿＿＿＿＿＿＿＿＿＿＿＿＿＿＿＿＿＿＿＿＿＿

三、工作实施（以实际车型状况的工作过程记录）

1. 举升机使用安全

（1）举升前安全确认。

□车辆停放位置检查 　　　　　　　　　　　　　　　　□正常 □不正常

□车辆周围安全确认 　　　　　　　　　　　　　　　　□正常 □不正常

（2）支撑点检查确认。

□支撑车辆位置是否合理 　　　　　　　　　　　　　　□正常 □不正常

□支撑安全检查（轮胎离开地面 5～10 cm） 　　　　　□正常 □不正常

（3）举升车辆。

□举升中安全检查（两侧支臂是否同步上升） 　　　　□正常 □不正常

□举升高度合理性检查 　　　　　　　　　　　　　　　□正常 □不正常

□举升机锁止

□安全确认（作业前再次确认车辆安全，方可实施作业） □正常 □不正常

2. 车轮轴承检查及车轮拆装

（1）车轮轴承。

左前轮

□检查有无摆动 　　　　　　　　　　　　　　　　　　□正常 □不正常

□检查转动状况和噪声 　　　　　　　　　　　　　　　□正常 □不正常

左后轮

□检查有无摆动 　　　　　　　　　　　　　　　　　　□正常 □不正常

□检查转动状况和噪声 　　　　　　　　　　　　　　　□正常 □不正常

右后轮

□检查有无摆动 　　　　　　　　　　　　　　　　　　□正常 □不正常

□检查转动状况和噪声 　　　　　　　　　　　　　　　□正常 □不正常

右前轮

□检查有无摆动 　　　　　　　　　　　　　　　　　　□正常 □不正常

□检查转动状况和噪声 　　　　　　　　　　　　　　　□正常 □不正常

技术状况分析：＿＿＿＿＿＿＿＿＿＿＿＿＿＿＿＿＿＿＿＿＿＿＿＿＿＿＿

（2）车轮拆卸。

□工具使用安全（气动工具或电动工具旋向、挡位检查） □正常 □不正常

任务名称	任务 4.1～任务 4.3	实训序号		日期	
学生姓名		学号		班级	
工作目标	完成任务 4.1～任务 4.3 项目维护操作				

□车轮拆卸（根据实际情况可以拆卸单侧）

3. 车轮及轮胎检查（4 个车轮）

（1）轮圈和轮盘损坏检查。

□检查轮圈和轮盘是否损坏　　　　　　　　　　　　　　　□正常　□不正常

（2）轮胎检查操作。

□检查轮胎是否有裂纹和损坏　　　　　　　　　　　　　　□正常　□不正常

□检查轮胎是否嵌入金属碎片和异物　　　　　　　　　　　□正常　□不正常

□测量胎面花纹槽深度（记录 4 个轮胎中的最小值）　　　_____mm

□检查轮胎异常磨损　　　　　　　　　　　　　　　　　　□正常　□不正常

□测量轮胎气压（记录 4 个轮胎中的最小值）　　　　　　_____MPa

□检查轮胎是否漏气　　　　　　　　　　　　　　　　　　□正常　□不正常

技术状况分析：_____

（3）轮胎换位操作。（根据实际操作车型，选择合适方式进行车轮换位）

□换位方案是否合理　　　　　　　　　　　　　　　　　　□正常　□不正常

□实施轮胎换位

4. 盘式制动器检查维护

□测量制动器摩擦片厚度（外侧）　　　　　　　　　　　_____mm

□测量制动器摩擦片厚度（内侧）　　　　　　　　　　　_____mm

□检查制动器摩擦片的不均匀磨损　　　　　　　　　　　　□正常　□不正常

□更换制动器摩擦片（选做）

□检查制动盘是否磨损和损坏　　　　　　　　　　　　　　□正常　□不正常

□测量制动盘厚度　　　　　　　　　　　　　　　　　　_____mm

□测量制动盘跳动量（选做）　　　　　　　　　　　　　_____mm

□检查制动分泵是否有制动液泄漏　　　　　　　　　　　　□正常　□不正常

□检查盘鼓式制动器（选做）

□调整盘鼓式驻车制动蹄片间隙（选做）

技术状况分析：_____

四、整体技术状况分析：_____

_____

五、工作结果自评与疑惑

1. 工作过程自评：□优秀　　□良好　　□中等　　□及格　　□不及格

2. 工作结果自评：□优秀　　□良好　　□中等　　□及格　　□不及格

3. 工作疑惑：_____

_____

六、工作结果评估（教师针对过程及结果评估）

教师评语：_____

_____

教师评分：□优秀　　□良好　　□中等　　□及格　　□不及格

教师签字：

日期：

练习题（任务 4.1～任务 4.3）

1. 下图所示是车轮轴承的松动检查。正确的是（　　　）。

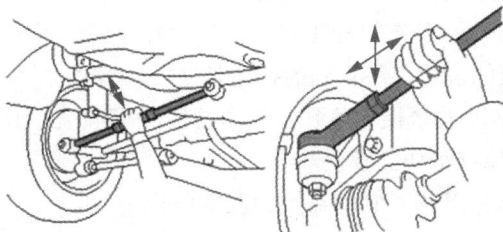

A. 用手摇动悬架连杆机构　　　B. 用手摇动横拉杆

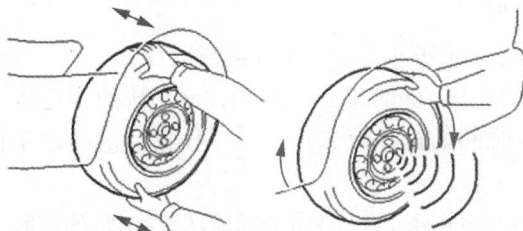

C. 将一只手放在轮胎顶部，另一只手放在轮胎底部，推入和拉出轮胎　　　D. 转动轮胎

2. 下列哪项必须定期更换？（　　　）
A. 锥形滚子类型车轮轴承的润滑脂　　　B. 离合器分离轴承
C. 制动衬块和制动衬片　　　D. 转向器壳体机油

3. 从下面的选项中选择叙述与图示轮胎磨损状况相符的。

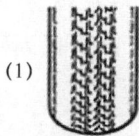

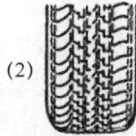

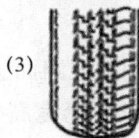

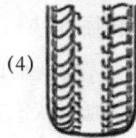

(1)　　　(2)

(3)　　　(4)

A. 正常　　　B. 双胎肩磨损　　　C. 中间磨损

D. 一侧磨损（内部或外部磨损）　　　E. 薄边磨损

F. 胎趾、胎跟磨损（阶段磨损）

（1）（　　　）　　（2）（　　　）　　（3）（　　　）　　（4）（　　　）

4. 有关顶起或举升车辆时的注意事项，不正确的描述是（　　　）。

A. 通常情况下，车辆应处于类似空载状态，并且其载有重物时不得被顶起或举升

B. 根据举升能力和车辆大小（车重、宽度等）判断能否举升车辆

C. 如果过去没有发生过问题，那么在使用前无须检查举升机

D. 在使用举升机时，安全确认是不可缺少的检查项目

5. 有关进行升起作业时的注意事项，不正确的描述是（　　）。

A. 不使用安全支架的情况下不可进入车辆下方

B. 所有安全支架的支脚朝向应相同

C. 升起车辆时，必须使用安全支架来支撑车辆

D. 调整安全支架的高度，使车辆处于水平，安设好之后，再用锤子等工具敲打

6. 关于制动盘的磨损的说明，不正确的描述是（　　）。

A. 如果在制动盘有高度差磨损和龟裂、损伤的情况下继续行驶，会发生制动器单侧无效和制动力不足，最终会导致制动盘破损

B. 只有制动衬块会发生磨损，制动盘不会发生磨损

C. 在差路上行驶时，制动衬块和制动盘之间会进入沙尘，沙尘将会变成研磨材料，使制动盘发生损伤或加快磨损

D. 制动盘的磨损检查是维护作业中的必要检查项目

7. 关于制动盘和制动衬块的间隙状态的说明，不正确的描述是（　　）。

A. 活塞密封件随着时间的推移而老化，从而导致活塞回位不良，有可能导致制动器拖滞

B. 制动盘和制动衬块之间通过衬块磨损指示器保持一定的间隙

C. 如果制动盘和制动衬块的间隙不恰当，将出现制动器的制动性能不良及拖滞的现象

D. 如果制动盘和制动衬块异常磨损，需要查找异常磨损原因，否则可能导致制动系统工作不良

8. 关于轮胎的凹槽的说明，不正确的描述是（　　）。

A. 轮胎的凹槽变浅的话，在低速行驶时，容易发生水膜现象

B. 如果凹槽变浅，排水能力将下降，轮胎将变得容易打滑，特别是在制动时，制动距离将变长

C. 通过轮胎的凹槽，可以排出接地面内的水，从而提高接地性

D. 轮胎的凹槽深度对车辆行驶安全至关重要

9. 关于轮胎沟深度的说明，正确的描述是（　　）。

A. 如果提高速度，作用在轮胎上的驱动力、制动力、离心力等也会增加。因此，在路面上的打滑也增加，从而导致磨损加快

B. 制动前的车速度越慢，以及制动的次数越少，在路面上的打滑就越多，磨损就越快

C. 气压会导致胎面部分的触地状态发生改变，无论是高气压还是低气压，与恰当的气压相比，轮胎的使用寿命都较长

D. 当负荷减少时，轮胎的挠曲量会增大，从而导致胎面部分的挠曲量增大。另外，由于作用在路面上的驱动力也增加，因此会导致磨损加快

10. 关于轮胎的说明，不正确的描述是（　　）。

A. 无论气压是高是低，轮胎都会产生异常磨损，如果轮胎不一致也会导致转向盘抖动等

B. 如果轮胎凹槽变少，制动距离将变短

C. 驾驶状态或车轮定位等的不良也会导致轮胎异常磨损（偏磨）

D. 轮胎气压影响车辆行驶安全

项目 4　任务 4.4 和任务 4.5 工作页

任务名称	任务 4.4 和任务 4.5	实训序号		日期	
学生姓名		学号		班级	
工作目标	完成任务 4.4 和任务 4.5 项目维护操作				

一、工作资讯

你实施工作的车辆的信息：

车辆 VIN		行驶里程	
车辆整体状况简析	□良好	□一般	□较差	□非常差

二、工作决策

所用工具、设备：_____

_____

安全注意事项：_____

_____

_____

三、工作实施（以实际车型状况的工作过程记录）

1. 举升机使用安全

（1）举升前安全确认。

□车辆停放位置检查　　　　　　　　　　　　　　　□正常　□不正常

□车辆周围安全确认　　　　　　　　　　　　　　　□正常　□不正常

（2）支撑点检查确认。

□支撑车辆位置是否合理　　　　　　　　　　　　　□正常　□不正常

□支撑安全检查（轮胎离开地面 5～10 cm）　　　　□正常　□不正常

（3）举升车辆。

□举升中安全检查（两侧支臂是否同步上升）　　　　□正常　□不正常

□举升高度合理性检查　　　　　　　　　　　　　　□正常　□不正常

□举升机锁止

□安全确认（作业前再次确认车辆安全，方可实施作业）　□正常　□不正常

2. 车轮拆卸

□工具使用安全（气动工具或电动工具旋向、挡位检查）　□正常　□不正常

□车轮拆卸（根据实际情况可以拆卸单侧）

3. 鼓式制动器检查维护

□手动前后移动制动蹄片并检查制动蹄片移动是否顺利　□正常　□不正常

□检查制动蹄片与背板和固定件之间的接触面是否磨损　□正常　□不正常

□检查制动蹄片、背板和固定件是否生锈　　　　　　□正常　□不正常

□制动衬片厚度检查　　　　　　　　　　　　　_____mm

□制动衬片的损坏检查　　　　　　　　　　　　　□正常　□不正常

□制动液渗漏检查　　　　　　　　　　　　　　　□正常　□不正常

□自动调节器操作检查　　　　　　　　　　　　　□正常　□不正常

□制动鼓内径测量（选做）　　　　　　　　　　　_____mm

续表

任务名称	任务 4.4 和任务 4.5	实训序号		日期	
学生姓名		学号		班级	
工作目标	完成任务 4.4 和任务 4.5 项目维护操作				

□制动鼓磨损和损坏检查　　　　　　　　　　　　　　　　□正常　□不正常
□制动蹄片清洁　　　　　　　　　　　　　　　　　　　　□正常　□不正常
□制动蹄片间隙调整　　　　　　　　　　　　　　　　　　□正常　□不正常
□更换制动蹄片（选做）
技术状况分析：_____

4. 制动拖滞检查（4 个车轮）
□检查左前轮制动拖滞　　　　　　　　　　　　　　　　　□正常　□不正常
□检查左后轮制动拖滞　　　　　　　　　　　　　　　　　□正常　□不正常
□检查右后轮制动拖滞　　　　　　　　　　　　　　　　　□正常　□不正常
□检查右前轮制动拖滞　　　　　　　　　　　　　　　　　□正常　□不正常

5. 制动液更换与排气（根据实际情况选做，如不方便实施操作，可以口述）
□更换制动液
□排放制动液气体

四、整体技术状况分析：_____
_____
_____

五、工作结果自评与疑惑
1. 工作过程自评：□优秀　　□良好　　□中等　　□及格　　□不及格
2. 工作结果自评：□优秀　　□良好　　□中等　　□及格　　□不及格
3. 工作疑惑：_____
_____

六、工作结果评估（教师针对过程及结果评估）
教师评语（此项目中可能涉及制动液泄漏，此方面的问题需重点点评）：_____
_____
_____

教师评分：□优秀　　　□良好　　　□中等　　　□及格　　　□不及格

教师签字：
日期：

练习题（任务 4.4 和任务 4.5）

1. 下图显示了鼓式制动器检查期间涂抹润滑脂的位置，正确的是（　　）。

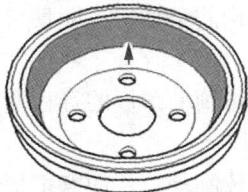

A．制动衬片和制动鼓之间的接触表面　　B．底板和制动蹄片之间的接触表面

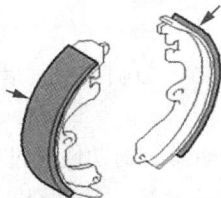

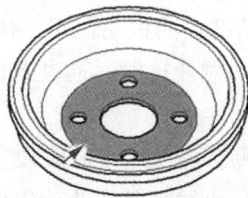

C．制动衬片的表面　　D．制动鼓和后桥法兰之间的接触表面

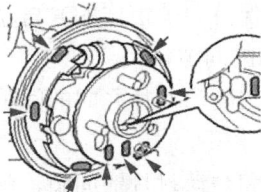

2. 关于鼓式制动器的检查，下面哪一种说法是正确的？（　　）

A．为检查制动蹄片在背板上滑动的区域，用手前后移动制动蹄片检查是否平稳移动

B．为检测鼓式制动器是否泄漏，把制动鼓卸掉后压下制动踏板

C．即使制动衬片的厚度低于规定值，如果看起来能沿用到下次检查可以继续使用。 这取决于汽车的行驶里程和制动衬片的磨损程度

D．用游标卡尺测量制动鼓的外径

3. 以下是关于制动系统的表述，哪一项正确？（　　）

A．拆卸制动鼓（或盘式制动器的制动卡钳）时，不能踩下制动踏板

B．应该在调整制动蹄片间隙后再调整驻车制动行程

C．如果车辆油漆面上涂有制动液，则表面不会损坏

D．检查时必须拧紧制动软管以检查弹性

4. 下面是对踩下制动踏板时踏板与地板的间隙进行的说明，正确的描述是（　　）。

A．通过检查踩踏制动踏板时与地板的间隙（行程余量）、踩踏情况，可以进行制动系统的综合判断

B．如果制动鼓与制动衬片（制动盘和制动块）的间隙较大，制动衬片（制动块）与制动鼓（制动盘）接触位置的踏板踩踏量变多，行程余量变大

C．如果制动器漏液，踏下制动踏板时不能保持油压，与通常相比，踏板行程增加，行程余量也变大

D．制动踏板与地板高度差越大，制动安全性越好

5. 下面是对制动踏板的自由行程进行的说明，不正确的描述是（　　）。

A．如果制动踏板没有自由行程，将发生制动器的拖滞，所以应确认制动踏板有自由行程

B．在制动踏板处于自由的状态时，没有在制动踏板上设定任何自由行程

C．制动踏板间隙虽然不会随着时间的推移而变化，但是由于停车灯开关的调整不良等

原因，如果没有间隙则会引起打滑，有可能会由于衰减现象等而降低制动器有效度

D．制动踏板的自由行程对制动安全有很大的影响

6．下面是对制动鼓和制动衬片的间隙进行的说明，不正确的描述是（　　　）。

A．如果制动鼓和制动衬片的间隙变大，行程余量将减少，最坏的情况下，制动踏板会进入深处，而制动液压不会进一步上升，从而导致制动力不足

B．在设置了（保持间隙恒定的）自动调整机构的车辆中，即使自动调整机构发生工作不良，也能保持恰当的间隙

C．如果制动鼓与制动衬片之间的间隙变大，则制动踏板的行程变大，导致制动器工作延迟

D．关于制动鼓和制动衬片的间隙，制动会导致制动衬片的磨损增加，从而使制动器的行程余量变小

7．关于制动鼓的磨损的说明，不正确的描述是（　　　）。

A．制动鼓与制动衬片接触，通过摩擦得到制动力，与制动衬片磨损一样，制动鼓也逐渐磨损

B．如果行程余量变得极大，可能会导致驻车制动器的制动性能过高

C．当制动鼓上存在异常磨损（如阶梯状磨损、偏磨等）及龟裂、损伤时，是仅单侧有效或者制动力下降而导致的

D．驻车专用鼓式制动器基本上不会发生磨损，但是，如果在使驻车制动器起作用的状态下行驶，制动鼓以及制动衬片将发生磨损

8．下面是对制动蹄片的滑动部分、制动衬片的磨损进行的说明，不正确的描述是（　　　）。

A．如果制动蹄片的滑动差或者制动衬片磨损的话，制动器制动会延迟，性能变差

B．由于每次的制动操作都会挤压到制动鼓，并因摩擦而制动，因此，制动衬片会随着制动操作而磨损

C．驻车专用鼓式制动器基本上不会发生磨损，即使在使驻车制动器起作用的状态下行驶，制动鼓以及制动衬片也不会发生磨损

D．如果制动鼓和制动衬片的间隙大，驻车制动器的行程将变大，这有可能会导致驻车制动器的制动性能不良

9．关于鼓式制动器，错误的描述是（　　　）。

A．与盘式制动器相比，除非用力踩下制动踏板，否则鼓式制动器只能产生轻微的制动力

B．在鼓式制动器中，制动蹄片被制动鼓环绕，因此产生的热量难以排出，使其成为一种散热性能相当弱的制动器

C．制动蹄被拉向旋转的制动鼓，增加摩擦力

D．对于鼓式制动器，不同路面对制动力影响很小

10．以下哪一项关于制动器的描述是对的？（　　　）

A．盘式制动器利用盘式制动器衬块夹紧制动盘时产生的摩擦来停止车轮的转动

B．鼓式制动器利用盘式制动器衬块夹紧制动盘时产生的摩擦来停止车轮的转动

C．驻车制动器通过机械方式锁住前轮

D．制动总泵增加了用于制动的力，与作用于制动踏板的力无关

项目 5 任务 5.1 工作页

任务名称	任务 5.1		实训序号		日期	
学生姓名			学号		班级	
工作目标	完成任务 5.1 维护操作					

一、工作资讯

你实施工作的车辆的信息：

车辆 VIN		行驶里程	
车辆整体状况简析	□良好	□一般	□较差	□非常差

二、工作决策

所用工具、设备：_____

_____

注意事项：_____

_____

_____

三、工作实施（以实际车型状况的工作过程记录）

1. 过渡项目操作

□安装车辆防护

□安装车轮挡块

□安装尾气排放装置

□使用驻车制动器

2. 启动前检查维护

（1）冷却系统检查操作。

□排放发动机冷却液（选做）

□加注发动机冷却液（选做）

□测量阀门开启压力 _____MPa

□检查真空阀工作情况 □正常　□不正常

□检查橡胶密封件是否有裂纹和其他损坏 □正常　□不正常

技术状况分析：_____。

（2）传动皮带检查。

□检查传动皮带是否变形 □正常　□不正常

□检查是否有损坏（磨损、裂纹、脱层或其他损坏） □正常　□不正常

□检查传动皮带安装状况 □正常　□不正常

技术状况分析：_____。

（3）点火系统检查操作。

□拆卸点火线圈

□工具选用

□拆卸火花塞

□检查火花塞工作状况（各缸） □正常　□不正常

□安装火花塞

技术状况分析：_____。

（4）蓄电池检查操作。

□检查电解液液位 （可维护蓄电池） □正常　□不正常

续表

任务名称	任务 5.1		实训序号		日期	
学生姓名			学号		班级	
工作目标	完成任务 5.1 维护操作					

□检查蓄电池盒是否损坏	□正常	□不正常
□检查蓄电池端子是否腐蚀	□正常	□不正常
□检查蓄电池端子导线是否松动	□正常	□不正常
□检查通风孔塞是否损坏	□正常	□不正常
□检查通风孔是否堵塞	□正常	□不正常
□检查蓄电池电压	□正常	□不正常

技术状况分析：_____。

（5）制动系统再次检查。

□检查总泵内制动液液位（储液罐）	□正常	□不正常
□检查总泵液体是否泄漏	□正常	□不正常
□检查制动管路液体是否泄漏	□正常	□不正常
□检查制动器管和软管是否有裂纹和损坏	□正常	□不正常
□检查制动器管和软管的安装状况	□正常	□不正常

技术状况分析：_____。

（6）离合器液检查。（选做）

□检查总泵（储液罐）内液位（与制动总泵储液罐共用）	□正常	□不正常
□检查离合器各个零件的液体是否泄漏	□正常	□不正常

（7）空气供给系统检查。

□检查空气滤清器	□正常	□不正常
□清洁空气滤清器		
□更换空气滤清器（选做）		

技术状况分析：_____。

（8）活性炭罐检查。

□检查活性炭罐是否损坏	□正常	□不正常
□检查止回阀的工作情况	□正常	□不正常

（9）其他部件检查。

□检查前减振器上支承的松动	□正常	□不正常
□检查玻璃清洗液液位	□正常	□不正常

技术状况分析：_____。

四、工作结果自评与疑惑

1. 工作过程自评：□优秀　　□良好　　□中等　　□及格　　□不及格

2. 工作结果自评：□优秀　　□良好　　□中等　　□及格　　□不及格

3. 工作疑惑：_____

五、工作结果评估（教师针对过程及结果评估）

教师评语：

教师评分：□优秀　　□良好　　□中等　　□及格　　□不及格

教师签字：

日期：

练习题（任务 5.1）

1. 关于定期维护部件，下面哪一种说法是正确的？（　　　）

A. 如果空气滤清器的滤网不干净或没有被定期更换，它将会堵塞

B. 当制动液吸收空气中的水分时，其沸点将升高

C. 汽车的所有的灯泡的功率都是一样的，和它们在汽车上的位置无关

D. 轮胎换位是为了平衡胎压

2. 关于蓄电池检查，下面哪一种说法是正确的？（　　　）

A. 蓄电池的电解液温度是 30℃，检查所有单元的电解液的密度，为 1.250～1.280g/cm^3

B. 蓄电池的电解液温度是 20℃，检查所有单元的电解液的密度，为 1.250～1.280g/cm^3

C. 检查蓄电池时，检查所有单元的电解液液位是否超过上刻度线

D. 如果蓄电池电解液液位低，添加自来水使液位到上刻度线

3. 下列关于火花塞的叙述，哪一项正确？（　　　）

A. 火花塞的绝缘体和电极被干燥的黑色积炭所覆盖

B. 火花塞的绝缘体前端呈黄褐色或灰色，有时呈白色

C. 火花塞的绝缘体和电极被发亮的黑色湿积油所覆盖

D. 火花塞的绝缘体掉色，燃烧过的电极呈白色或略带紫色

4. 下列有关蓄电池的表述，哪一项是正确的？（　　　）

A. 只要电解液密度正常就可接受低蓄电池电解液液位

B. 如果蓄电池电解液液位较低，用自来水将单格的液位填充至上刻度线

C. 要检查蓄电池电解液液位，检查并确认其中一个单格的液位位于上刻度线和下刻度线之间

D. 蓄电池液包含可严重烧伤皮肤或腐蚀其他物品的硫酸

5. 在蓄电池识别码"34B19R"中，以下关于"R"的说法，哪个是正确的？（　　　）

A. 蓄电池长度　　　　　　　　B. 蓄电池宽度和高度

C. 负极端子位置　　　　　　　D. 性能

6. 关于火花塞的检查，下面哪种说法是正确的？（　　　）

A. 除非是铂电极或铱电极火花塞，不要清洁或调节火花塞的间隙

B. 在把铂火花塞装入发动机之前，一定要洁净及调节其间隙

C. 除了铂电极或铱电极火花塞，要用火花塞间隙计检测火花塞的间隙，以确保该间隙在规定的范围内

D. 如果火花塞的间隙正常，火花塞的绝缘体的燃烧是有益的

7. 作为蓄电池检查的一部分，从下面的备选项中选择与（1）～（4）图示相对应的检查项目。

A. 蓄电池壳损坏的检查

B. 蓄电池接线柱松动检查

C. 蓄电池电解液量的检查

D. 蓄电池电极柱腐蚀检查

E. 通气塞损坏检查

（1）（　　　）　　（2）（　　　）　　（3）（　　　）　　（4）（　　　）

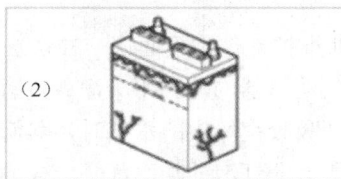

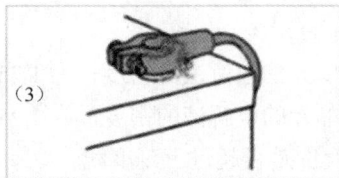

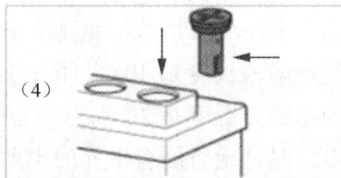

8. 在蓄电池寿命的描述中，选择不正确的描述。（　　　）

A. 即使不使用车辆，它的时钟和音频等也会消耗蓄电池的电功率，因此电量会逐渐下降

B. 即使不使用蓄电池，将它单纯放置，蓄电池也会逐渐流失电能，且蓄电池的电极之间还会发生轻微的化学反应（放电作用），这种现象称为自放电

C. 在长时间不使用车辆时，为保护蓄电池，需要卸下蓄电池接线端子，或者时不时在起动发动机状态下给蓄电池充电

D. 硫化现象指的是因硫酸铅的结晶附着在极板上而使极板的细孔变小，不发生化学反应的现象。发生这种现象时，补充电解液便能恢复到本来状态

9. 关于传动皮带的说明，请选择不正确的描述。（　　　）

A. 自动张紧器会根据传动皮带的伸长，始终保持适当的张力

B. 传动皮带的橡胶在行驶时会因为受热而硬化，造成柔软性下降，并且在每次旋转时传动皮带被反复地弯曲和拉伸，从而在传动皮带内侧产生龟裂（裂纹）

C. 传动皮带的强度大部分是由线芯所提供的。裂纹向圆周方向扩展，最终导致底部橡胶及多楔橡胶的脱落，造成传输不良及线芯露出，导致传动皮带损伤甚至断裂

D. 当传动皮带上附着有机油时，机油会导致橡胶膨润，从而使其寿命变长

10. 下面是对空气滤清器滤芯上的脏污进行的说明，请选择不正确的描述。（　　　）

A. 当空气滤清器滤芯的通气阻力超过限度时，将会出现输出功率或油耗增加、发动机喘振等现象

B. 由于空气滤清器滤芯采用了离心分离式，所以即使发生了沙子或灰尘造成的堵塞，被吸入发动机内的空气量也不会发生变化

C. 随着滤芯的使用，沙子和尘土等会引起堵塞，通气阻力逐渐增加

D. 如果在未铺装道路等沙尘较多的道路上行驶较多，则会加速滤芯堵塞，因此需要以比通常更早的时间间距对其进行清扫、更换

项目 5 任务 5.2 ~ 任务 5.4 工作页

任务名称	任务 5.2 ~ 任务 5.4	实训序号		日期	
学生姓名		学号		班级	
工作目标	完成任务 5.2~任务 5.4 项目维护操作				

一、工作资讯

你实施工作的车辆的信息：

车辆 VIN		行驶里程	
车辆整体状况简析	□良好	□一般	□较差	□非常差

二、工作决策

所用工具、设备： _____

_____

注意事项： _____

_____

_____

三、工作实施（以实际车型状况的工作过程记录）

1. 过渡项目操作

□安装车辆防护

□安装车轮挡块

□安装尾气排放装置

□使用驻车制动器

2. 起动发动机和发动机暖机期间检查

（1）曲轴箱通风系统检查。

□检查 PCV 阀的工作情况 　　　　　　　　　　□正常　□不正常

□检查软管裂纹和损坏 　　　　　　　　　　　　□正常　□不正常

技术状况分析： _____。

（2）冷却系统再次检查。

□检查散热器是否泄漏 　　　　　　　　　　　　□正常　□不正常

□检查橡胶软管是否泄漏 　　　　　　　　　　　□正常　□不正常

□检查软管夹周围是否泄漏 　　　　　　　　　　□正常　□不正常

□检查散热器盖是否泄漏 　　　　　　　　　　　□正常　□不正常

□检查橡胶软管是否有裂纹、凸起和硬化 　　　　□正常　□不正常

□检查橡胶软管连接是否松动 　　　　　　　　　□正常　□不正常

□检查卡箍安装是否松动 　　　　　　　　　　　□正常　□不正常

技术状况分析： _____。

（3）空调系统检查维护。（暖机后，发动机处于运行状态）

□检查空调制冷剂量 　　　　　　　　　　　　　□正常　□不正常

□检查制冷剂是否泄漏 　　　　　　　　　　　　□正常　□不正常

□检查软管夹周围是否泄漏 　　　　　　　　　　□正常　□不正常

续表

任务名称	任务 5.2～任务 5.4	实训序号		日期	
学生姓名		学号		班级	
工作目标	完成任务 5.2～任务 5.4 项目维护操作				

技术状况分析：_____。

（4）动力转向液检查。

□测量动力转向液液位 　　　　　　　　　　　　□正常　□不正常

□检查是否有液体泄漏 　　　　　　　　　　　　□正常　□不正常

技术状况分析：_____。

3. 发动机停机后检查、维护

□测量动力转向液液位（检查与发动机转动时的差别）　　_____mm

□检查发动机液位 　　　　　　　　　　　　　　□正常　□不正常

□更换汽油滤清器（选做）

4. 维护操作后确认与恢复/清洁

（1）最终检查。

□使用举升机安全

□检查发动机机油是否泄漏 　　　　　　　　　　□正常　□不正常

□检查制动器液是否泄漏 　　　　　　　　　　　□正常　□不正常

□检查更换零件等的安装状况 　　　　　　　　　□正常　□不正常

（2）恢复/清洁。

□保养灯归零

□调整收音机、时钟、座椅位置等

□拆卸车辆外部防护并关闭发动机舱盖

□车身、驾驶舱清洁

□拆卸转向盘套、座椅套和地板垫

□6S 管理规范操作

技术状况分析：_____。

四、工作结果自评与疑惑

1. 工作过程自评：□优秀　　□良好　　□中等　　□及格　　□不及格

2. 工作结果自评：□优秀　　□良好　　□中等　　□及格　　□不及格

3. 工作疑惑：_____

五、工作结果评估（教师针对过程及结果评估）

教师评语：_____

_____

_____

教师评分：□优秀　　□良好　　□中等　　□及格　　□不及格

教师签字：

日期：

练习题（任务 5.2 ~ 任务 5.4）

1．关于发动机冷却液，请选择错误的陈述。（　　　）

A．超级长效冷却液的使用寿命约为普通长效冷却液的 4 倍，颜色为粉色

B．长效冷却液以 30%～50% 的比例与发动机冷却系统内的冷却液混合，可降低冻结温度，防止夏天出现过热及防止冷却系统生锈和腐蚀

C．如果散热器或气缸体内的冷却液冻结，其体积将增大，会使散热器、气缸体等破裂，对发动机造成严重损坏

D．无论使用哪种类型的冷却液，都需要按期更换，以确保发动机工作性能

2．关于制冷剂特性，请选择错误的陈述。（　　　）

A．压力高时，即使在高温下，制冷剂也会保持液态而不沸腾

B．在压缩机中加压的制冷剂容易液化

C．因压力高时，制冷剂会在低温下蒸发

D．制冷剂汽化过程中吸热，从而达到降温的效果

3．（　　　）装置的作用有：防止曲轴箱内气压过高，机油渗漏；把渗入曲轴箱燃油蒸气引入气缸内燃烧；防止燃油蒸气稀释机油而变质。

A．强制通风

B．自然通风

C．活性炭罐

D．曲轴箱通风

4．在蓄电池寿命的描述中，选择所有正确的描述。（　　　）

A．当蓄电池温度降低时，即使充电电压相同，流动的电流也会变大，造成蓄电池过度充电。另外，这将导致蓄电池极板提前老化，从而缩短蓄电池寿命

B．在蓄电池的化学反应强烈（充放电强烈）的状态下，蓄电池会加速老化

C．发动机舱内的蓄电池在堵车等造成的长时间停车状况下，由于没有行驶时的风，因此发动机室内的温度会变高，加重了蓄电池负荷

D．仅在夜间行驶（亮灯）及在怠速运转状态下长时间停车（发电量小），或一天多次启动等，会使蓄电池充放电频繁，对蓄电池来说负荷较大

5．关于传动系统中所用油液类型，请选择正确的描述。（　　　）

A．对于前置后驱车辆，用于差速器的齿轮也用于变速器，因此所用油液与变速器的相同。

B．对于前置前驱车辆，主动小齿轮和齿圈采用一种特殊类型的齿轮，此齿轮称为准双曲面齿轮，因此需要使用特殊类型的准双曲面齿轮油

C．对于 CVT 发动机，务必使用其他公司生产的 CVT 油

D．ATF 是主要用于自动变速器（A/T）的油液

6．关于温度控制，请选择不正确的描述。（　　　）

A．对于冷却功能，是否冷却取决于发动机温度，也正因为如此，在发动机起动之后可能不会立即实现充分冷却

B．作为冷却功能的一部分，空调气体会由压缩机传送到蒸发器，并且空调气体可以用

来冷却鼓风机风扇传送的空气

C．加热器芯的热源来自发动机冷却液的热量。因此，加热器芯在发动机温度升高之前并不会发热，也正因为如此，它在发动机起动之后可能不会立即实现充分加热

D．对于加热功能，加热器芯会吸入由发动机加热的冷却液，并利用该热量来加热鼓风机风扇传送的空气

7．关于车辆通风，请选择不正确的描述。（　　　）

A．用来通风的排气口是指安装的蝶形风管，用来防止雨水进入

B．在雨水无法渗入之处设有进气通风口和排气口，即使因下雨等而将车窗关闭，也能通风

C．用来通风的外界空气进气口与空调系统中将空气引入车厢的外部空气吸气口不同

D．车辆通风系统会使外界空气从风窗玻璃前进气口进入，并通过后风管排出。因此，外界空气会流经整个车厢以便有效通风

8．关于在制冷循环中使用的各种零件，请选择不正确的描述。（　　　）

A．压缩机将气体制冷剂压缩至高温高压（约70℃，1.5 MPa）状态

B．冷凝器对高温/高压气体制冷剂进行冷却和液化

C．蒸发器会使雾化制冷剂蒸发，从而带走蒸发器周围空气中的热量

D．膨胀阀允许低压液体制冷剂迅速膨胀，成为高温/高压雾化制冷剂

项目 6 工作页

任务名称	项目 6 操作	实训序号		日期	
学生姓名		学号		班级	
工作目标	完成车辆清洗与打蜡操作				
工作内容	1. 车辆外部清洗；2. 车辆外部打蜡				

一、工作资讯

你实施工作的车辆的信息：

车型		行驶里程	
车辆 VIN			
车辆整体状况简析	□良好	□一般	□较差	□非常差

车身状况检查结果记录

车辆外观状况记录，在有问题的部位标记，并简单记录

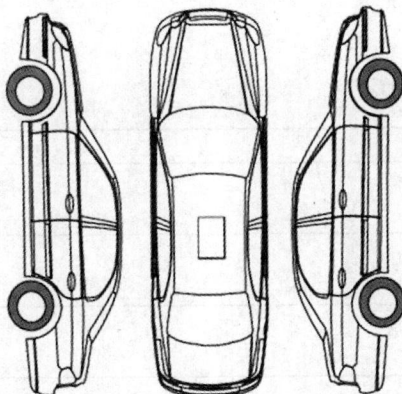

二、工作决策

工作内容一

所用工具、设备：＿＿＿＿＿＿＿＿＿＿＿＿＿＿＿＿＿＿＿＿＿＿＿＿＿＿＿＿＿＿＿

＿＿

注意事项：＿＿＿＿＿＿＿＿＿＿＿＿＿＿＿＿＿＿＿＿＿＿＿＿＿＿＿＿＿＿＿＿＿＿＿

＿＿

工作内容二

所用工具、设备：＿＿＿＿＿＿＿＿＿＿＿＿＿＿＿＿＿＿＿＿＿＿＿＿＿＿＿＿＿＿＿

＿＿

注意事项：＿＿＿＿＿＿＿＿＿＿＿＿＿＿＿＿＿＿＿＿＿＿＿＿＿＿＿＿＿＿＿＿＿＿＿

＿＿

三、工作实施（以实际工作过程记录）

工作内容一

1. 车身表面检查：

＿＿

2. 相关设备的准备与调整：

续表

任务名称	项目 6 操作		实训序号		日期	
学生姓名			学号		班级	
工作目标	完成车辆清洗与打蜡操作					
工作内容	1. 车辆外部清洗；2. 车辆外部打蜡					

3. 车身预冲洗：
_____

4. 喷洒泡沫并擦匀：
_____

5. 二次冲洗：
_____

6. 擦干：
_____

7. 问题记录：
_____

8. 最终确认：□正常　　□不正常
工作内容二
1. 上蜡：
_____

2. 褪蜡：
_____

3. 问题记录：
_____

4. 最终确认：□正常　　□不正常

四、工作结果自评与疑惑
1. 工作过程自评：□优秀　　□良好　　□中等　　□及格　　□不及格
2. 工作结果自评：□优秀　　□良好　　□中等　　□及格　　□不及格
3. 工作疑惑：_____
五、工作结果评估（教师针对过程及结果评估）
教师评语：_____

教师评分：□优秀　　□良好　　□中等　　□及格　　□不及格

教师签字：

日期：

练习题（项目 6）

1. 以下对车身清洗液描述错误的是（　　）。

A. 呈中性，含阴离子表面活性剂

B. 为节约成本，可用洗衣粉替代

C. 一般在使用前需加水稀释

D. 在清洁车身的同时能保养涂膜

2. 汽车美容的最终目的是要使汽车达到（　　）。

A. 旧车变新、新车保值

B. 提高动力、增加车速

C. 减少发动机排量、节能环保

D. 提高车身强度、增加安全性

3. 以下对洗车工作环境和洗车时机描述错误的是（　　）。

A. 不要在阳光照射下洗车

B. 夏季洗车、打蜡一定要在有遮蔽的环境下进行

C. 严寒冬季不要洗车，以防水滴在车身上结冰，造成涂膜破裂

D. 如果天气一直晴好，车身没有特殊的脏污时，大约 1 周做 1 次全车清洗

4. 以下对洗车高压水流描述错误的是（　　）。

A. 柱状水流压力小，扇形水流压力大

B. 清洗微型面包车的前后保险杠蒙皮处时，尽量调低水压，否则很容易会把涂膜冲掉

C. 一般预冲洗时水压要高一些，二次冲洗时水压要低一些

D. 水枪与车身距离近冲击力大，水枪与车身距离远冲击力小

5. 水枪清洗车身顺序一定要遵循的原则是（　　）。

A. 先车轮后车身

B. 先玻璃再车身

C. 由前到后

D. 由上到下

6. 容易清洗的车身表面的污垢为（　　）。

A. 沥青

B. 泥沙

C. 柏油

D. 水垢

7. 车身与其他物体剐碰产生痕迹的处理方式为（　　）。

A. 抛光

B. 打蜡

C. 高压水清洗

D. 高温蒸汽清洗

8. 能够快速去除车身表面沥青的方式为（　　）。

A. 先用稀释剂溶解沥青再清洗

B．用铲刀将沥青清除

C．用砂纸将沥青磨掉

D．用柏油去除剂溶解沥青再清洗

9．日常清洗车身后可在有涂膜的表面打（　　　）。

A．保养蜡

B．修护蜡

C．综合蜡

D．抛光蜡

10．以下对手工打蜡操作描述错误的是（　　　）。

A．打蜡时必须按直线往复的方式进行

B．应按一定的顺序，一般从车顶开始

C．一次作业要连续完成，不可涂涂停停

D．蜡膜尽量做到薄而均匀